DER CLOWN MIT DER TROMMEL

PETER BEHRENS

DER CLOWN MIT DER TROMMEL

MEINE JAHRE MIT TRIO – ABER NICHT NUR

MIT KLAUS MARSCHALL

SCHWARZKOPF & SCHWARZKOPF

**FÜR MORLIN,
DER ICH NICHT DER VATER WAR,
DEN SIE VERDIENT HÄTTE**

INHALT

**ICH? PLÄNE? DAS SCHICKSAL WÜRDE MICH
DOCH AUSLACHEN, WENN ICH IHM DAVON ERZÄHLTE.
UND ZUM CLOWN GEMACHT HABE ICH MICH
VON BERUFS WEGEN DOCH SCHON OFT GENUG.**

VORWORT

BERUF: SCHLAGHANDWERKER

Mein Name ist Peter Behrens, Sie kennen mich vielleicht als den ehemaligen Schlagzeuger von TRIO, jener Drei-Mann-Spaßvogelband, die während der Zeit der Neuen Deutschen Welle den musikalischen Publikumsgeschmack mit Songs wie *Anna – lassmichrein lassmichraus, Bum Bum, Turaluraluralu, Herz ist Trumpf* und vor allem natürlich mit *Da Da Da ich lieb dich nicht du liebst mich nicht aha aha aha* nicht nur national, sondern weltweit getroffen hat.

Aber kennen Sie mich wirklich? Seien Sie ehrlich! Die meisten verbinden mit mir den traurigen, stummen Clown von TRIO, der den kleinen, unterbelichteten Spielball von Gitarrist Kralle Krawinkel und Sänger Stephan Remmler mimte. Wahlweise diene ich der Öffentlichkeit in neuerer Zeit als Stereotyp des gefallenen, drogenumwitterten Ex-Stars, der verschwenderisch, unverantwortlich seinen Reichtum von einst zum Fenster hinauswarf.

Beides war beziehungsweise bin ich. Allerdings war beziehungsweise bin ich noch so vieles mehr, als es die wenigen in Boulevardformate gepressten, gebetsmühlenartig wiederholten Berichte ahnen lassen. Es gab Gründe für die Entwicklungen und ich habe darüber hinaus noch viel mehr erlebt, was spannend, tragisch, komisch, einfach erzählenswert ist.

Wissen Sie zum Beispiel, warum mein Äußeres so wenig deutsch wirkt? Warum ich erst im vergleichsweise hohen Alter von über 30 Jahren in der Popszene berühmt wurde? Warum ich mir ausgerechnet die Rolle des Schlagzeugclowns verpasst habe? Was TRIO mit Punk zu tun hat? Was TRIO mit den Beatles verbindet? Was mich in die Nähe der Hardrock-Heroen Scorpions rückt? Warum Herbert Grönemeyer nicht mein Freund ist? Warum mir *Kummer* Erfolg gebracht hat? Warum der TRIO-Gitarrist mit dem Gewehr in meine Richtung schoss? Wie ich den Engländern einmal gehörig die Laune vermiest habe? Warum TRIO einst aus einem Pufffenster flüchteten? Wie die Kombination von Kokain und Meskalin mich von einer noch härteren Droge abbrachte? Warum ich der Nachbar von Sting war? Warum ich beim Arbeitsamt als Schlaghandwerker eingetragen bin?

Das alles oder zumindest vieles davon ist Ihnen wahrscheinlich nicht bekannt, gehört aber, wie zahlreiche weitere Erlebnisse, zu meinem Leben dazu. Mehrmals wurde ich von Bekannten dazu aufgefordert, meine Autobiografie zu schreiben – dem habe ich mich jedoch lange Zeit verweigert, weil mir das Selbstvertrauen dafür fehlte … bis ein völlig unerwarteter Anruf mich an einen Besuch erinnerte, den ich 28 Jahre vorher einer Wahrsagerin in München abgestattet hatte. Die hatte mir damals eröffnet: »Von deinen Anlagen her bist du kein Schauspieler. Die Konstellationen weisen auch darauf hin, dass du kein Musiker bist. Aber du wirst irgendwann einmal ein Buch schreiben.« Seit dem Telefonat hielt ich die Zeit für gekommen, das Projekt in Angriff zu nehmen. Und hier ist das Ergebnis!

Was für ein Anruf das war? Nun, lesen Sie und Sie werden es erfahren, und im Zuge dessen …

… wandeln Sie, lieber Leser der 1980er-Jahre-Generation und davor, auf den Pfaden meiner Vergangenheit, die Ihnen vertraut vorkommen dürften.

… finden Sie, lieber Leser der späten 1990er-/frühen Nuller-Generation, heraus, welchem Typen Ihre Eltern und Großeltern in der Jugend Aufmerksamkeit schenkten.

… entdecken Sie, lieber Leser der späten Nuller-Generation, welche Geschichte hinter dem Menschen Peter Behrens steckt, der vergleichsweise oft als ehemals vermögender und heute verarmter Star mit der obskuren Nummer *Da Da Da* in verschiedenen Medien auftaucht.

Viel Spaß und »ab dafür«!

Peter Behrens

1

DER NORDDEUTSCHE AMI

Das kann man sich heute gar nicht mehr vorstellen. Kurz nach dem Zweiten Weltkrieg herrschte in Norddeutschland, auch in meinem Geburtsort Sanderbusch nicht weit von Wilhelmshaven entfernt, eine ausgewachsene Hungersnot. Kein Wunder also, dass die US-Besatzungssoldaten gern gesehen waren. Sie versorgten die notleidende Bevölkerung in friedlicher Absicht und als Geste der Nächstenliebe mit CARE-Paketen.

Der Stolz trieb die Almosenempfänger bei mangelnden, wenn nicht gar komplett fehlenden Möglichkeiten, Gegenleistungen zu erbringen, dazu, nach Alternativen zu suchen, sich dennoch erkenntlich zu zeigen. Bei Frauen mit attraktivem Äußeren kam als Zahlungsmittel körperliche Hingabe in Betracht, wobei nicht verschwiegen werden darf, dass die US-Soldaten aufgrund ihrer Herkunft und ihres Erscheinungsbildes auch in anderer Weise zu überzeugen wussten: Hier Dreck, Hunger, Elend und aussichtslose Zukunft – dort Sicherheit, volle Bäuche, Glück und unbegrenzte Möglichkeiten.

Vielleicht war diese Atmosphäre dafür verantwortlich, dass ich im Wechselspiel der wirtschaftlichen Abhängigkeit einerseits und der sexuellen Befriedigung andererseits circa neun Monate vor dem 4. September 1947 – meinem Geburtstag – als Kreuzung einer deutschen Kriegsverliererin und eines amerikanischen Soldaten gezeugt wurde.

Meine leiblichen Eltern verlobten sich daraufhin sogar, was in der Konstellation damals keineswegs selbstverständlich war. Das hatte zur Folge, dass man mich beim amerikanischen Headquarter in Wiesbaden registrierte. Schließlich galt eine Verlobung damals als Heiratsversprechen, ein Umstand, der in der heutigen Zeit der Beliebigkeit und Austauschbarkeit so manchen verwundern mag.

Ich profitierte von diesen Rahmenbedingungen, indem ich sowohl die deutsche als auch die amerikanische Staatsbürgerschaft bekam, was mir in späteren Jahren die Einreise in die USA erheblich vereinfachen sollte. Während der TRIO-Phase bedachte man mich am Kontrollschalter stets mit der einladenden Geste des Durchwinkens, ohne dass ich vorher hätte etwas dafür tun müssen. Meine Bandkumpane Kralle und Stephan sahen sich hingegen im Vorfeld jeweils einem Wust von Dokumenten gegenüber, mussten sich durch einen imposanten Antragsdschungel kämpfen und konnten dann immer noch nicht sicher sein, am Arrival-Schalter freien Durchlass zu bekommen. Manchmal habe ich noch die genervten, grimmigen Gesichter der beiden vor Augen, wenn sie wieder einmal in eine langwierige Kontrolle geraten waren, während ich bereits in der Empfangshalle genüsslich einen Donut nebst Cappuccino zu mir nahm.

Wie nicht selten in damaliger Zeit, verschwand auch mein Erzeuger irgendwann unauffindbar, und meine Mutter konnte mich nicht allein versorgen und aufziehen. In dieser Situation erwies sich meine Erfassung bei der amerikanischen Militäraufsicht als Glücksfall, da ich nach der Adoptionsfreigabe in einem gut geführten Waisenhaus untergebracht wurde. Dort achtete man sehr genau darauf, dass die potenziellen Vormünder der Kinder geordnete Verhältnisse aufwiesen und finanziell auf festen Füßen standen.

Meine zukünftigen Adoptiveltern, beides Beamte der Bundesbahn und somit den Ansprüchen völlig genügend, mussten ein drei Jahre dauerndes Verfahren hinter sich bringen, um mich als Zögling zu bekommen. Der Fairness halber will ich aber auch bemerken, dass als Entlohnung für den Erziehungsaufwand Wiesbaden bis zu meinem 21. Lebensjahr monatlich 40 DM überwies, ein nettes Sümmchen für damalige Verhältnisse.

Nachdem ich das Waisenhaus verließ, bezog ich meine neue Heimstatt im norddeutschen Varel, legte den Nachnamen meiner leiblichen Mutter, Gerdes, ab und heiße seitdem Peter Behrens. Ich habe nie versucht, nach meinen leiblichen Eltern zu forschen, da ich der Meinung bin, dass man schlafende Hunde nicht wecken darf … und der schlafende Hund ist in diesem Fall die Neugier.

Ich wuchs als Einzelkind heran, denn der Grund, warum meine Ernährer mich so hartnäckig zu sich nehmen wollten, war, dass sie auf natürlichem Wege keine Kinder bekommen konnten. Ich vermute, dass das an meinem Adoptivvater lag. Nicht weil ich ihn direkt darauf angesprochen hätte, nein, ich schlussfolgere das aus seinem Verhalten mir gegenüber: Er zeigte keine Liebe, so als ob ich ihm durch meine Anwesenheit stets sein biologisches Versagen vor Augen führte, was eine immerwährende Frustration nach sich zog.

Meine Erziehung lag ihm aber trotzdem am Herzen, wozu auch das Prügeln gehörte. Wohlgemerkt nicht das »Verprügeln«, also der Züchtigungsakt, der von bloßem Sadismus herrührt, sondern jener, der neben dem Bestrafen vor allem eine gewichtige orientierende Note in sich barg. Denn es war so: Hatte ich etwas ausgefressen, dann wurde ich nie für die begangene Tat handgreiflich zur Verantwortung gezogen. Erst wenn mein Vater mir nachweisen konnte, dass ich mich mit einer Lüge herauswinden wollte, drang kurz darauf ein unheilvolles Quietschen an meine Ohren …

Woher das kam? Nun ja, mein männlicher Vormund hatte eine Vorliebe dafür, mir die aus seiner Sicht notwendige körperliche Lektion per Gartenschlauch zu erteilen, auf den Hintern. Dazu schraubte er den Spritzkopf ab, was ein akustisches Signal absonderte: »Quiek, quiek, quiek.«

Denjenigen, welche beim Lesen den Impuls verspüren, als Zeichen der Verständnislosigkeit angesichts dieser Erziehungsmethode empört den Kopf zu schütteln, sei entgegnet, dass die Lehrer damals noch viel gemeiner waren. Es gehörte zum Alltag, Schülern wegen irgendwelcher Nichtigkeiten mit dem Rohrstock auf die Finger zu schlagen oder ihnen schallende Ohrfeigen zu verpassen. Davon blieb auch ich nicht verschont. Ich sehe mich noch heute das eine oder andere Mal nach einer monströsen Schelle benommen durch den Klassensaal torkeln.

Die Distanz meines Adoptivvaters zu mir zeigte sich auch durch seinen Hang, der hohen gesellschaftlichen Position, die er als verbeamteter Bahnhofsvorsteher innezuhaben glaubte, deutlich den Vorrang vor meinem kindlichen Spiel- und Abenteuertrieb zu geben. Zumindest durfte ich ihn bei Weitem nicht in dem Maße ausleben wie andere Gleichaltrige. »Das fällt doch alles auf uns zurück!« war einer der gebetsmühlenartig wiederholten Sätze, wenn ich dann doch einmal Blödsinn gemacht hatte, der an die Öffentlichkeit gekommen war. Und dann begannen gegebenenfalls auch schon die Vorbereitungen für die nächste Tracht Prügel.

2

DER SCHWARZE FLITZER

Die erste Klasse meiner Bildungskarriere absolvierte ich in Oldenburg, wo mein Vater als Bahnhofsvorsteher arbeitete. Weil er aber bei der Deutschen Bahn Aufstiegsambitionen verfolgte, war er gezwungen, alle paar Jahre den Standort zu wechseln. Deshalb verbrachte ich meine ersten Lebensjahre in Sande, darauf in Oldenburg und ab der zweiten Klasse war ich in Varel.

In Norddeutschland zur Volksschule zu gehen bedeutete in meiner Kindheit gemeinhin, sich unter vornehmlich blonden Jüngelchen oder wahlweise blonden Mädelchen zu befinden. Das war in Varel nicht anders. Ich entsprach dieser Vorgabe jedoch überhaupt nicht. Mit meinem dunklen Teint und den pechschwarzen Haaren gab ich den Exoten und rundete die für meine Akzeptanz ohnehin schon schwierige Situation denkbar ungünstig ab, indem ich auch noch der Kleinste war. Was daraus folgte, dürfte niemanden überraschen: Ein überdimensionierter Duracellhase mit roter Warnleuchte auf dem Kopf, Pauke auf dem Rücken und brennender Silvesterrakete im Hintern hätte keine exklusivere Zielscheibe für Hänseleien und Pöbeleien sein können.

Mit über die Jahre stetig verfeinerter Pfiffigkeit gelang es mir allerdings zunehmend, Bloßstellungen, Streitereien, die sich bis hin zu Raufereien auswachsen konnten, zu umgehen. Ich ahnte schnell, wenn Unheil drohte, was meinen Fluchtinstinkt kitzelte, dem blitzschnell die Tat folgte. Und laufen, mich einem Zugriff entwinden … das konnte ich. Der schwere Stand innerhalb des Schullebens härtete mich für meinen weiteren Weg ab und erteilte mir die Lektion, dass ich mich auch allein durchboxen kann.

Trotz meiner Strategien, mich zu wehren, drohte mir das Schicksal eines Außenseiters, denn wer will schon – gerade in jungen Jahren – etwas mit jemandem zu tun haben, der äußerlich so gar nicht in die Gemeinschaft passt?

Nun darf man sich die Situation allerdings nicht als aussichtslose, brutale Drangsal vorstellen, wie sie heutzutage auf so manchem Schulhof anzutreffen ist. Oftmals suchten sich Schüler einfach ohne erkennbares Auswahlkriterium eine Person aus, umzingelten diese und schubsten sie wie einen menschlichen Punchingball kreuz und quer durch den Kreis. Ich war also keinesfalls immer das Opfer, war mir aber nichtsdestotrotz meiner Sonderrolle bewusst, und ich kann mich auch nicht erinnern, Freunde in der Volksschule gehabt zu haben.

Vor dem Dasein als graues Anhängsel der ansonsten heilen Schulwelt rettete mich der Sport. Ich war der Schnellste im 75-Meter-Lauf, der Schnellste beim Schwimmen und der gelenkigste Turner, der bereits in jungen Jahren die Riesenfelge schaffte. Mit diesen Fähigkeiten verwies ich in Wettkämpfen die Konkurrenten von anderen Schulen regelmäßig auf die hinteren Plätze und heimste mehrere Siegespokale für unsere Bildungseinrichtung ein. So ein Aushängeschild, welches außerdem noch die Auszeichnung Bezirksschwimmmeister Oldenburg und Dritter bei den niedersächsischen Schwimmmeisterschaften in der Altersklasse bis 14 Jahre trug, musste, Aussehen hin oder her, natürlich hofiert werden. Auch wenn die Anerkennung lediglich darin bestand, in Ruhe gelassen zu werden.

Da funktionierte unser Mikrokosmos damals nicht anders als das öffentliche Leben heute: Ein Sportler – die Nichtberücksichtigung der weiblichen Form hat nichts mit Diskriminierung zu tun – kann sich noch so sehr von der übrigen Gesellschaft abheben und nicht der Norm entsprechen, und sei es, weil er so dumm ist, dass er sich im Dixi-Klo verläuft. Hauptsache, er holt Titel, Pokale und Ehrungen, in deren Glanz sich Heerscharen von Funktionären, Offiziellen, letztlich alle Menschen eines Volkes spiegeln können.

3

DAS ERSTE SCHLAGZEUG

Die Freizeitgestaltung in Varel bot für mich nicht viel. Einen großen Freundeskreis hatte ich nicht, Spiele wie Cowboy und Indianer, bei denen Kleidung verdreckt oder gar zerstört wurde, verboten sich mir, da ich, Sohn der gesellschaftlichen Respektsperson des örtlichen Bahnhofsvorstehers, als sauberes Vorbild zu erscheinen hatte, und Streiche auszuhecken war aus demselben Grund ebenfalls undenkbar.

Dabei war nicht ausschließlich mein Adoptivvater die treibende Kraft, das porentief reine Image gebührend zu pflegen. Er wollte mich sogar unbedingt, dem Wunsch seiner Gattin entgegen, einem kugeligen Spielgerät nachjagen sehen, am liebsten in Form eines Fußballs. Dem Zetern meiner Mutter sich geschlagen gebend, die unter anderem ins Feld führte, dass der Sohn sich auf dem örtlichen Schlackeplatz nur die Knie blutig schürfen und die kostspielige Kleidung ramponieren würde, ließ der Familienvorstand es zähneknirschend zu, dass ich dem frisch gegründeten Schwimmverein beitrat. Im Lehrbecken, damals besaßen alle Schulen eines, konnte der Sprössling der Gefahr irgendwelcher Wunden weitestgehend entkommen.

Über die Tummelei im Wasser hinaus blieben nicht viele bis gar keine Möglichkeiten, sich zu beschäftigen … bis ich eines Tages irgendwann im Alter von sechs oder sieben Jahren auf die Idee kam, die im Radio gesendeten Werbemelodien, die mir auszugsweise sehr gut gefielen und die schon lange mein Interesse geweckt hatten, nachzuspielen. Nur, ohne Begleitung dieses Vorhaben anzugehen erschien mir reichlich albern. Deswegen rekrutierte ich zwei Mitstreiter, die ebenfalls außerhalb der Schule freiwillig oder erzwungen zu Tob- und Schmutzmuffeln mutiert waren. Für mich war klar, dass ich den Part des Schlagzeugers übernahm, während die anderen sich die Rollen des Gitarristen und des Sängers aufteilten. Bereits bei der Zusammenstellung des Schulchores hatte man festgestellt, dass ich nicht singen konnte, und mir alternativ die Trommel als Einsatzgebiet zugewiesen. Diese ursprünglich willkürliche Entscheidung, der ich mich emotionslos gefügt hatte, entpuppte sich als genau zu meinem Naturell passend.

Und so standen beziehungsweise saßen wir Dreikäsehochs dann da: der in eine Klobürste singende Frontmann, der wild auf einen wehrlosen Tennisschläger eindreschende Klampfengott und die taktgebende Rhythmusmaschine Peter Behrens, der die vor sich stehende Persil-Papptonne, die monatlich wegen Feuchtigkeit gegen eine neue Version ausgetauscht werden musste, mit Kochlöffeln traktierte. Naheliegenderweise drehten wir die Radiowerbemelodie des Waschpulvers durch unseren eigenen musikalischen Wolf.

Übrigens: Die Musikformation des Trios sollte sich schicksalhaft mit meinem Leben verknüpfen und sich unter verschiedensten Zusammenstellungen als Konstante erweisen, was ich natürlich noch nicht ahnen konnte, als ich die erste »Band« ins Leben rief. Aber irgendwie hatte es mir die Zahl Drei offensichtlich schon damals angetan.

Angestachelt von der Faszination Schlagzeug, auch wenn es zunächst nur aus Behältnissen zur Aufbewahrung von pulverisiertem Reinigungsmittel bestand, entschloss ich mich, alles daranzusetzen, in den Besitz einer professionellen Ausführung zu kommen. Im Alter von 13 bis 14 Jahren arbeitete ich dafür regelmäßig auf Baustellen zu einem Stundenlohn von zwei DM, was heute kaum vorstellbar ist. Entsprechend lange musste ich entbehrungsreich – obwohl … viele Versuchungen, die Ersparnisse für andere Reize auszugeben, gab es in unserem beschaulichen Ort nicht – sparen, um endlich das Objekt der Begierde bezahlen zu können: ein edles SONOR-Schlagzeug.

Durch meine Neuerwerbung wurde ich bei Tanzbands in und um Varel herum eine begehrte Größe, denn es herrschte ein ausgesprochener Mangel an Personen wie mir. Da spielte es auch keine Rolle, dass ich keineswegs ausreichende Kenntnisse vorweisen konnte, denn Schlagzeugunterricht hatte ich aus verschiedenen Gründen nicht genossen. So blieb mir nichts anderes übrig, als mich autodidaktisch in der Leidenschaft zu schulen. Im Verlaufe des kontinuierlichen Übens und Probens versuchte ich zunächst, die Muster des Swings zu lernen, und verbesserte mich zusehends, wodurch sich mein Weg in Richtung Musiker schwach am Horizont abzeichnete.

Die Schulband bot mir eine weitere Entwicklungschance, und tatsächlich ergatterte ich dort einen festen Platz. Bis heute hat sich mir die Erinnerung eingegraben, wie die Schülerinnen und Schüler zusammen mit ihren Eltern und den Lehrerinnen und Lehrern völlig enthemmt auf unserem Schulabgangsfest zu dem Song *I Scream, You Scream, We All Scream for Ice Cream* tanzten.

Das Wettkampfschwimmen rückte für mich immer weiter in den Hintergrund, da mir die Schlagleidenschaft die Zeit raubte, regelmäßig unter Trainingsbedingungen im Wasser Bahnen zu ziehen beziehungsweise alternativ Kacheln zu zählen. Ein Jahr lang versuchte ich noch, in der Leistungskategorie »Herren« (Altersklasse ab 16 Jahren) beide Beschäftigungen unter einen Hut zu bringen, musste aber feststellen, dass es in der geforderten Intensität unvereinbar war. Auch die Tätigkeit als Übungsleiter – die Befähigung hatte ich mir durch meinen bloßen Werdegang im Schwimmverein erworben – gab ich nach einer kurzen Phase auf, sodass ich dem kühlen Nass in der Folge zwar immer noch verbunden blieb, jedoch nur noch im Rahmen eines Hobbys, indem ich zum Beispiel Wasserball spielte. Gleich einem Eheversprechen bleibe ich ihm jedoch bis heute treu, denn ich folge dem Prinzip: Wenn schon Sport, dann nur im Wasser!

4

LEHRJAHRE AUF VERSCHIEDENEN WEGEN

Eigentlich hätte es sich angeboten, nach dem Volksschulabschluss den Einfluss meines Adoptivvaters zu nutzen und in die Lehre bei der Deutschen Bahn einzusteigen. Davon machte ich aber keinen Gebrauch, weil mich während meiner Schulzeit ein Lehrer überredet hatte, in seiner Fotografie-AG mitzuwirken, was mit viel Spaß verbunden war. Es hatte mich einfach gepackt, und ich war dermaßen geschickt, dass der AG-Leiter mich einem befreundeten Fotografen empfahl. Sicherlich war es dabei von großem Vorteil, dass ich mittlerweile über gesicherte Grundkenntnisse, insbesondere bei den chemischen Vorgängen, verfügte.

Auf diese Weise gelangte ich in die Ausbildung nach Oldenburg zu Photo Wöltje in der Heiligengeiststraße, was mir während der TRIO-Phase den Vorteil verschaffte, mitreden zu können, wenn von unserer Truppe gestellte Fotos für Zeitschriften geschossen wurden. Ich lernte zum Beispiel, wie man Dynamik in einem eigentlich statischen Bild erzeugen konnte, oder war in der Lage zu analysieren, warum ein Fotograf bestimmte Posen von uns wollte.

Wöltje bot neben dem Kameraverkauf nebst Zubehör die gemeinhin übliche Lichtbildfilmentwicklung an, einen heutzutage im Zuge der Digitalfotografie nahezu in Vergessenheit geratenen Dienst. Mein Spezialgebiet waren Schwarzweißfotos, denen ich mich mit Hingabe widmete, denn durch das Fehlen von Farben traten die Formen und Konturen in den Vordergrund, was auf mich eine große Faszination ausübte. Um zu erlernen, wie man einem Foto eine große Ausdrucksstärke verleiht, nahm ich auch an vielen Locationterminen, inklusive Theaterbesuchen, teil.

Im Anschluss an die Lehre absolvierte ich die abzuleistende Bundeswehrzeit in der Schwanewedener Lützow-Kaserne bei der Infanterie, genauer den Panzergrenadieren – bundeswehrdeutsch: »Heckklappen-Vieh«, und von anderen Gattungen umschrieben mit: »Er ist kein Mensch, er ist kein Tier, er ist ein Panzergrenadier.«

In meiner Kompanie lernte ich einen Kameraden in der Nachbarstube kennen, mit dem ich über Musik fachsimpelte, während wir gleichzeitig intensiv dem Grundsatz bundesdeutscher Rekruten Geltung verliehen, der da lautete: »Täuschen, tarnen und verpissen« respektive »Wer die Arbeit kennt und sich nicht drückt, der ist verrückt«. Er hörte auf den Namen Klaus Meine und wurde später bekannt als Frontmann der Hardrock-Gruppe Scorpions, Weltstars in der Szene. Wir sind bis heute freundschaftlich verbunden.

Obwohl mir mein erlernter Beruf ganz gut gefiel, erteilte ich dem vertrauten Schoß nach dem Ende meiner Dienstzeit eine Absage. Es zieht sich bis heute durch, dass in mir ein unruhiger Geist wohnt, der mir das Interesse, die Motivation nimmt, sobald ich es auf einem Gebiet zu einer gewissen Reife gebracht habe, was immer ungefähr nach drei Jahren passiert. Das Einzige, zu dem ich mit Unterbrechungen stets zurückkehrte, war das Schlagzeug, vergleichbar einer temporär verstoßenen, aber unglaublich treuen Liebe.

Nach meinem Wehrdienst strebte ich an, meiner zweiten großen Passion neben der Musik intensiv nachzugehen und Sport auf Lehramt zu studieren. Dafür galt es zunächst, über den zweiten Bildungsweg die mittlere Reife und das Fachabitur zu erwerben, was ich von 1965 bis 1968 an der Loges Schule auch machte, eine Einrichtung, die heute Physiotherapeuten ausbildet.

Da es nicht zulässig war, lediglich ein Fach zu belegen, wenn es anschließend beruflich in die Volksschule gehen sollte, nahm ich noch Sozialwissenschaften und Germanistik dazu. Gerade für Letzteres entschied ich mich nicht aus Interesse, sondern damit die BAföG-Unterstützung reibungslos floss; es erschien mir eine machbare Angelegenheit ohne hinderliche Probleme zu sein. Ob diese Regelung noch Bestand hat, weiß ich nicht, aber das war und ist ja ohnehin landesregierungsabhängig. Ebenso verhielt es sich mit der mir in Erinnerung gebliebenen Mengenlehre aus der Mathematik. Mir wurde das Gebäude von Schnittmengen, Teilmengen, Vereinigungsmengen etc. noch nahegebracht. Landesregierung: SPD. Nach mir planierte man das Lektionshäuschen wieder. Landesregierung: CDU …

Sechs Semester benötigte ich für das erste Staatsexamen, das ich in Hannover ablegte, bevor ich dann zum Referendariat an einer Grund- und Hauptschule im zentralen Wilhelmshavener Stadtteil Heppens anheuerte. Innerhalb eines Jahres stellte ich zu meiner Frustration allerdings fest, dass ich den falschen Weg eingeschlagen hatte, und verließ ihn noch vor dem Abschluss. Meine Vorstellungskraft hatte es nicht zugelassen, mich ein Berufsleben lang nervlich 30 entweder übermütig lärmenden, zwar herzensguten, aber wuseligen laufenden Metern oder wahlweise desinteressierten, verstärkt nach Lebensorientierung suchenden (Spät-)Pubertierenden auszusetzen.

Gott sei Dank war der Verzicht auf die gesicherte Beamtenlaufbahn kein Wagnis für mich, denn parallel zu meiner gesamten Ausbildungsphase einschließlich des einjährigen Lehrerintermezzos hatte ich weiter Unterhaltungsmusik auf Volksfesten gespielt und dort gutes Geld verdient.

Diesen Einsatz intensivierte und professionalisierte ich, indem ich mich in wechselnden Musikformationen versuchte und stetig verbesserte. Die Herausforderung ließ auf Dauer gesehen zwar zu wünschen übrig, sicherte mir aber, wenn auch ohne Aussicht auf große Konsumsprünge, den Lebensunterhalt und machte nichtsdestotrotz, handwerklich betrachtet, Spaß.

Das abgespulte, in weiten Bereichen mir missfallende Songmaterial entlehnte sich zu einem großen Teil aus den jeweils aktuellen Top 40, wobei wir den Grundton des Repertoires dem Anlass und der Zusammensetzung des Publikums anpassten. So bliesen wir den geneigten, bierseligen Zuhörern auf Schützenfesten mehrmals die *Schützenliesel* um die Ohren, versorgten den pseudorebellischen jugendlichen Nachwuchs auf Landjugendfesten mit *Satisfaction* von The Rolling Stones oder lieferten liebeshungrigen Pärchen mit *Tränen lügen nicht* von Michael Holm einen Vorwand, den eng umschlungenen Begattungsblues zu tanzen.

Eine Konstante existierte jedoch, gleichgültig, welche Setliste gespielt wurde, und zwar der Tempoübergang nach drei Titeln – da ist sie wieder, die meinen Lebensweg ewig begleitende Zahl Drei. Stand zum Beispiel ein Rock-Pop-Sortiment auf dem Plan, konnte es sein, dass wir in einem Teil mit *Wild Thing* von The Troggs starteten, dann *Mighty Quinn* von Manfred Mann hinterherschoben – ein Stück, bei dem Klaus Voormann, der für meinen Lebenspfad noch sehr wichtig werden sollte, die Flöte spielte – und mit *Hey Tonight* von Creedence Clearwater Revival aufhörten. Nach einer kurzen Pause ging es dann in die gemächliche Phase, indem möglicherweise ein Dreierpack des Kalibers von *The Sound of Silence* von Simon & Garfunkel, *A Whiter Shade of Pale* von Procol Harum, *House of the Rising Sun* von Frijid Pink den Schweißflecken der Tanzwütigen Gelegenheit gab zu trocknen.

Schwenkte der Pegel der Musikvorliebe in Richtung Schlager, zählten zum »flotten Dreier« Stücke wie *Mendocino* von Michael Holm, *Rote Lippen soll man küssen* von Cliff Richard, *Marmor, Stein und Eisen bricht* von Drafi Deutscher, gefolgt von kompositorischen Beruhigungspillen wie *Tanze mit mir in den Morgen* von Gerhard Wendland, *Es fährt ein Zug nach Nirgendwo* von Christian Anders und *Du bist nicht allein* von Roy Black.

Natürlich musste unser Rahmen an Spielkunst auch Auswüchse zu beiden Extrempolen abdecken. Stammtischbedienende Grölbanalitäten wie *Schnaps, das war sein letztes Wort* von Willy Millowitsch, *Es gibt kein Bier auf Hawaii* von Paul Kuhn oder *Hämmerchen Polka* von Chris Howland gehörten genauso zum abspulbaren Programm wie *Whole Lotta Love* von Led Zeppelin, *Paranoid* von Black Sabbath oder *Ballroom Blitz* von The Sweet zur Versorgung langhaarliebender Zottelviecher.

Für die Fähigkeit, mit einem Publikum umzugehen, es zu führen, zu begleiten, gerade auch dann, wenn es erforderlich war, Barrieren abzubauen, leistete mir die Tanzbandphase unschätzbare Dienste. Deswegen sprachen Kralle und Stephan von TRIO in späterer Zeit gerne mich an, wenn wir bei einem Auftritt den Kontakt zu unseren Zuhörern nicht gefunden hatten. Nicht selten fand ich den hemmenden Knackpunkt, den wir bei nächster Gelegenheit versuchten zu umgehen.

Im Vergleich zu vielen anderen Auftrittsorten war das Publikum bei Landjugendfesten sehr dankbar und leichter berechenbar. Es scherte sich nicht großartig darum, ob wir schlecht spielten, Hauptsache, die Qualität des musikalischen Nährbodens reichte aus, um es ordentlich krachen zu lassen. Demgegenüber mussten wir in Tanzlokalen genau auf die Zusammensetzung und Reaktion der unmittelbaren Konsumenten achten. Bahnte es sich an, dass sich der Raum des schwingenden Tanzbeins einer kompletten Verwaisung bedrohlich näherte, musste sofort mit einer Änderung der Titelabfolge reagiert werden, wollten wir einer Unfähigkeitserklärung entgehen.

Lobe ich auf der einen Seite die angenehme Genügsamkeit der Festzelt- und Schützenhallenanhänger, muss der Vollständigkeit halber auch das häufig durch Alkohol bedingte Aggressionspotenzial Erwähnung finden. Meist hatte die auf einer Bühne stehende Tanzband jedoch ausreichend Abstand zum Geschehen, wenn es zu einer Schlägerei kam. Wir erfüllten indessen wie einst die Kapelle beim Untergang der Titanic stoisch unser Pensum und schauten dem zum Teil blutigen Treiben teilnahmslos zu.

Anders verhielt es sich, wenn pöbelnde, reichhaltig promilleversorgte Leute dauerhaft bedrohlich direkt in unsere Richtung gestikulierten, um ihren Unmut auszudrücken, etwa weil vielleicht gewünschte Lieder keine Berücksichtigung fanden. In so einem Fall war die erste Vorsichtsstufe erreicht. Sobald auch noch probiert wurde, die Empore zu entern, legten wir die Instrumente – wahlweise die Sticks – beiseite und postierten uns als menschliches Bollwerk zur Abwehr an der Rampe. Besoffene waren immer, auch für sich selbst, schwer einzuschätzen, woraus eine große Gefährdung erwuchs. Solch eine Unterbrechung blieb dem Veranstalter natürlich nicht verborgen, der dann oft Helfer schickte, die sich der Unruhestifter annahmen und sie wenig zimperlich hinauskomplimentierten. Glücklicherweise kam es nie zu einer Eskalation.

In Tanzlokalen ging es in der 1960er-Dekade wesentlich gesitteter – vielleicht besser umschrieben: steifer – zu. Es war noch üblich, die Dame zum Tanz aufzufordern. Und so saßen die Parteien fein säuberlich nach Geschlechtern getrennt an den Tischreihen. Die Herren zur Linken, die Damen zur Rechten – von uns Musikern auch Hühnerbank genannt –, alles von meiner Position hinter dem Schlagzeug aus gesehen.

Ich bemerkte die Unruhe der Männer, wenn die Musiker ihre Positionen einnahmen, denn jeder war selbstverständlich darauf bedacht, eine möglichst gute Partie zu machen, und wollte es vermeiden, Exemplare der »Resterampe«, der Mottenkiste oder Ladenhüter tänzelnd im Kreise durch den Saal führen zu müssen.

Genau in diese Kerbe schlug ich gern, indem ich mit gehässiger Schadenfreude zwei- bis dreimal die Schlagzeugkünste nur anwuppte, was die Sitzenden der linken Tischreihe ähnlich Formel-1-Piloten hochschnellen ließ. Reichlich irritiert, stoppten sie den Schritt, wenn ihre Sinnesorgane die Unterbrechung erfolgreich ans Gehirn weitergeleitet hatten, nur um wenige Sekunden später wieder auf denselben Trick hereinzufallen.

Unterschiede in der Aufnahme unserer Kunst gab es auch regional. Ostfriesen tauten schwerer auf als die an Karnevalstradition gewöhnten Rheinländer, wohingegen meine Erfahrung lehrte, dass es keinen Unterschied machte, ob man Land- oder Stadtmenschen beschallte.

Wollte man als gewissenhafter Unterhalter einen Auftritt akribisch vorbereiten, um eine gute Visitenkarte zu hinterlassen, kam das einer vergeblichen Mühe gleich. Planungen waren meistens unnütz. War ein Abend gedanklich durchdrungen, kippte das löbliche Ansinnen beim Kontakt mit dem Publikum fast immer, weil dieses plötzlich ganz andere Vorlieben zeigte. Sämtliche Zeit für Vorarbeit hätte besser in gewissenhaftes Nasepopeln investiert werden können.

Innerhalb der 1960er-Jahre änderten sich die Gewohnheiten des Publikums. Während zu Beginn des Jahrzehnts Paartanz vorherrschte, individualisierte sich das im Laufe der Zeit zu Gunsten der Art, allein per kreativer Bewegungsabläufe der Musik Ausdruck zu verleihen. Dabei bevölkerten je nach Klangfärbung mehrheitlich Mädchen oder Jungs, Frauen oder Männer die Tanzfläche.

Übrigens, dem Vorurteil, dass Musiker reihenweise hübsche Mädels vernaschen, sei von meiner Seite schon einmal an dieser Stelle entgegengetreten. Ich gebe zu, dass sich die weibliche Spezies durchaus gern um uns Tanzbandmitglieder – allerdings natürlich nicht so zahlreich wie bei angesagten Stars – scharte, aber hauptsächlich die Sänger und Gitarristen empfingen mit ihrem unsichtbaren Radarsystem die gesendeten Lockangebote und nahmen die Gelegenheiten ab und zu wahr. Ich sah keinen Reiz in derartigen Abenteuern. Zum einen stand mir die Schüchternheit ohnehin im Wege, und zum anderen muss ich für einen sexuellen Akt verliebt sein. Weiß man außerdem noch, dass ich nur sehr schwer eine Liebe aufbauen kann, dann lässt sich daraus schließen, wie unwahrscheinlich es für einen Groupie war, mich für ein Liebesspiel ins Bett zu zerren.

Lange, sehr lange kam ich auch der Pflicht als Musiker nicht nach, Drogen jeglicher Art zu konsumieren. Im Gegenteil, ich verweigerte den Kontakt beharrlich. Sämtliche Wegbegleiter, ob nun in der Schule, während der Lehre oder jene, mit denen ich in der Musikbranche bis dato zusammengekommen war, wussten von Alkohol-, Zigaretten- oder sonstigen Drogenerfahrungen und von damit in Verbindung stehenden Ausschweifungen zu berichten. Bei diesen Schilderungen war belustigter Stolz im Spiel, denn schließlich war es gängige Meinung, dass solche Eskapaden zum Reifeprozess gehörten. Ich hingegen empfand solche Erfahrungen als sinnlos, denn was brachten sie einem schon ein?

Bier, Schnaps etc. verminderten die Konzentration und die Selbstbeherrschung, und außerdem meldete sich am Tag darauf der Brummschädel mit der Nachricht: »Du Vollidiot, das machst du nicht noch einmal!« Die qualmenden Sargnägel wirkten sich negativ auf die Ausdauer aus und hinterließen einen Geschmack im Rachen, der an totes Tier erinnerte. Die Spaßtüten verliehen dem Geist eine Gleichgültigkeit, die selbst dann noch das Grinsen ins eigene Gesicht meißelte, wenn sämtliche denkbaren Katastrophen auf einen Schlag über einen hereinbrachen … und das alles kostete je nach Verbrauch auch noch eine Stange Geld. Was für ein Quatsch! Wäre damals jemand auf mich zugekommen mit der Bitte, eine Drogeneskapadengeschichte von meinen Bekannten und Wegbegleitern zu erzählen, hatte ich passen müssen, so wenig hatte ich davon aufgenommen. Es interessierte mich einfach nicht.

Mit Abstand betrachtet, bin ich froh, dass ich in jungen Jahren noch nicht derlei Selbstversuche mit anschließendem Gewohnheitskonsum unternahm, wobei ich zugeben muss, dass ich vieles ausgiebig nachgeholt habe. Gleichaltrige Bekannte, die mit 13, 14 Jahren oder in der Studienzeit mit Alkohol, Zigaretten, Hasch etc. begannen, sehen heute älter aus als ich und sind gedanklich langsamer und weniger flexibel. Meiner Überzeugung nach liegt die Ursache darin, dass die Giftstoffe den noch im Wachstum befindlichen Organismus stärker und nachhaltiger schädigen als später.

So unterhaltsam und einträglich die Erfahrung mit der Tanzmusik auch war, ich wäre ohne Ausblick auf Veränderung vor die Hunde gegangen, denn mir fehlten die Anreize, Neues lernen zu können. In kleinem, überschaubarem Maße versuchte ich, dem durch »Bandhopping« zu begegnen, wobei die hohe Austauschrate in Tanzbands sowieso Normalität war und um einiges höher ausfiel als bei Rock-'n'-Roll-Bands. Im Schnitt wechselte die Besetzung jährlich, was dem jeweiligen Trend geschuldet war. Zum Beispiel wurde der Klavierspieler überflüssig, als die Elektronik – und dadurch das Keyboard beziehungsweise der Synthesizer – Einzug hielt. Maximal drei bis vier Jahre blieb ich in einer

Formation, kann mich aber auch an eine 14-tägige Verweildauer erinnern, weil die Instrumentierung aus Saxofon, Akkordeon, Gitarre und Schlagzeug bestand. Wie will man damit Party- und Bewegungslaune erzeugen? Man stelle sich das Intro von *Satisfaction* unter Quetschkommodenbegleitung vor! Lächerlich! Dann doch lieber sofort die Stöcke hinschmeißen.

Auf der Suche nach einer neuen Herausforderung trommelte ich 1967 beim Bremer Konservatorium vor und wurde tatsächlich genommen. Ab da führte mich mein Weg regelmäßig montags und dienstags zum Unterricht. Für den Rest der Woche, in der ich weiterhin Tanzmusik spielte, versorgte man mich mit Hausaufgaben, die ich in der darauffolgenden Woche vorstellte und vorspielte, um dann abermals mit Arbeitsaufträgen entlassen zu werden usw. Auf diese Weise lernte ich nicht nur die notwendigen Noten – unabdingbare Grundlage beim Zusammenspiel mit einem Orchester bei Tanzbällen –, sondern ich bekam auch ein Gefühl dafür, wie man in einem Stück den geeigneten Rhythmus einbringt. Der wiederum gab verlässlich darüber Auskunft, ob ein stehendes Stück rund und fertig war. Außerdem sensibilisierte mich das Konservatorium dafür, dass das Schlagzeug eine Dynamik entwickeln kann, die eine Komposition positiv voranbringen – aber auch kippen – kann. Das führte mir die Bedeutung meines Instruments innerhalb eines Arrangements pointiert vor Augen, womit sich der graue Schleier der bloßen Ahnung darüber endgültig verzog.

Nach einem halben Jahr war das Hochschulintermezzo beendet, aber auch das Leben als Dorfhochzeits-, Dorfvolksfest- und Dorfjubiläumsbespaßer genügte mir nicht mehr, füllte mich nicht mehr aus. Ein Abzug von dieser Front stand auf dem imaginären Zettel der beschlossenen Sachen. Gerade aber als mein Widerstand mangels Alternativen anfing zu bröckeln und ich mir eingestand: Halt, halt, halt! So einfach ist das nicht, Peter!, schlug das Schicksal begünstigend zu.

Ein Hamburger Bekannter überredete mich 1969, mit ihm zusammen in seinem klapprigen Renault, einem R4, nach Lausanne zu fahren, wo wir beide mit zwei weiteren Musikern – dieses Mal also ausnahmsweise die Zahl Vier – in der Band Crazy Four durchschnittlich 50- bis 60-Jährigen per Barmusik den Après-Ski versüßen sollten. Spontan sagte ich zu und erlebte eine schöne Abwechslung, die noch mit einer weiteren Überraschung aufwartete, als eines Tages auf unserer Clubtour durch die Schweiz in Basel ein Franzose den Kontakt suchte. Er stellte sich als Hotelbesitzer vor und sprach uns in seiner Heimatsprache an mit: »Hört mal, Jungs, wollt ihr nicht in meiner Bar spielen?«

»Ja wo issn die?«, entgegneten wir mäßig interessiert. »Gib doch mal die Adresse.«

Verschmitzt lächelnd, da eine Wissenslänge voraus, schüttelte der Franzose den Kopf und sagte sinngemäß: »Ne, ne, so einfach ist das nicht. Mein komfortables Gästehaus ist an der Elfenbeinküste, in Abidjan.«

Nun ja, vier Wochen später hielten die Mitglieder von Crazy Four die Flugtickets in den Händen, jetteten zum westafrikanischen noblen, warmen Bestimmungsort und bebluesten und bejazzten die dortigen Hotelgäste. Schöne Erfahrung.

Zurück vom einjährigen Zwischenspiel, beseelte mich in der heimatlichen Tiefebene immer noch die Überzeugung, auf keinen Fall erneut im Top-40-Hafen ankern zu wollen. Es war Zeit für etwas komplett Neues … und es sollte sich Anfang der Siebziger auch etwas ergeben.

5

KRAUTROCK MIT SILBERBART – UND DER ALKOHOL SCHMECKT DOCH

Hippie-Zeit? Tja, von außen mitbekommen habe ich diesen ganzen Kram – Flower Power, Love, Peace and Happiness, »Wer zweimal mit derselben pennt, gehört schon zum Establishment« – schon, aber innerlich miterlebt nicht. Es wirkte ziemlich lächerlich, wenn sich Lieschen Biedermann plötzlich das Haupt mit einem Blümchenkranz dekorierte und zu der Ansicht gelangte, nun in eine neue Ära aufbrechen und die Welt verändern zu können. Mir huschte bei solchen Anblicken nur durch den Kopf: Bei denen stimmt doch etwas nicht. Vielleicht haben die zur Befestigung des Kopfschmuckes in halluzinogene Tinkturen getränkte Heftzwecken benutzt. Kurzum: Ich habe mich nicht breitschlagen lassen, das Blumenkind zu machen.

Eine andere musikalische Entwicklung interessierte mich schon eher, und zwar die neue Art, mit Rockelementen zu experimentieren und Musikstücke in epischer Ausdehnung zu kreieren. Hinzu kam neben vielen Boxen und Verstärkern der enorme instrumentelle Aufwand. In Deutschland lag der Ursprung dieses Trends, und er erfuhr hier auch die größte Akzeptanz und Verbreitung. Wen wundert es da, dass international die Richtung den Namen »Krautrock« bekam?

Der aufwendige Stil schlug sich auch auf das Schlagzeug nieder. Mir erschien die Bezeichnung »Schlagzeug« angesichts des Ungetüms auf der Bühne gar nicht mehr angemessen zu sein. »Bollwerk«, mindestens »Schlagfestung« wäre die treffendere Umschreibung gewesen. Für mich war das eine ausgezeichnete Spielwiese, auf der ich unbedingt dabei sein wollte. Endlich einmal richtig Krach machen und mein Handwerk umfassend ausleben!

Musikalisch gab es nie irgendwelche Vorbilder für mich, aber der Vergleich meiner Fähigkeiten mit jenen anderer reizte stets mein Ego, so auch hier. Deshalb ergriff ich sofort die Chance, bei der 1970 in Varel gegründeten Krautrockformation Silberbart einzusteigen, als der Drummer Gerd Bäcker die Band 1971 verließ.

Der verbliebene Rest und ich kannten einander schon länger. Die Ursache dafür lag darin, dass der Bass zupfende Werner Klug seine Haare hüftlang trug, meine evolutionären Fellrestbestände des Hauptes ebenfalls weit über Nackenlänge ragten und der die Gitarre bedienende Hans Joachim »Hajo« Teschner, der außerdem für den Gesang sorgte, eine ungebändigte Wuschelmähne sein Eigen nannte. Im kleinstädtischen, circa 20.000 Einwohner umfassenden Varel galten wir damit als Exoten, die sich durch ihre Exklusivität fast zwangsläufig zusammenrotteten. Man lese, zähle zusammen und staune: Es war wieder ein Trio! Die Namensfindung der Band hatte sich schwieriger gestaltet als erwartet. Englisch lautende Kreationen waren angesagt nach den Vorgaben The Who, The Rolling Stones, The Beatles, The …, The …, The … Das ging zwar am Geschmack der Mitglieder vorbei, aber eine zündende Alternative fiel ihnen auch nicht ein, bis Teschner an einem Heiligabend zum Bandtreffen einlud. Nachdem der Genuss von reichlich Alkohol eine ausgelassene Stimmung gebracht hatte, gesteigert und abgerundet durch kreisende Tüten, die ich aber ablehnte, schnappte sich der Gitarrist übermütig Lametta vom weihnachtlichen Traditionsnadelgehölz und legte es sich über seinen üppig sprießenden Bart. Im allgemeinen Gelächter schlug jemand – ich weiß gar nicht mehr wer, vielleicht sogar ich – vor: »Mensch, das ist es! Wir nennen uns Silberbart!«

Die Zusammenarbeit gestaltete sich in kreativer Hinsicht ganz erfolgreich. Wir nahmen als Erste in der Region eine Langspielplatte auf mit dem Titel *4 Times Sound Razing* und bekamen dadurch zusätzlich zu den Gigs im näheren und etwas weiteren Umkreis von Varel auch Möglichkeiten, jenseits der Frieslandgrenzen unser Können zu zeigen.

Leider verschlangen allein die Fahrten zu den Auftritten wegen des großen Instrumenten- und Equipmenttrosses dermaßen viel Kohle, dass, obwohl wir uns sehr knapp hielten und zum Beispiel verzweifelt versuchten, im Tourbus in den Schlaf zu finden, nichts übrig blieb. Um einmal einen konkreteren Eindruck zu vermitteln: Für einen Gig in Nürnberg krabbelte eine Gagenzahlung von 600 DM auf die Habenseite. Auf der Sollseite standen jedoch mindestens die Mietgebühr für den Transporter, der aufgrund der opulenten Instrumentenausstattung groß sein musste, die Treibstoffkosten und die Kreditraten für die noch nicht bezahlten Verstärker, Boxen etc. War am Ende der Abrechnung für uns noch ein gutes Mittagessen drin, zählte das in jenen Tagen als Erfolg.

Während der Krautrockepisode begann ich im Alter von 25 Jahren, erstmals Alkohol zu trinken und Zigaretten zu rauchen. Ich kann mich nicht mehr erinnern warum. Vielleicht hatte sich in meinem Oberstübchen der Gedanke festgesetzt, dass es in dieser drogengeschwängerten Zeit das Mindeste war, derartige Alltagsgenussmittel zu konsumieren.

So ziemlich alle Musikstücke entstanden unter dem Einfluss des Rauchens von getrocknetem, in Papier gehülltem Hanfkraut, wodurch angeblich eine bewusstseinserweiternde, bemerkenswert farbenfrohe Ebene hervorgezaubert wurde, auf der die wahre Genialität zu Hause war. Sprich, man hielt sich für unerreichbar gut und in der Lage, die auf dem Trip intensiven visuellen Empfindungen akustisch umzusetzen. Das konnte am nächsten Tag, bei klarem Verstand, wieder ganz anders aussehen. Die Euphorie über die eigene schöpferische Kraft schlug dann nicht selten um in das kleinlaute Eingeständnis: »Was haben wir denn da für einen langatmigen Müll zusammengejammt?«

Eindeutige Merkmale des Krautrocks, zu dessen Vertretern unter anderem Can, Amon Düül und zu Anfangszeiten auch Kraftwerk zählten, waren schwer auszumachen. Es existierte keine einheitliche Richtung, weder im Stil noch im Look. Es bot sich als Basis am ehesten der Hang zum Experimentellen, zur

Improvisation und zur epischen Länge an. Jeder konnte sich im Gefüge eines Stückes individuell austoben.

Im Sammelbecken des Stilragouts Krautrock befand sich Silberbart in der tonalen Gewürznote Psychedelic, das heißt, wir mieden durch die Wahl komplexer Strukturen oftmals den einfachen Aufbau des Rock 'n' Rolls, probierten Rückkopplungs- und Echoeffekte aus, variierten Geschwindigkeiten oder grübelten lange über neue Klangkompositionen nach, um möglichst Interessantes, Innovatives zu liefern.

Trotz vielfacher Improvisation und Hallu-Trips galt bei uns der Grundsatz, dass das Handwerk stimmen musste, wozu Disziplin unverzichtbar war. Wir verloren bei aller Individualität keineswegs die Fans aus den Augen, und ich beobachtete diese während eines Konzertes genau. Nur bemaß sich der Raum, unmittelbar auf Stimmungen reagieren zu können, äußerst sparsam, weil die Stücke lang ausfielen. Es bestand lediglich die Möglichkeit, bei folgenden Auftritten die Titelreihenfolge anzupassen.

Kein einziges Mal in meinem gesamten Musikerleben wagte ich mich daran, eigenes Material zu entwickeln. Der Gedanke, zur Feder zu greifen, stand im Dauerstau, was meine Bitterkeit befeuerte.

Mir war es einfach nicht vergönnt, schreiben zu können, wofür mir letztendlich die Erklärung fehlte. Vielleicht kam meine Unzufriedenheit aber auch daher, um die Ursache der Kreativbarriere zu wissen, aber den Mechanismus zum Lösen der Bremsen namens Eifer und Ehrgeiz vergessen zu haben.

In der Silberbart-Phase versagte sowieso mein Selbstvertrauen, schöpferisch initiativ zu werden, weil Klug und allen voran Teschner das Hamburger Konservatorium besuchten, was mein finanzielles Budget überstieg. Die beiden waren in meinen Augen also die »Männer vom Fach«, denen es oblag, professionell die Kompositionen und Texte zu entwerfen.

Ich lebte permanent von der Hand in den Mund, nahm diesen Lebenswandel aber aufgrund der Unabhängigkeit gerne in Kauf. Mir stand nicht vordergründig der Sinn danach, Reichtum anzuhäufen. Ich wollte nur spielen, spielen, spielen, lernen, lernen, lernen.

Schlussendlich gab die finanzielle Misere den Ausschlag für die Auflösung der Band Ende 1972. Die originale Silberbart-Vinylscheibe – eine Nachpressung existiert mittlerweile ebenfalls – erzielt bei Plattenbörsen einen Preis von bis zu 600 Euro, was mich schon ein wenig stolz macht.

Bei meiner Rückkehr ins regionale Tanzbandgeschäft behielt ich die Gewohnheit, hier einmal ein Zigarettchen zu rauchen und dort ein Bierchen, wahlweise auch ein Schnäpschen, zu trinken, bei. Die Türen standen mir bei meinem Wiedereinstieg weit offen, denn durch mein Mitwirken bei Silberbart hatte ich mir einen Namen gemacht. Zunächst gefiel es mir, in vertrauten Musikgefilden zu wandeln, denn nach langer Abstinenz verblieb vom Entgelt meiner Arbeit wieder etwas im Säckel. Ohne Anstoß daran zu nehmen, half ich in alter Gewohnheit mit, die ein oder andere Silberhochzeit von Ostfriesland über Friesland bis Papenburg aufzumischen.

Dabei fiel es mir zunehmend schwer, über die ganzen leckeren Essensreste des Festmahls hinwegzusehen, die am Ende der Feier den Gang zum »Schweineeimer« antreten würden. Bis ich eines Tages den Mumm aufbrachte, einen Gastwirt zu fragen: »Du, morgen ist doch Sonntag, und dann haben die ganzen Geschäfte zu. Kann ich mir etwas von den Sachen einpacken?« Die wohlwollende Billigung des Anliegens ermutigte mich, meine Strategie beim Beutezug kontinuierlich auszufeilen. Bei einem der nächsten Auftritte lagen schon griffbereit Tupperbehälter zum Abtransport im Bandwagen. Weitere Erfahrungen lehrten mich, vor allem Fleisch einzupacken und Nudel-, Kartoffel- und andere Salate zu meiden, da sie während des Transports schlecht zu werden drohten. Den Gipfel, vielleicht auch der Unverschämtheit, erreichte mein Vorgehen, als ich vorgab, eine Frau und drei essensbegeisterte Kinder zu haben, um die Gelegenheit zu bekommen, mich möglichst ausgiebig von der Tafel bedienen zu können, was ich dann auch tat. Natürlich verbot sich die Flunkerei in der Nähe meines Wohnortes, aber in weiterer Entfernung funktionierte die Masche wunderbar.

Oftmals reichte die Nahrungsladung im Endstadium des kulinarischen Sammeltriebs bis zur Mitte der kommenden Woche, wobei ich des Öfteren Obdachlose in Varel an meinem Fang teilhaben ließ, indem ich zu den gemeinhin bekannten Treffs ging und den Überschuss verteilte. Auf diese Weise geriet ich zu einem wahren »Fleischengel«.

Der Kontakt zu meinen Adoptiveltern verharrte auf sporadischer Basis, obwohl ich ebenfalls in Varel wohnte. Ihnen missfiel mein Lebenswandel zwar, und sie quittierten ihn mit althergebrachten, abgeschwächten Vorwürfen wie »Muss das sein?« oder »Was machste denn?«, behinderten mich aber auch nicht in der selbst gewählten Entwicklung.

Ich wäre ohnehin der Gefahr, mir in die Parade fahren zu lassen, ausgewichen und hätte ohne Streit zu suchen eingefordert, dass man mich bei meiner Entfaltung in Ruhe ließ. Vor allem mein Vater bewertete die Seriosität der Musikerlaufbahn wie ein Architekt die Stabilität von Luftschlössern – nichts anderes als Flausen –, wohingegen meine Mutter stets schützend die Hand über mich hielt nach dem Motto: »Nun lass den Jungen doch.« Leider verstarb sie im Frühjahr 1980 – im September desselben Jahres zog ich nach Großenkneten –, kurz bevor ich mit TRIO Erfolge feierte. Schade. Es wäre so schön gewesen zu sehen, wie sie sich über die Belohnung der jahrelangen Gutmütigkeit freut. Ob mein 1989 verstorbener Adoptivater Stolz empfand angesichts des TRIO-Durchbruchs, vermag ich nicht zu beurteilen. Gezeigt hat er es – einem norddeutschen Emotionsholzklotz entsprechend – jedenfalls nicht.

Je länger die Tanzbandzeit dauerte, desto bewusster wurde mir erneut, dass das nicht alles gewesen sein konnte. Ich war also – eigentlich mein lebensbegleitendes Credo – wieder einmal nur bedingt zufrieden. Es musste noch etwas anderes kommen … und es kam auch.

6

DIE ANNONCE

Auf der Suche nach einem alternativen Standbein hatte ich irgendwann Ende der 1970er-Jahre in Erinnerung vergangener Kindertage an einem Zirkus-Wochenendseminar in Hamburg teilgenommen. Dort fiel dem Proficlown Pipo mein Talent auf, weshalb er mich einlud – überzuckert mit dem Angebot unentgeltlicher Ausbildung und freier Verpflegung samt kostenloser Unterbringung –, die Mailänder Artistenschule zu besuchen.

Da mich ohnedies der Gedanke »Ich muss aufhören mit dieser Hopsermucke, sonst gehe ich daran noch kaputt« quälte, sagte ich umgehend zu. Das Konzept der Schule verortete niemanden, sondern machte Angebote, die man wahrnehmen konnte. Deshalb probierte ich erst einmal vieles aus, wobei ich zunächst am Trapez als Fänger begann. Innerhalb von etwa zehn Tagen meldeten sich allerdings Schmerzen in meinen Kniegelenken, die ausschlossen, diesen Weg dauerhaft zu beschreiten. Also die nächste Station: Pantomime. Hierbei störte mich das feminine Gehabe. Dabei entspreche ich keineswegs dem Typus des Machos. Es war aber einfach alles zu sanft, zu weich. Also die nächste Station: Jonglieren usw. Es brauchte eine Spanne von circa drei Monaten, bis ich mich, bestärkt durch die Meinung des zuständigen Kursleiters, in einer Disziplin ein- beziehungsweise wiederfand. Voilà, der Clown Peter Behrens erblickte das Licht der Welt. Manege frei!

Die Schulung bedeutete harte Arbeit und verlangte außer der körperlosen Bespaßung schmerzhafte Fallübungen auf harten Betonböden. Keine Rede davon, gemütlich auf weiche Matten zu plumpsen.

Zurück in Deutschland, schmückte ein abgeschlossenes Artistenzertifikat meinen Lebenslauf. Nun galt es, Eigenes anzupacken. Entweder die Zirkusluft um meinen individuellen Dunst anreichern oder innerhalb einer innovativ-progressiven Band frisch motiviert angreifen und den Schutzraum von Coverversionen einer Top-40-Unterhaltungscombo verlassen. Die Entscheidung wurde letztlich irgendwann Anfang des Jahres 1980 durch die Zeitschrift *Musikexpress* gefällt, als mein Blick jene schicksalhafte Annonce erfasste, in der es hieß, dass in Großenkneten eine Gruppe die Dienste eines Schlagzeugers benötigte.

Mittlerweile war ich bis auf die erwähnte Unterbrechung bereits acht Jahre lang in Tingeltangelbands durch die Gute-Laune-Tretmühle gestromert und ziellos vor mich hin gealtert. Die Langeweile hatte mich unaufhörlich umwickelt, und dadurch bedingt war mein Zigaretten- und Alkoholkonsum stetig gestiegen. Hätte ich so weitergemacht, dann wäre ich hoffnungslos versumpft.

Ich rief also die abgedruckte Telefonnummer 04435/2300 an, vereinbarte einen Termin und klingelte zum abgesprochenen Zeitpunkt an einem Wohnhaus mit der Adresse Regenter Straße 10 a in 2907 Großenkneten 2. Warum ich das so genau notiere? Nun ja, davon wird später noch die Rede sein.

Zwei Typen, die sich als Gert »Kralle« Krawinkel und Stephan Remmler vorstellten, benötigten eine Ergänzung für ihre Band namens Wind – nicht zu verwechseln mit jener Truppe, die ab Mitte der Achtziger auf Betreiben von Schlagerpapst Ralph Siegel der Welt Schnulzen wie *Für alle* oder *Lass die Sonne in dein Herz* schenken sollte.

Die beiden führten mich in den Keller des Hauses, in dem sich ein selbst eingebautes Tonstudio befand, und forderten mich nach einem kurzen verbalen Geplänkel auf, den mir angestammten Platz hinter dem Schlagzeug einzunehmen. Das Vorspielen lief so ab, dass ich sowohl allein als auch zusammen mit den anderen meine Fähigkeiten zeigen sollte. Schlecht habe ich mich dabei wohl nicht angestellt, denn ich erhielt den Zuschlag.

Viel später erfuhr ich allerdings, dass die Entscheidung nicht eindeutig gewesen war, denn nur Stephan hatte mich haben wollen. Er hatte in mir darstellerisches Talent entdeckt. Kralle hingegen waren Bedenken gekommen, die ihn mich ablehnen ließen.

Den genauen Grund dafür kenne ich bis heute nicht, zumindest hat er selbst ihn mir gegenüber nie genannt.

Mit der Gründung von Wind verfolgten Krawinkel und Remmler das Ziel, alte, ihren Traum behindernde Lasten abzuwerfen. Remmler gab seinen Job als verbeamteter und somit pensionsberechtigter Lehrer in Bevern, Kreis Holzminden, auf und Kralle tat es ihm in Jever gleich (er unterrichtete unter anderem das Fach Sport), wobei er nur ein halbes Jahr durchgehalten hatte. Zukünftig sollte nur noch auf Musik gesetzt und etwas Erfolgreiches aus dem Boden gestampft werden, wozu sie Geldgeber benötigten.

Diese fanden sich in der Fangemeinde der ehemaligen Kralle/Remmler-Band Just us, einer von 1966 bis 1970 existierenden Bremerhavener/Nordenhamer Rock- und Soulgruppe. In einem Porträt des Norddeutschen Fernsehens titulierte man sie einmal als »die Beatplatzhirsche zwischen Brake und Bremerhaven« mit den musikalischen Vorbildern The Rolling Stones und Them *(It's All Over Now, Baby Blue)*, denen aber auch ansprechende Eigenkompositionen gelungen waren.

Im Anschluss an ein Revivalkonzert in Bremerhaven 1979 nutzte Remmler seinen Einfluss bei den Leuten und vermittelte ihnen glaubhaft die glänzenden Aussichten seines neuen Projekts. Tatsächlich gewann er einige zweibeinige Finanzspritzen, darunter auch ein paar gut verdienende Rechtsanwälte, womit das Projekt finanziert war, ohne dass er seine Erbschaft antasten musste.

Es wurde die Just us Music Production, kurz JUMP, gegründet, Kralle und Stephan angestellt und ein Studio im Untergeschoss der Regenter Straße 10 a eingerichtet.

Eigentlich gehörten zu Wind noch ein Bassist, ein zweiter Gitarrist und ein Keyboarder, aber die fehlten bei den Proben sehr oft wegen irgendwelcher Verpflichtungen. Hinzu gesellte sich häufig der Umstand terminlicher Überschneidungen. Manchmal erschien der Bassist montags und dienstags, zu Tagen, an denen das Gitarristen-Keyboarder-Pärchen passen musste. Dieses bereicherte wiederum unsere kreative Palette zwei Tage lang oder auch einmal am Wochenende, wenn der Bassist anderweitig beschäftigt war.

Ich hingegen bezog aufgrund von Arbeitslosigkeit Stempelgeld und stand immer zur Verfügung. Somit sah ich mich im Grunde genommen erneut der Situation gegenüber, die ich schon so oft erlebt hatte. Drei Personen machten zusammen Musik, sprich die altbekannte Konstellation des Trios war wieder da.

Was zunächst als Nachteil erschien, entpuppte sich zusehends, besser gesagt zuhörends, als Geschenk. Durch die erzwungene Fokussierung auf Gitarre, Schlagzeug und Gesang mit vereinzelten wechselnden, pointiert gesetzten Klangelementen wie zum Beispiel Kinderinstrumenten entstand ein Sound, der in seiner Begrenzung spannender, klarer und eingängiger war als die Stücke, die in Komplettbesetzung eingespielt wurden. Spätestens jetzt meldete sich meine innere Stimme sinngemäß mit den Worten: »Peter, bleib jetzt dran, hier entsteht was Tolles und Neues.« Für den Bassisten, den zweiten Gitarristen und den Keyboarder wurde die Luft immer dünner, weil die Entwicklung sie weniger bedeutsam machte, bis sie, ohne es explizit aussprechen zu müssen, schließlich ganz draußen waren.

Der Prozess der innovativen Reduzierung fand in der Herabsetzung der Personenzahl aber keineswegs sein Ende. Es ging als Nächstes an mein geliebtes Schlagzeug. Ursprünglich der umfangreichen Ausstattung genügend, dass es einem Krautrockliebhaber die Tränen der Glückseligkeit in die Augen getrieben hätte, nahm ich einen Bestandteil nach dem anderen heraus beziehungsweise die beiden anderen schleppten ihn mir weg, weil er jeweils einfach nicht gebraucht wurde.

Hinzu kam, so behauptete Kralle, dass bei mir die Gefahr bestand, in einen unerwünschten fahrigen, unpräzisen Trommelbrei zu verfallen, wenn das Sortiment an Prügelpötten zu groß war. Schließlich blieben nur noch die Bassdrum – ich nannte sie liebevoll »dicke Berta« –, die Snaredrum und das Hi-Hat übrig. Dieses Dreigestirn trainierte mich, auf Präzision Wert zu legen, was sich wiederum im Folgenden in Insiderkreisen zu einem geschätzten und bewunderten Markenzeichen mauserte. Besten Dank, Herr Krawinkel!

Kralle zog im Sparkurs nach, indem er seiner mit einem Wiesmoor-Aufkleber verzierten heiß geliebten Fender Stratocaster zwei Tonabnehmer ausbaute, was die Klangvariation und Geräuschvielfalt deutlich einschränkte.

Zu dritt mit abgespeckter Ausstattung klangen die Aufnahmebänder derart interessant, knackig, auf den Punkt gebracht, ergiebig und neu, dass Stephan, Kralle und ich der Meinung waren, unseren Stil gefunden zu haben. Sicherlich beeinflusste der damals angesagte melodiöse Punkrock unsere Einstellung und unser Spiel. Wir trugen jedoch eine ganz individuelle Note hinein, die uns stolz machte. Außerdem bedeutete der geringere Aufwand der Instrumentierung eine gern in Kauf genommene Kostenersparnis, wenn es darum ging, Auftrittsorte zu erreichen.

Das Fundament war somit gelegt. Nun galt es, die Öffentlichkeit davon zu überzeugen, dass sie nur auf uns gewartet hatte und uns brauchte.

7

DAS WG-LEBEN IN DER REGENTER STRASSE 10 A

Das Bandhaus in Großenkneten bot viel Platz, weshalb Kralle und Stephan, die sich bereits aus Sandkastentagen kannten und sowohl in Cuxhaven als auch in Hamburg zusammen die Schulbank gedrückt hatten, mir anboten, einzuziehen. Das Angebot nahm ich dankend an, denn auf diese Weise konnten wir einen spontanen, direkten Austausch über unser Vorgehen und unsere Vorstellungen betreiben. Hatte einer von uns einen Einfall für einen Song, ein Arrangement, trudelte ein Auftrittsangebot ein usw., gab es keinerlei Organisationsprobleme, wir konnten uns unmittelbar damit auseinandersetzen.

Außer uns dreien wohnten noch Ellen Bövers, eine ehemalige Kommilitonin von Stephan, und ihr 14 oder 15 Jahre alter Sohn im Haus. Das noch freie Zimmer belegte ab und an der für das Abmischen unserer Songs zuständige Heino de Witt, sofern die Arbeiten daran sich zu weit in die Nacht hineinzogen. Dazu gesellten sich außerdem in späterer Zeit, als verschiedene Gigs anstanden, zwei Roadies – Uwe von Kralle, die kannten sich noch aus der Just-us-Zeit, und meiner mit Spitznamen Rahni –, die nach erledigter Arbeit den Weg nach Oldenburg aufgrund der vorgerückten Stunde nicht mehr auf sich nehmen wollten. Manchmal quartierten sich darüber hinaus weitere Übernachtungsgäste, zum Beispiel humane Überbleibsel einer feuchtfröhlichen Zusammenkunft, ein. Alles in allem war es ein abwechslungsreiches, zwangloses Kommen und Gehen, das ich genoss.

Remmler und Kralle waren auf der Suche nach einer passenden Immobilie in der *Nordwest-Zeitung* auf das Haus in der Regenter Straße gestoßen. Es besaß den Vorteil, dass es mit 25 Kilometern

Distanz nicht weit weg von Oldenburg lag, aber vom Stadtkern Großenknetens ausreichend weit entfernt war. Es kam nie zu einer Beschwerde über Ruhestörung, hervorgerufen durch laute Live-Musik, denn das Haus wurde von der Beschaulichkeit eines kleinen Baugebietes umschlungen.

Das Bauherrenmodell ermöglichte den Einbau eines Tonstudios im Keller, und die beiden Hauptmieter mussten monatlich 600 DM, was ein Witz für eine derartige Immobilie war, an die Raiffeisenbank Großenkneten entrichten. Beide Parteien freuten sich über die Vereinbarung: Wir hatten eine für unsere Zwecke ideale Unterkunft und die Finanzjongleure die Sicherheit, durch das Bewohnen des Hauses dem Verfall ein Schnippchen geschlagen zu haben.

Eine Erbschaft von Remmler, so wurde mir zugetragen, hatte den finanziellen Akt abgesichert, denn sein Großvater war Besitzer von drei Kinos in Bremerhaven gewesen, die ausschließlich originale amerikanische Filme ohne Synchronisation oder Untertitel gezeigt hatten. Und da die Stadt ehemals zur amerikanischen Besatzungszone gehört hatte, waren zahlreiche dort stationierte GIs dankbare Abnehmer des Angebots gewesen. In den 1970er-Jahren zogen die USA jedoch zunehmend Soldaten ab, wodurch die Konjunktur abgeflaut war. Schließlich überschritt der Betrieb Ende des Jahrzehnts kaum noch die Profitgrenze beziehungsweise blieb sogar darunter, sodass die drei Lichtspielsäle samt Grundstücken verkauft wurden. In der Gesamtbilanz war sicherlich ein hübsches Sümmchen übrig geblieben, das Stephan – und das gönnte ich ihm auch – ein unabhängiges Leben ermöglichte. Vielleicht wäre es ohne diese glücklichen Fügungen des Schicksals nie zur Gründung von TRIO gekommen.

Neben der Musik gab es nicht viel, was Stephan, Kralle und mich verband. Insofern konnte man nicht von einer eingeschworenen Wohngemeinschaft sprechen. Aber als gestandene, gereifte Rock 'n' Roller war das Verhältnis untereinander, wenn nicht freundschaftlich, so doch zumindest kollegial. Bedrückt hat mich die Atmosphäre nicht, aber Wohlgefühl als Begriff für meine Befindlichkeit verfehlte genauso den Kern. Ich sagte mir (bis heute spreche ich gerne mit mir selbst): »Ja und, Peter, so ist das nun mal. Lieber gute Bekanntschaften als schlechte Freundschaften.«

Allein der strikt aufgeteilte Innenraum des Kühlschranks verdeutlichte die Verhältnisse. Das oberste Fach gehörte Kralle, im mittleren konnte ich mich ausleben und unten bewahrte Remmler sein frisch zu haltendes Gut auf … wobei ich mir gar nicht so sicher bin, ob Stephan wirklich ein Fach besaß.

Jeder von uns hatte bereits WG-Erfahrungen und kannte die damit zusammenhängenden Schwierigkeiten, zu denen es kommen konnte, wenn man das Tabu verletzte, ungefragt in den ureigenen Bereich des anderen zu greifen. In einer meiner zuvor durchlebten Wohngemeinschaften in Sandkrug/Hatterwüsting – eine Horde von sieben bis acht Leuten war hier vereinigt gewesen – hatte ich zusammen mit Rahni gehaust, bevor er mein Schlagzeugbetreuer bei TRIO wurde.

Wie bereits erwähnt, lag unser Domizil nicht fußläufig vom Zentrum Großenknetens, sodass es einen gewissen Aufwand bedeutete, notwendige Einkäufe, die in der Regel jeder für sich erledigte, zu tätigen. Allein deswegen achtete ich schon penibel darauf, zu vermeiden, in den Vorräten der anderen zu wildern. Zwar nannte Kralle einen geräumigen Mercedes sein Eigen, aber um Hilfe bei der Nahrungsmittelversorgung habe ich nie gebeten. Warum? Ist mir entfallen.

Ebenso verhielt ich mich gegenüber Remmler. Der hatte sich vom Nachlass seines Großvaters als eines der wenigen Statussymbole einen Chevrolet Station Wagon mit falschen Holzplanken an den Seiten und am Heck gegönnt. In diesem Pkw-Schiff hätte eine komplette Fußballmannschaft, und zwar keine Mini-, sondern ausgewachsene, muskulöse Seniorenkicker, Platz gefunden.

Circa einmal in der Woche übernahm einer der Bewohner die Aufgabe, den Rest mit einem guten – zumindest mit einem gut gemeinten – Essen zu verwöhnen, was er jeweils aus eigener Tasche bezahlte. Kralles Hähnchen im Römertopf ist in diesem Zusammenhang bis zum heutigen Tag lobend hervorzuheben, genauso wie meine Spezialität, die aus Kartoffelsalat mit Wiener Würstchen bestand. Ellen Bövers ließ es sich nicht nehmen, ihren Einfluss in puncto gesundes Essen geltend zu machen, indem sie kulinarische Genüsse wie Gemüseeintopf unserem Gaumen zur Verfügung stellte.

Stephan mied die Küche als Raum für die Zubereitung von Speisen, die allen zugutekamen, weshalb ich auch seine Kühlschrankteilhabe anzweifle. Er revanchierte sich, indem er uns manchmal in die Raststätte und Truckerkneipe an der Bundesstraße B 69 zu einer Portion Grünkohl oder Rouladen oder einem Herrengedeck bestehend aus Bier und Bommerlunder einlud.

In späterer Zeit, als wir mit TRIO Erfolge feierten, enthielt die Speisekarte der Raststätte einen »TRIO-Teller«. Bestellte ein Gast diesen lukullischen Genuss, wurde ihm zu drei Schweinelendchen mit Pommes und Salat als krönender Abschluss ein Bommerlunder serviert.

Übrigens: Seit die Autobahn Oldenburg mit Ahlhorn verbindet, gibt es diesen Hort der Erinnerung nicht mehr. Stattdessen wird dort heute ein Hunger ganz anderer Art gestillt, denn hier ist nun ein Puff beheimatet.

8

INNOVATIVE REDUKTION UND LEICHTE STIMMUNGSFÖRDERER

»Ja ja, mit dem bisschen Bum Bum und dem bisschen La La, was jedes halbwegs intelligente Kleinkind genauso hinbekommt, verdienen die Millionen, und ich muss mir den Buckel krumm schuften!« So oder ähnlich klangen die Urteile, als TRIO sich zur Hochzeit mit Erfolg schmücken durften. Nur, diese Menschen vergessen beziehungsweise unterschätzen völlig, wie konsequent wir an unserem eigenen Stil gefeilt haben.

Nach der Findungsphase spulten wir täglich konsequent ein Pensum herunter, das einer wahren Schufterei gleichkam. Mal ohne, mal mit leichter Unterstützung sanfter Spaßmacher wie Bier, Zigaretten oder auch dem ein oder anderen Joint spielten wir ab dem Nachmittag bis in die Nacht Songmaterial ein, welches ab zwölf Uhr des nächsten Tages in Anwesenheit von Soundmischer Heino de Witt einer kritischen Überprüfung mit anschließender Korrektur standhalten musste. Sicher, Müll zählte auch zu den Ausgeburten unserer Kunst, aber manchmal gab es interessanten Müll.

Danach stand das Mittagessen an, dem sich eine Entspannungsphase anschloss. Der eine nutzte sie, um zu schlafen, der andere – speziell Stephan – meditierte. Und dann ging das Ganze, gleich einem Hamsterrad, wieder von vorne los. Unter diesen Bedingungen der permanenten Arbeit, des musikalischen »Steinekloppens« konnte keine Oase der Muße, keine bloße Gute-Laune-WG entstehen. Wie bereits erwähnt, passte ich mich und mit mir die beiden anderen der Situation an, anstelle sie zu glorifizieren oder zu genießen.

Bemerkenswert war, wie deutlich die eingespielten Aufnahmen von der Menge der tags zuvor genossenen leichten Drogen abhingen. Bier war für sich genommen schon ein ausgezeichneter Entschleuniger. Kombinierte man das zusätzlich mit Hasch, näherte sich das Tempo dem eines Prozessionszuges lahmender Ackergäule an.

Beim Abmischen, ob nun im Studio oder live, achteten wir darauf, dass der Sänger stimmlich vor der Band stand. Jeder Buchstabe, jedes Wort, jede Zeile sollte verständlich sein, wodurch es akustisch zu einer gewissen Entkopplung zwischen den Vocals und der Musik kam. Die Reglermikrofone von Schlagzeug und Gitarre wurden heruntergezogen, damit sich Remmler hervorhob, ziemlich konstant auf einen bestimmten Geräuschpegel justiert, und erfuhren lediglich eine Variation, wenn eine Raum-Schall-Koordinierung nötig war.

Viele andere Bands scheiterten und scheitern gerade bei Live-Auftritten, wenn es um die Lautstärkenanpassung geht. Oftmals sind die Instrumente zu laut, während der Sänger verzweifelt versucht, sich in Szene zu setzen. Sehr ärgerlich für die Fans.

Die Proben standen immer im Zeichen der Spannung, die zwischen Kralle und mir herrschte, denn wir mochten uns damals nicht besonders. Seinerzeit war ich schließlich gegen seinen Willen als Schlagzeuger in die Band gekommen. Einmal hat er sogar auf mich geschossen.

So kam es mir jedenfalls vor, als eines Tages draußen während des Wäscheaufhängens hinter mir ein ploppendes Geräusch ertönte, gefolgt von einem leisen, pfeifenden Sirren, das an einem meiner Ohren vorbeisauste. Irritiert drehte ich mich um und sah Kralle breit grinsend in einem der oberen Fenster stehen, ein Luftgewehr in den Händen haltend. »Sag mal, hast du sie noch alle?«, schrie ich ihn an, sobald der erste Schreck aus meinen Gliedern gewichen war. Alles andere als entschuldigend bekam ich zu hören: »Mensch, war doch nur ’n Spaß! Reg dich ab. Ich hab auf den Ball geschossen und nicht auf dich. Und glaub mir, ich bin ein geübter Schütze.«

Kein Wort wollte ich glauben, bis mein Blick die armselige, deformierte Spielkugel erblickte, die in geringem Abstand neben mir zur Ruhe gekommen war und der zunehmend die existenzberechtigende Luft ausging. Trotzdem Blödmann!

Ungeachtet der Animositäten harmonierten Kralle und ich bei der Arbeit, wofür vielleicht gerade das gegenseitige Reizen verantwortlich war. Symptomatisch für die eigenartige Konstellation ist Kralles Aussage: »Eigentlich kann ich gar nicht mit dir spielen, du funktionierst anders als normale Schlagzeuger.« Letztlich verband uns zwei aber allumspannend der Rock 'n' Roll, was für Remmler nicht unbedingt die Triebfeder des Schaffens war, wie sich später noch herausstellen sollte.

Die wichtigsten Elemente bei der Entwicklung von Songs waren häufig meine manuelle Rhythmusmaschine und die Gitarre, wobei Kralle melodisch an die Sache heranging, während ich den Akzent auf Takt und Rhythmus legte. Wenn dieses Grundgerüst stand, strickte Stephan anschließend den Text dazu, der ganz bewusst minimalistisch gehalten war.

Im Zuge des Prinzips »Neue Deutsche Fröhlichkeit« – eine Umschreibung, die Remmler bei unserem *Rockpalast*-Auftritt in der Hamburger Markthalle 1982 dem verdutzten Zuhörer in die Ohrmuscheln drückte – stand der entspannte Unterhaltungswert bei uns ganz oben. Und unterhalten, das konnte Remmler perfekt. Er war und ist ein großer Entertainer.

Das Selbstbewusstsein jedes Einzelnen von uns, durch jahrelanges Tingeln, Touren und Selbstfinden gestählt, ebnete den Weg dafür, sich nicht entscheidend an den Vorgaben und Vorstellungen anderer Leute zu orientieren, sondern konsequent den Reduzierungsgedanken bei gleichzeitigem kraftvollen, pointierten Spiel zu bewahren. Nicht zu leugnen ist jedoch eine gewisse richtungsweisende Beeinflussung durch die britische Gruppe The Police in dem Sinne, als dass sie ebenfalls aus drei Leuten bestand und sich schwülstigen Gitarrensolos, aber gleichzeitig auch der dilettantischen Herangehensweise vieler Punkbands verweigerte.

Wie bereits im Zusammenhang mit Silberbart erwähnt, habe ich mich nie um das Texten gekümmert, mich aber auch nicht dafür interessiert. Im Gegenteil, ich empfand es – und das sehe ich heute immer noch so – eher als lästige, alberne Begleiterscheinung. Der Motor eines guten Songs sind die Instrumente, im Besonderen das Schlagzeug. Mir war die Stärke gegeben, Impulse zu setzen, indem ich einen Beat, einen Takt vorgab, diesen wie eine Nähmaschine beibehielt und mich davon auch nicht mehr abbringen ließ. Die beiden anderen griffen die Vorgabe auf und brachten ihre Vorstellungen und Ideen ein, woraus dann ein Gesamtbild entstehen konnte. Neben diesem anspornenden Element hatte ich in der Band allerdings eher wenig zu sagen.

Nasty war die erste gemeinsam entwickelte Nummer von TRIO, ein schnelles, punklastiges Stück mit englischen Vocals, welches eigentlich mit dem Typus, den die Band verkörperte, disharmonierte. Überhaupt kennzeichnete es uns zu Beginn, dass zwischen dem Erscheinungsbild und der Musikrichtung ein Widerspruch zu herrschen schien, den wir aber bewusst kultivierten.

Jedem von uns erschien es sinnvoll, eine eigene Rolle mit Wiedererkennungswert einzunehmen, wobei ich ganz unbescheiden unterstelle, dass ich Krawinkel und Remmler auf diese Idee gebracht habe, weil ich als Erster in die immer gleiche Kostümierung samt dazugehörigem Charakter schlüpfte. In der Tradition der italienischen Commedia dell'Arte übernahm ich in komplett weißer Montur (Farbe der Unschuld), die nur durch rote Hosenträger und Schuhe (Farbe der Liebe) und schwarze, kurze Haartracht mit Frontbürzel (Farbe des Teufels) unterbrochen wurde, mit stoisch gelangweilter Buster-Keaton-Miene die Rolle des stummen, traurigen Clowns, wodurch ein gewisser Zirkusduft einzog. Wegen meiner sparsamen Schlaghandwerkzeugsausstattung und ebensolcher Handhabung stellte mich unser Bandleader gerne als »Karl Knapp« vor.

Kralle stieg konsequent in Jeansklamotten und bändigte sein strubbeliges Haupthaar mit einer Strickmütze oder einem Schirmstirnband, womit er in der Gesamtheit das ungehobelte, wortkarge, kauzige Landei gab. Die ersten Auftritte absolvierte er sogar in Holzschuhen – den sogenannten »Klompen«. Auf diese Weise versinnbildlichte er die »Erdung« der Band.

Remmler wiederum gefiel sich als charmanter, redegewandter, unterhaltsamer Dandy und Entertainer à la Sinatra. Deswegen trug er, vielleicht auch als kleine Hommage an seinen geliebten und stets gut gekleideten Opa, einen Anzug, allerdings nur mit einem T-Shirt unterfüttert an Stelle von Schlips und Hemd. Seine Vorliebe für den US-Schauspieler und Filmbeau der 40er- und 50er-Jahre des vorigen Jahrhunderts Gary Cooper förderte diese Rollenwahl, weswegen er ein wenig Hollywood-Glamour-Celluloid-Flair versprühte. Als visuellen Gegenpol zur No-Future-Generation, deren Haupthaar gar nicht bunt genug und deren Irokesenpracht gar nicht hoch genug gestylt sein konnte, setzte Stephan die Stoppelfrisur, wie um die landläufige Meinung zu widerlegen, dass TRIO Punk seien.

Bei der Aufstellung auf der Bühne brachen wir mit altgedienten Gewohnheiten, die vorgaben, den Schlagzeuger hinten zu postieren, den Gitarristen seitlich versetzt davor und als Krönung der Show den Sänger zu sehen, der in seiner ganzen Herrlichkeit die bewundernden, zum Teil schmachtenden Blicke des Publikums auf sich zog.

Das wollte ich nicht akzeptieren. Warum sollte die Batterie, der Antrieb einer Band, im Dunklen stehen? Also nahm ich meine Sparversion eines Schlagzeugs und rückte vor, immer überdacht von einem roten Sonnenschirm. Kralle blieb stehen und Stephan machte ein bis zwei Schritte zurück, sodass wir schlussendlich eine Linie bildeten. Außerdem gewöhnte ich es mir an, im Stehen zu spielen, was dazu diente, für die Zuschauer präsenter zu sein.

Ursprünglich hatten mir durch intensive Gesäßflächenbenutzung beschworene, üble Plagegesellen namens Hämorrhoiden das eigentlich gebräuchliche Sitzvergnügen genommen. Bevor mir diese Wulste auf Scherenschnittlänge angewachsen wären, war ich zwecks Hinterteilentlastung respektive -belüftung in den Stand gewechselt, was mir aufgrund der kontinuierlichen Entrümpelung meines Instruments beim Spielen auch keine Probleme bereitete.

Abgesehen von mir machte das damals in bekannteren Kreisen, soweit ich weiß, nur der Drummer der US-Band Stray Cats. Heutzutage ist es vor allem Bela B. von Die Ärzte, ein Wahnsinnstrommler, der etliche Stunden (ihre Konzerte gehen lange!) stehend auf seinem großen Schlagzeug spielt und es zu Höchstleistungen prügelt.

9

WIND, SEGELSTURM ... WIE NENNEN WIR UNS DENN NUN?

Besetzung der Band? Erledigt. Instrumentierung der Band? Erledigt. Einigung auf die Art der gespielten Musik? Erledigt. Outfit und Rollenverteilung? Erledigt. Ja und wie nennen wir uns nun? Großes, braches Feld!

Wir konnten doch nicht auf die Bühne steigen, ohne dass man die Typen dort oben auf der Rampe mit einem einigenden Namensstempel versah. Es hätte doch blöd geklungen, wenn der Ansager vor dem Gig die wenig verheißungsvollen Worte »Ja und hier sind sie nun: Stephan, Kralle und Peter, die lustigen Pausenfüller aus Großenkneten« aneinandergereiht hätte.

Zu einem späteren Zeitpunkt begnügten sich zwei Berliner in ähnlicher Situation damit, ihre Identität mit »Die Band ohne Namen« zu versehen. Meiner Meinung nach lächerlicher Mumpitz und für uns außerhalb jeglicher Diskussion. Das Objekt der Begierde musste griffig und aussagekräftig sein und zum Bandkonzept passen. Außerdem sollte es neugierig machen, die Fantasie anregen, aber nicht zu sehr verwirren. Zu guter Letzt durfte der Name nicht schon anderweitig vergeben sein.

Zunächst erschien es plausibel, den Bandnamen Wind beizubehalten, denn das war derjenige, den Stephan, Kralle, der Ex-Bassist und der Ex-Keyboarder nebst Ex-Zweitgitarristen vor meinem Erscheinen benutzt hatten. Nur stand das nicht im Einklang mit der Absicht, einen Neustart hinzulegen, weshalb die Akzeptanz dieser Möglichkeit kippelte. Die Alternative Segelsturm hob sich zwar klanglich, aber nicht inhaltlich vom ersten Vorschlag ab, und die Erwähnung diente letztlich – genau genommen – eher zu Vergnügungszwecken denn als ernsthafte

Diskussionsgrundlage. Nach einigem Hin und Her waberte die Überlegung in den Raum, die Dreierkonstellation ins Zentrum zu stellen, wodurch das erste Mal der Begriff »Trio« fiel. Remmler unterbreitete mir den Gedanken in irgendeiner Bar in Oldenburg – Kralle glänzte durch Abwesenheit –, und ich erwiderte desorientiert: »Häh?«, weil für mein Verständnis eine Kombination in Form von »Remmler Trio« oder »Krawinkel Trio« oder »Behrens Trio« hätte erfolgen müssen.

Das barg natürlich immer die Benachteiligung der jeweils Nichtgenannten, weswegen der Gedanke schon nahe daran war, über den Abgrund zu springen. Stephan beharrte jedoch auf seiner Idee, obwohl später auch Kralle skeptisch, irritiert reagierte. Völlig losgelöst von jeglicher Eingrenzung wirkte die Bezeichnung zu beliebig. Die Menschen da draußen würden nach einer näheren Beschreibung fragen, um Klarheit zu bekommen … aber Moment mal, genau das wollten wir doch! Neugier wecken, die Fantasie kitzeln, ohne dabei für völlige Verwirrung zu sorgen. Und so blieb es bei dem Namen, und wir hießen fortan TRIO.

Dass unser Bandname tatsächlich den gewünschten, irritierenden Effekt nach sich zog, erfuhren wir sehr bald und zum Teil an Stellen, an denen Stephan, Kralle und ich nie damit gerechnet hätten.

Ein solcher orientierender verbaler Schlagabtausch, der sich tatsächlich ereignete, schummelte sich sogar als Ansage beziehungsweise Intro von Stephan auf die Bühne. Die Art und Weise des Verlaufs hätte sich der legendäre Loriot als genialer Konstrukteur absurder, aneinander vorbeilaufender Konversationstechniken nicht besser einfallen lassen können.

Es ging im vorliegenden Fall um das Geplänkel mit einer Bardame namens Conny, die im weiteren Verlauf noch eine Rolle spielen wird. Stephan, Kralle und ich saßen am Tresen – jeder drei Bier und drei Bommi (Kurzform für Bommerlunder) vor sich stehend –, als das Rotlichtexponat in den Raum warf: »Eins – zwei – drei – ihr seid das TRIO.« Diese scharfsinnige Schlussfolgerung würdigend, antwortete Stephan, sich aus unserem Songrepertoire bedienend: »Ja, ja, ja!« Dabei beließ es Conny aber nicht und fuhr fort: »Was ich euch immer schon mal fragen wollte, der Name TRIO sagt doch gar nichts aus?«, woraufhin wir entgegneten: »Halt, halt, halt! Der Name TRIO sagt doch aus, dass wir zu dritt sind!«

Conny dachte kurz nach, legte ihre Stirn in Falten, sog langsam an ihrer Zigarette, inhalierte, entließ den Qualm geräuschvoll aus dem Mund und beendete dann die bedeutungsschwer wirkende Pause im eigentlich völlig überflüssigen, unergiebigen Small Talk achselzuckend, gelangweilt mit: »Yes, stimmt.«

Nun bekommt man den Eindruck, der Prozess der Namensfindung hätte nicht lange gedauert. Dem war aber nicht so. Es war wirklich ein nicht zu unterschätzender, psychologisch gut überlegter Schritt, die Kurzform TRIO zu nehmen.

Jetzt hatten wir also einen Stempel, unter dem das Produkt unseres kreativen Outputs firmierte, was unabdingbare Voraussetzung dafür war, bei den Plattenfirmen auf uns aufmerksam zu machen.

Fehlten noch die Bewerbungslieder. Aus einem größeren Sortiment bereits im Großenknetener Kellerstudio eingespielter Titel wählte Remmler für das Vorhaben, in Hannover mehrere Exemplare einer EP pressen zu lassen, die anschließend zu diversen Lables verschickt werden sollten, für die A-Seite *Lady-O-Lady, Sunday You Need Love, Monday Be Alone* und für die B-Seite eine lange Live-Version von *Broken Hearts for You and Me* aus, was Kralle und ich abnickten.

Wenn man genau hinhört, kann man die Konzentration und Ernsthaftigkeit spüren, mit der die Stücke in Angriff genommen wurden. Keine Spur von Verspieltheit und Leichtigkeit, die TRIO ansonsten charakterisierten. Wir wollten bei allem Spaß zeigen, wie wichtig uns die Chance einer Karriere war.

Wie eigentlich ein Großteil der Songs, die Remmler, Krawinkel und ich bis zu diesem Zeitpunkt aufgenommen hatten, spiegelten auch die auf Vinyl gerillten Erstlinge die Emotionen wider, die wir in der südoldenburgischen Provinz empfanden. Die Abwesenheit der Welt, der kleine Kosmos der Regenter Straße 10a ist hier impulsiv durchdacht zum Ausdruck gebracht worden. Sexuelle Fantasien, der alltägliche Kampf der Bewältigung von (vergangenen) Liebesbeziehungen irgendwo im Nirgendwo stehen oft im Mittelpunkt, teilweise aggressiv (*Lady-O-Lady, Sunday You Need Love, Monday Be Alone*) oder melancholisch, mit Herzschmerz (ewig scheinendes Gitarrensolo von Kralle auf *Broken Hearts for You and Me*) verarbeitet. Was die B-Seite der EP betrifft, kann ich mir vorstellen, dass die Titelwahl dem Einfluss von *I Don't Like Mondays* von The Boomtown Rats mit dem Leadsänger Bob Geldof ausgesetzt gewesen war, was allerdings nur eine Mutmaßung ist. Überhaupt gab es einige Lieder, deren Entstehungsanlass für mich nebulös blieb, gerade wenn sie zu großen Teilen aus der Feder von Stephan stammten. Wenn ich darüber Auskünfte bekam, dann nur mittelbar durch Kralle.

Alle Stücke der späteren Debüt-LP *TRIO*, dazu zählten auch *Sunday You Need Love, Monday Be Alone* und *Broken Hearts for You and Me*, wurden vom Duo Remmler/Krawinkel entwickelt. Entweder der Text lag vor und der Gitarrist versah die Idee mit einer passenden Toneskorte, oder es lief umgekehrt. Zur Entstehung von *Kummer*, *Energie* und *Ya Ya* fällt mir außer dem Willen, das Lebensgefühl in der Einöde auszudrücken beziehungsweise erträglich zu gestalten, nichts ein, ich habe es bei den beiden Protagonisten aber auch nie hinterfragt. *Sabine Sabine Sabine* nahm sich davon aus, denn hierbei ging es um ein unharmonisch verlaufendes Telefonat eines Pärchens. Solche Ferngespräche führten wir drei nahezu täglich mit der jeweils angesagten Liebsten – natürlich zumeist in angenehmer Stimmung –, daher passte die lautmalerische monotone, leiernde Umrahmung des Songs so gut.

Der Einstieg »Achtung Achtung« fordert den Hörer unmissverständlich, offensiv auf, die Scheibe zu kaufen. Die Marktatmosphäre verströmende Megafonstimme von Stephan gibt schonungslos zu Protokoll, dass TRIO nicht ausschließlich zur Belustigung aufspielten oder weil wir nichts Besseres zu tun haben, sondern Remmler, Krawinkel und ich appellieren: »Kauft, kauft,

kauft!« Zusammengefasst lautete die augenzwinkernde Botschaft also: »Wir spielen hier, um eure Kohle zu haben.«

Meines Wissens war vorher noch kein anderer Künstler eingangs des gebotenen Programms derart deutlich zum Kern der Wahrheit vorgedrungen. 1993 fuhren Die Toten Hosen mit ihrer Veröffentlichung *Kauf mich!* eine ähnliche Strategie, aber eben erst zwölf Jahre nach uns.

Konzeptionell gingen wir in Anlehnung an Konzerte so vor, dass zwischen bedächtigen und ungebremsten Nummern ein reger Wechsel herrschte. Dem Song *Ja Ja Ja* schloss sich *Kummer* an und dem tendenziell ruhigen *Nur ein Traum* folgte *Ja Ja wo gehts lank Peter Pank schönen Dank.*

Im Allgemeinen waren TRIO eine unpolitische Band. Allerdings bröckelte diese Fassade manchmal ein wenig, und dahinter zeichnete sich eine profunde Meinung oder eine ernst zu nehmende Beobachtung ab. Das Stück *Danger Is* drückt, ohne es überinterpretieren zu wollen, eine amorphe, unklare Angst aus, die stellvertretend für die damalige allgemeine politische, gesellschaftliche, soziale, ökologische Großwetterlage stand. Kalter Krieg zwischen den Großmächten USA und frühere UdSSR, Aufrüstung durch Stationierung von SS-20-Raketen auf Ostblockseite und Pershing II im Westen, NATO-Doppelbeschluss, kriegslüstern wirkende Staatsoberhäupter wie Leonid Iljitsch Breschnew und Ronald Reagan, Proteste am Atomkraftwerk Brokdorf, Atommüllendlager Gorleben … die Liste der Verunsicherungen wirkte endlos und beengend. Sowohl im übergreifenden Sinne prägte ein banges Gefühl angesichts der Zukunft das Bild des Gemeinwesens, als auch im kleinen Kreis unserer Band beschlichen uns Zweifel hinsichtlich des Vorankommens.

Kaum verwunderlich wuchs auf diesem Nährboden die Partei der Grünen auf eine Größe heran, die sie Anfang der 1980er-Jahre in verschiedenen Landtagen über die Fünf-Prozent-Hürde hievte, womit aktive Gestaltungsmöglichkeiten verbunden waren. 1982 enterten sie auch den niedersächsischen Landtag und 1983 sogar den Bundestag, unter anderem mit der illustren

Petra Kelly und dem ehemaligen RAF-Verteidiger Otto Schily als Bundessprecher.

Dazu eine kleine Geschichte: Kralle nutzte die Dienste der grünen Emporkömmlinge Anfang der Dekade, als sich Großenkneten unter der Leitung des Bürgermeisteramtes für den Bundeswettbewerb »Unser Dorf soll schöner werden« – seit 1997 nennt er sich »Unser Dorf hat Zukunft« – herausputzte. Alle Hecken wurden zur Zufriedenheit gestutzt, sämtliche Grünflächen zum Wohlgefallen getrimmt, ein gepflegtes Idyll rundherum ... aber halt, halt, halt ... ein Rasen wucherte ungebändigt vor sich hin, und zwar derjenige hinter dem Haus der Regenter Straße 10 a. Ähnlich den widerborstigen Galliern in den *Asterix & Obelix*-Heften widersetzten sich die Bewohner, also wir, dem Drängen, wie alle anderen für einen uniformen, braven Anblick zu sorgen. Zur Unterstützung unseres Widerstandes stießen Repräsentanten der Grünen, die mittlerweile auch hier in der Gemeinde ein gewichtiges Wort mitsprachen, ein Pappschild in unser zum Biotop verkommenes Areal, worauf in großen Buchstaben »Langgrasschutzgebiet« geschrieben stand, was es unantastbar für ordnende, begradigende Hände machte.

Das dürfte die Schweißproduktion des Bürgermeisters langsam gesteigert haben, galt es doch, der Bewertungskommission möglichst nur Lobendes zu entlocken. Ein Ausweg war aber schnell gefunden. Kurzerhand wurde die Regenter Straße aus der Reihe der Besichtigungsorte ausgebootet. Man deklarierte sie einfach als außerhalb der Gemeinde befindlich. So funktioniert Politik. Unangenehmes wird anders benannt, womit es nicht mehr zum Aufgabenfeld gehört. Genial einfach, einfach genial?

Kralle blieb der grünen Partei vorerst verbunden und half ihr beim erfolgreichen Bundestagswahlkampf 1983. Zusammen mit anderen Künstlern wie Udo Lindenberg, Spliff, Gianna Nannini und unter der Leitung des Tourneeorganisators und Michael-Jackson-Intimus Fritz Rau wirkte er unentgeltlich bei Veranstaltungen im musikalischen Rahmenprogramm mit. Weil ein über zehn Meter langer grüner Gelenkbus, versehen mit dem Wahlmaskottchen, die Künstler von Station zu Station brachte, erhielt der Tross den Spitznamen Grüne Raupe.

Die erste TRIO-LP setzte mit dem Lied *TRIO* einen Schlusspunkt, den wir ebenfalls bei unseren Konzerte wählten und der einst spielerisch angefacht worden war. Am Ende irgendeiner Probe hatte ich von Harry Belafontes *Banana Boat Song* den langgezogenen Ruf *Daaaaaaaaaay o* übernommen und diesen bandgemäß in *TRIIIIIIIIIIIIIO* umgewandelt, was den anderen beiden so gut gefallen hatte, dass er fortan, leicht aufgeblasen, in den festen Bestand aufgenommen wurde. Die Lyrics behandeln entsprechend der Position auf der Setliste unsere Gewohnheit nach vollbrachtem Tagwerk: »Bommerlunder and me wanna go home.«

In der Livefassung peppte ich die Version um die Zeilen »Wir sitzen im Rasthaus, bestelln uns noch 'ne Runde, Maria kommt und sagt, das war der Letzte« inhaltlich noch ein bisschen auf.

Die wirklich schilderungswürdige Entstehungsgeschichte zu *Los Paul* und was Bierpullen mit der Umsetzung von *Nasty* zu tun hatte, will ich auch noch erzählen. Um jedoch die Spannung zu schüren, verweise ich auf die nachfolgenden Seiten, denn: Wer suchet, der findet.

Die Covergestaltung der LP, die Remmler übernommen hatte, war nahezu identisch mit jener der EP, lediglich bereichert um unsere Postanschrift. Inspiriert wurde die Gestaltung meiner Vermutung nach von B*roken Hearts for You and Me*. Das Herzpaar, davon das linke durchgestrichen, visualisiert in simpler Weise das permanente Hin und Her in Liebesbeziehungen. Eine andere Interpretationsmöglichkeit besteht darin, dass es in den Texten der Scheibe zwar auch, aber eben nicht nur um die amoregetriebenen zwischenmenschlichen Kontakte geht.

In jedem Fall hob sich die Aufmachung der Hülle deutlich von den damals gängigen Vergleichsexemplaren ab, die sich an Farbenvielfalt, Aufwendigkeit, Undurchsichtigkeit überboten, was manchmal solch widersinnige Furchen zog, dass die Komplexität den Namen des Interpreten oder der Band beinahe verschluckte.

Stephan setzte diesem Trend einen Kontrapunkt entgegen, womit er dem musikalischen Inhalt eine passgenaue äußere Entsprechung verschaffte. Mit dem Namen der Band, der einfach gestrickten Symbolik und der TRIO-Adresse erschien nur das Wesentliche, das allerdings deutlich, ohne bemühten Schnickschnack. Auf beschönigende Farbgebung wurde zu Gunsten von Schwarzweiß verzichtet; auf filigrane, geschwungene, harmonische Federführung zu Gunsten ungekünstelter Geradlinigkeit.

Vor der Ernte – Anheuern bei einer Plattenfirma, eine professionelle, fremdfinanzierte Albumaufnahme – musste die Ochsentour des Putzens mickriger Türklinken absolviert werden. Davon soll nun die Rede sein …

10

BIER, BOMMERLUNDER UND FLUCHT AUS DEM PUFFFENSTER

Jetzt galt es, die Menschen mit unserem Songmaterial zu konfrontieren. Wir waren zwar überzeugt und bildeten uns ein, etwas wahnsinnig Geniales abliefern zu können, nur gab es da ja noch Außenstehende, denen sich diese hohe Qualität – übrigens: Eine gewisse Arroganz hinsichtlich der Güte des eigenen Produkts ist bei Künstlern durchaus nötig – vielleicht nicht erschloss.

Die Feuertaufe fand am 20. Dezember 1980 in Großenkneten – in sehr freier französischer Übersetzung auch »Grande Massage« getauft – im Gasthaus Kempermann statt. Gegenüber dem Besitzer älteren Semesters hatten wir bei der Anfrage nach einem Auftrittsort zwar eine Lüge vermieden, aber seine in Plattdeutsch gehaltene Frage »Watt für Musik spüüt ji dann?« ließen wir aus taktischen Erwägungen unbeantwortet. In dem Veranstaltungssaal gab es – so unsere Vermutung – normalerweise nur Hochzeitsbeschallung und in diesem Glauben sollte sich der Wirt auch ruhig wähnen. Womöglich hätte er uns sonst, bei tatsachengestützter Beschreibung, mit der Mistforke aus dem Saal gejagt.

Das Erstlingspublikum von TRIO setzte sich aus geladenen ehemaligen Kommilitoninnen, Kommilitonen und Freunden zusammen. Die glaubten, Titel aus dem Programm von Wind oder Just us geboten zu bekommen, jener Vorläuferband, mit der Stephan und Kralle auch außerhalb von Ostfriesland erfolgreich gewesen waren. Fernab einer Top-40-Allgemeinkostband hatten Just us nicht die kommerziell erfolgreichsten Lieder der Hitparaden, aber nichtsdestotrotz bekannte Stücke von The Rolling Stones oder The Who *(My Generation)* gecovert.

Was den Zuhörern dann allerdings in Form von *Nasty* und ähnlichem Kaliber um die Ohren geblasen wurde, verblüffte und irritierte sie merklich, was wir jedoch gelassen zur Kenntnis nahmen. Uns war klar, dass die Leute das Gebotene erst einmal sacken lassen mussten. Es war einfach zu ungewöhnlich, um sofort eine reflektierte Meinung dazu haben zu können. Von einem Verriss blieb das Repertoire allerdings verschont.

Weitere Erinnerungen an den Premiereauftritt, etwa an die Liederabfolge oder an konkrete Reaktionen des Publikums oder andere Erlebnisse, verweigern sich meinem Zugriff. Die Anspannung hatte die Eingangspforte für die langzeitliche geistige Aufnahme aller Eindrücke schlichtweg blockiert.

Einige Geldgeber von JUMP befanden sich ebenfalls in der Menschenmenge. Die wussten jedoch schon vorher um die Güte des Gebotenen, weil sie sich bereits zuvor manchmal im Aufnahmekeller unseres WG-Hauses Bänder angehört hatten. Dabei waren Skepsis und Verunsicherung in den Mienen zu sehen gewesen, ob derlei Kompositionen und Arrangements jemals das Investierte wieder ausspucken würden.

Denn eines durfte bei allem Enthusiasmus nicht vergessen werden. Das Projekt war keinesfalls ideologisch motiviert, sondern in letzter Konsequenz gewinnorientiert angelegt. Erst als sich im Verlaufe der Geschichte zählbarer Erfolg einstellte, honorierten die finanziellen Günstlinge unser Werk mit begeisterten Ausrufen, Schulterklopfen und ähnlichen Bekundungen scheinheiliger Kumpanei. Nach der Premiere im Gasthof Kempermann gruben Stephan, Kralle und ich zunächst in der umliegenden Region weitere Verbreitungskanäle für unser Schaffen. Anschließend versorgten wir ganz Norddeutschland, unter Zuhilfenahme jenes Bekanntheitsgrades, den wir drei getrennt voneinander in unterschiedlichen Landstrichen in der Vor-TRIO-Zeit erreicht hatten.

Stephan und Kralle besaßen durch Just us eine durchaus nennenswerte Anhängerschaft in Städten wie Bremen, Nordenham, Bremerhaven oder Hamburg, während meine Fühler sich nach ostfriesischem Gebiet wie Aurich, Emden etc. streckten.

Die sture Art, die mich bei einmal getroffener Entscheidung nicht mehr nach links oder rechts blicken ließ, bewirkte, dass TRIO zunächst in meinen heimatlichen Gefilden musikalisch wilderten. Die beiden anderen trugen Bedenken, ihren mühsam erarbeiteten guten Ruf in ihrem gewohnten Dunstkreis zu gefährden, wenn die neue Ausrichtung nicht auf positive Resonanz stieß. Kurzum: Ich glaube, den beiden anderen ging – platt gesprochen – der Arsch auf Grundeis.

Im Zuge der eigenverantwortlichen Promotour absolvierten Stephan, Kralle und ich eines der ersten Konzerte in der Nähe von Varel, zu dem circa zehn Leute erschienen. Zum Vergleich: Nachdem unsere erste Schallplatte draußen war, enterten an gleicher Stelle 500 Leute den Saal. Im Repertoire befand sich auch der Song *Broken Hearts for You and Me,* der mit einem irre langen »Kapuzenbluessolo« von Kralle – das hieß, er zog die Strickmützenkrempe über die Augen und spielte blind – abschloss. Währenddessen dümpelten Remmler und ich beschäftigungslos dahin, was mir widerstrebte. Da kam mir die Idee, wie man diese Pause unterhaltsam überbrücken könnte. Tags darauf ging ich schnurstracks zu einem Großenknetener Tischler, der auf mein Bitten eine mitgebrachte Tischtennisplatte mittig durchsägte. Fortan schlugen Stephan und ich immer einige Bälle hin und her, wenn Kralle bei den Konzerten seine Stratocaster mehrminütig wehklagen ließ.

Das Störrische in meinem Wesen war für mein Schlagzeughandwerk – denn nichts anderes war es, was ich machte … ein Handwerk – sehr förderlich. Ich besaß eine eigene Linie, und die zog ich vom Tempo, vom Rhythmus, von der Lautstärke durch, da konnte kommen, was wollte, auch wenn die Welt um mich herum zusammenbrach.

Irgendwann einmal sagte jemand zu mir, nachdem er mich beobachtet hatte: »Es gibt ein sizilianisches Sprichwort, welches lautet: Jeder Esel kann trommeln.« Bis zum heutigen Tag grübele ich darüber nach, ob er damit mein Spiel meinte oder auf eine charakterliche Eigenheit hinwies.

Zurück zu unseren livehaftigen Anfangszeiten: Die verschiedenen Gigs, die wir an Land zogen, konnte man unter dem Gesichtspunkt des Zusammenwirkens auf der Bühne als Erfolg bezeichnen. Bei den ersten Auftritten unterfütterte ich die Songs im Gegensatz zu den Proben noch im Sitzen mit dem erforderlichen Beat, denn wir wollten nicht zu viel auf einmal von den traditionellen Strukturen abweichen.

Innerhalb von zwei bis drei Monaten waren wir perfekt eingespielt. Da störte es auch nicht, dass wir zum Teil nur sehr wenigen Leuten die durchschnittlich 3:30 Minuten dauernden Kunsthappen verabreichen durften. Hauptsache, wir konnten uns ausprobieren. Ohnehin verbot mir meine professionelle Einstellung, die unter anderem von der Tanzbandvergangenheit herrührte, einen Unterschied zu machen zwischen 13 Leuten im Saal oder 13.000 in einer Konzerthalle. Job ist Job. Mit dieser Auffassung steckte ich Kralle und Stephan an, sodass wir ab da in dieser Hinsicht einer Meinung waren.

Auf den Rückfahrten von unseren Auftritten sahen wir uns der trüben Aussicht ausgesetzt, dass sämtliche Kneipen in und um Großenkneten herum bereits geschlossen hatten. Nach Hause zog es uns aber nicht, da die ausgedörrten Kehlen nach Flüssigkeit und der aufgedrehte Geist, das aufgeputschte Gemüt nach entspannter, wohliger Benebelung verlangte.

Einen Ausweg bot da nur der etwas außerhalb von Großenkneten gelegene Puff namens Candy Bar, der heute Bei Ruth – nicht zu verwechseln mit der libanesischen Hauptstadt Beirut – heißt. Wir waren keineswegs willkommene Gäste, denn wir verschmähten die vornehmliche Einnahmequelle und brachten am Tresen mit Bier und Bommerlunder ausschließlich unsere Leber auf Betriebstemperatur. Die gebotene Lendenversuchung blieb erfolglos.

Inhaberin Ruth und Geschäftsführerin Conny – ebenjene Conny, mit der wir über den Namen TRIO diskutiert hatten – begrüßten uns regelmäßig gewöhnungsbedürftig mit: »Was wollt ihr Pisser denn schon wieder hier?!« Nichtsdestotrotz trieb uns das mangelnde Angebot immer wieder unter das rot beleuchtete Dach, denn auf die Absacker wollten wir keinesfalls verzichten.

Dabei nahmen wir auch in Kauf, des Öfteren rausgeschmissen zu werden. Einmal war unsere Penetranz so groß, dass die Bordellarbeiterinnen zahlreiche schrankgroße, stämmige Bauerndeppen, die das Establishment dem eigentlichen Sinn entsprechend nutzten, auf uns hetzten. Irgendein Hühner- oder Schweinebaron der Gegend hatte durch die Zahlung einer üppigen Summe als Gegenleistung für einschlägige Dienste die Endorphinausschüttung der Betreiberinnen auf Endstufe gestellt.

Dummerweise hatten wir ausgerechnet die Sitzecke blockiert, die der Quadratschädel für sich beanspruchen wollte, weshalb Ruth uns mit der bereits bekannten, wenig einfühlsamen Verabschiedung »Verpisst euch!« begegnet war, unterstützt durch das Aufgebot der Agrarlümmel. In unserer ausweglos scheinenden Lage – denn alle dafür normalerweise vorgesehenen Möglichkeiten zum Betreten oder Verlassen des Puffs waren versperrt – wählte Kralle die Flucht nach vorn. Er umarmte den verdutzten Puffgönner und legte mit ihm ein Tänzchen aufs Parkett, womit die Atmosphäre wegen des Überraschungseffekts vorübergehend an Leichtigkeit gewann. Die nachfolgende Irritation wiederum nutzten wir, rannten auf die Toilette und flüchteten aus dem Fenster. Ja, so war das. Für Bier und Bommerlunder war uns keine Gefahr zu groß.

Nach einem halben Jahr und einige gewichtige Erfolgsetappen später änderte sich der Tonfall in der Candy Bar uns gegenüber. Das »Was wollt ihr denn hier?« mutierte zu »Schön, dass ihr da seid«, aus den »Pissern« wurde ein »ihr Lieben« und die Behandlung wechselte von genervtem Desinteresse über aggressive Kloverfolgung ruckartig ins Interesse vorheuchelnde, anhimmelnde Gespräch.

11

DER FÜNFTE BEATLE UND DER PERLENFUND

Was haben TRIO mit den Beatles zu tun? Nun, musikalisch erst einmal wenig bis gar nichts. Ohne die Liverpooler hätten wir aber vielleicht weiter als lokales Phänomen vor uns hin gestrampelt. Aber eines nach dem anderen.

Der entscheidende Mann für die weitere Entwicklung der Karriere unserer Dreierbande war Klaus Voormann, der – wie unter anderem auch Brian Epstein, Pete Best oder Stuart Sutcliffe – zur Riege der Personen gehört, die als »fünfter Beatles« bezeichnet werden, da er der Band sehr nahe gestanden hatte. Auf Soloalben von John Lennon, George Harrison und Ringo Starr war er für den Bass zuständig und hatte für die Beatles-LP *Revolver* das hoch dekorierte Cover gestaltet.

Seit Anfang der 1980er-Jahre betätigte sich Voormann, von den vielen Solotourneen und den Projekten mit wechselnden ehemaligen Beatles-Mitgliedern müde, als Musikproduzent in Deutschland. Die bei der Hamburger Plattenfirma Phonogram in Lohn und Brot stehende Astrid Kirchherr forderte ihn im Jahre 1981 auf, sich einer dreiköpfigen Truppe anzunehmen, die mit aufsehenerregendem Outfit und komisch-skurrilem Bühnenprogramm in Norddeutschland ihr Unwesen und seltsames Spiel trieb. Kirchherr war als ehemalige Partnerin von Klaus Voormann und Stuart Sutcliffe ebenfalls mit der Beatles-Vita verwoben. Sie war auch dadurch hervorgetreten, dass sie den vier Engländern die charakteristischen Pilzfrisuren verpasst hatte.

Aufmerksamkeit erregten TRIO unter anderem deswegen, weil wir sehr gut in das Schema der gerade aufkommenden Neuen Deutschen Welle passten, die in Berlin mit der eindrucksvollen

Band Ideal und im Ruhrgebiet mit Extrabreit bereits würdige Vertreter besaß. Aufgekommen war diese Richtung schon Ende der 1970er-Jahre, sie fand ihren Ursprung in den Ausläufern des Punk. Zum vorliegenden Zeitpunkt befand sich die Strömung am Fuße ihres Weges zum Höhepunkt und umfasste noch einen überschaubaren Kreis an weiteren guten, ernst zu nehmenden Formationen wie die ehemalige Nina-Hagen-Begleitband ohne Nina, aber unter ihrem neuen Namen Spliff, die Elektropunks DAF oder auch Grauzone.

Klaus Voormann hörte sich unsere Kreativleistungen bei der Phonogram auf Kassette an und wunderte sich nicht nur über eine wie verrückt kratzende Gitarre in Begleitung eines halben Schlagzeugs, sondern auch über das komplette Fehlen des üblichen tragenden Basses. Das ließ ihn aufhorchen und sich entschließen, ein Konzert von uns zu besuchen. Remmler hatte ohne Unterlass an 23 Plattenfirmen unser Demo geschickt, erfolglos, aber nie die Hoffnung verlierend, durch die Paarung von Penetranz und Hartnäckigkeit irgendwann Erfolg zu haben und das Interesse der Plattenindustrie zu gewinnen.

Nun erschien Klaus in Zeven, mittig zwischen Bremerhaven, Bremen und Hamburg gelegen, bei einem Auftritt im Alten Bahnhof vor 20 bis 30 Leuten. Er schaute und hörte sich das mittlerweile eingespielte eine Stunde und 40 Minuten dauernde Programm an und zeigte sich restlos begeistert. Neben der Musik überzeugten ihn vor allem die einfachen, aber effektiven Showeinlagen. Alles durchdacht, durchgearbeitet und aufeinander abgestimmt.

Beispielsweise startete Remmler an der Gitarre, Kralle übernahm das Schlagzeug, während ich das Mikrofon an mich nahm. Dem irritierten Publikum bot sich damit das Bild dreier Dilettanten, denen sie das Eintrittsgeld, ohne eine angemessene Gegenleistung zu erhalten, in den Rachen geworfen hatten. Nach einigen Takten wurde das Bäumchen-wechsle-dich-Spiel zum Wohlgefallen der Adressaten aufgelöst, nur um den Ablauf in der Mitte des Eingangsliedes *Lady-O-Lady* wieder zu unterbrechen.

Diese Sequenz kündete davon, sofort zu Beginn des Auftritts zum Höhepunkt kommen zu wollen, um damit die Aufregung und Nervosität der Band aufzulösen, denn dann hatte man das Gefühl, den Rest des Programms eigentlich nur noch abwickeln zu müssen. Die spannungsgeladene Klimax entpuppte sich aber lediglich als ein aufgeblasener Ballon, dem ich vor dem Sängermikrofon geräuschvoll quietschend die Luft entließ. So viel zum Spiel mit einer dramatischen Fallhöhe.

Einer anderen althergebrachten Gepflogenheit machten wir den Garaus, durchkreuzten also die Erwartungshaltung der Leute, indem wir nach Vorankündigung die Zugabe direkt an das laufende Set anhängten. Remmler verwies darauf, dass TRIO die Gewohnheit, von der Bühne zu gehen, sich wieder herbeiklatschen zu lassen, ein, zwei Stücke zu spielen, von der Bühne zu gehen, sich wieder herbeiklatschen zu lassen etc. albern fänden und sich dem entwinden wollten. Von Einfällen ähnlicher Qualität gab es noch so einige während des Programms.

Ein einziges Mal wichen wir vom Prinzip der unmittelbar nach dem Programm präsentierten Zugabe ab, und zwar 1982 in der Hamburger Markthalle. Das Konzert war ausverkauft, ein paar Hundert Leute ohne Ticket draußen, eine tobende Menge vor der Bühne, drängendes Management, flehender Veranstalter usw. All das kochte uns weich und brachte uns unter den Tönen von *Los Paul* zurück ins Rampenlicht. Wie gesagt, das blieb eine Ausnahme.

In seiner Euphorie schleuderte uns Klaus Voormann nach dem Zeven-Konzert beim anschließenden Händeschütteln ein »Ich glaub, ich hab heute eine Perle gefunden in einer Muschel« entgegen, was für ihn gleichbedeutend damit war, uns als Produzent unter seine Fittiche zu nehmen, ein Angebot, das Stephan, Kralle und ich natürlich gerne annahmen. Im Rückblick muss ich sagen, dass Klaus unsere Rettung war, denn nun gerieten wir in beeindruckend professionelle, nachhaltige Obhut, ohne die TRIO – genau wie viele andere NDW-Sternchen – als bloße Schnuppe durch den Kosmos geflogen und verglüht wären.

Dieses Los hätte uns beinahe schon unser erster Produzent beschert. Der einstige Gitarrist der Krautrocktruppe Birth Control Dirk Steffens – erfolgreichster Song *Gamma Ray*; ehemaliger Schlagzeuger war der heute eher aus Fernsehproduktionen wie *RTL Samstag Nacht, Genial daneben, Alles nichts oder?!, Tutti Frutti* etc. bekannte Egon Hugo Balder – hatte die eingespielten Stücke so abgemischt, dass es die TRIO-Abteilung der Phonogram entsetzte. Der wichtige punklastige, ungehobelte Sound, der uns ausmachte, war abhandengekommen und einer weichgespülten, glatt gebügelten, poppigen Version gewichen. »Nee, das ist nicht der dreckige Klang, den wir haben wollen!«, schallte es aus der Kommandozentrale, gleichzeitig das Ende des TRIO/Birth-Control-Gespanns.

Voormann versuchte niemals, Einfluss auf die Songgestaltung zu nehmen, sondern sah sich immer auf der sachlich beratenden Ebene. In dieser Funktion gab er Tipps, welchen Veranstaltungen, welchen Radio- oder Fernsehsendungen TRIO beiwohnen sollten und welchen nicht, um im Sinne der Band und der damit transportierten Einstellung voranzukommen. Bei TV-Auftritten verstand er seine Aufgabe darin, dem Regisseur Kamerahinweise zu geben, wann welche Einstellung auf wen gerichtet werden sollte, was natürlich vom gespielten Song abhing. Bei einem bestimmenden Schlagzeugpart, zum Beispiel einem Stakkato, rückte ich ins Bild, riss die Gitarre das Klangbild an sich, galt Kralle die Aufmerksamkeit, und Remmler befand sich im Blickpunkt, wenn der Gesang die Leitung übernahm. Manchmal beteiligten Stephan und ich uns daran, Aspekte der Bilddynamik zu besprechen oder die Nahaufnahmen zu verteilen.

Ein umgebauter Husumer Schweinestall diente als Lokalität, um unter der Produzentenleitung von Klaus im Oktober 1981 unsere erste reguläre LP *TRIO* einzuspielen. Der zuvor in Eigenregie aufgenommene, in Hannover gepresste Tonträger vom Februar 1981 war eine Mini-LP, auch EP genannt, gewesen.

Das Schweinestall-Studio war ganz bewusst gewählt worden, da die Akustik der Räumlichkeiten einen dreckigen Garagensound garantierte, der zu uns passte wie die Faust aufs Auge. Stephan, Kralle und ich waren mittlerweile derart routiniert, dass wir das Songmaterial live und ohne Schnitt in die Rillen hämmerten, was Voormann, der mehr und mehr zum vierten Bandmitglied avancierte, in seiner Begeisterung bestärkte.

»Ihr seid besser als die Beatles!«, schmetterte er uns entgegen, die wir verdattert dastanden und nicht wussten, ob er uns auf den Arm nehmen wollte oder ob schlichtweg der Wahnsinn von ihm Besitz ergriffen hatte.

Was er damit meinte, war, dass TRIO wohldosiert Schnörkellosigkeit und Punktgenauigkeit kombinierten, dabei den Blick auf die Abnehmer nicht vergaßen und trotzdem sich selbst treu blieben. Wir waren mehr Punk- als Pop- beziehungsweise Beatformation, das heißt, wir berücksichtigten die Bedürfnisse des Publikums, ohne mit dessen vermutetem Geschmack zu verschmelzen, sondern wahrten ein individuelles musikalisches Rückgrat. Die Beatles hingegen hatten ihre Lieder, ihre Arrangements, ihre äußere Erscheinung zu sehr dem Gefallen der Fans untergeordnet.

Klaus stellte uns auf eine Stufe mit den Liverpooler Pilzköpfen, The Rolling Stones und The Kinks, was in der Öffentlichkeit anmaßend erscheint, aus seinem Blickwinkel hinsichtlich der Individualität und Originalität jedoch stimmig war. Er verficht bis heute die Ansicht, dass die wahre Bedeutung von TRIO nie wirklich ans Tageslicht gekommen ist. Voormann berichtet von Insiderkreisen, welche die Relevanz unseres Treibens bemerkten, honorierten und TRIO als tolle Band würdigten, deren Werdegang und Echo unbedingt Beachtung verdienten. In Fachkreisen spricht man in so einem Fall von »Underground following«, was vielen anderen Acts verwehrt bleibt.

Für Klaus bewohnten Kralle, Stephan und ich ein anderes Haus als jenes der NDW. Schließlich verbrieten wir sowohl die englische als auch die deutsche Sprache. Schnelle, zackige Nummern bekamen den harten Stempel der Heimatprosa, während britische Inselsprache bei langsamen Stücken gewählt wurde.

Die musikalische Harmonie zwischen Kralle und mir war mittlerweile weit entwickelt. So genügte ein Augenzwinkern, um uns gegenseitig zu signalisieren, wann wir gemeinsam bei einem Titel einsetzten. Dieses Verständnis ermöglichte es mir sogar, am Tempo meines Kompagnons zu erkennen, in welcher Gemütsverfassung er sich befand. So erforderte das Stück *Ja Ja wo gehts lank Peter Pank schönen Dank* ein höllisch schnelles Gitarreschrubben, was allerdings nicht gelang, wenn Kralles Nacht zuvor – aus welchen Gründen auch immer – schlecht verlaufen war. Umgekehrt kam es aber auch vor. Manchmal mutierte er zu einem Irrwisch und bewegte seine Finger über den Steg, als sei der Leibhaftige persönlich hinter ihm her. Auch in diesem Fall musste ich mich dann der Spielweise anpassen. Jetzt liegt es mir völlig fern, den Eindruck zu erwecken, dass nur ich Rücksicht nehmen musste. Nein, Kralle war ebenso gefordert, meine Befindlichkeiten zu ertragen beziehungsweise auszugleichen.

Allerdings bilde ich mir ein, behaupten zu können, dass selbst Koksgenuss mich kaum beeinflusste. Das mag an dem Tier in mir liegen, welches keinem impulsiven Hengst, sondern, wie bereits an anderer Stelle erwähnt, eher einem sturen Esel glich, der im eingelegten Rhythmusgang verharrte. Da konnte kommen, was wollte. Aber egal, welche Füllhöhe die Substanzen zur Stimmungsbeeinträchtigung bei dem ein oder anderen erreichten – nach dem Erfolg der ersten Scheibe standen die Kokadealer gewissermaßen versorgungsbereit an den Garderobentüren –, uns war einvernehmlich klar: Kein Drogenkonsum vor den Fans!

Vor anstehenden Auftritten ließen wir die Finger davon. Es herrschte absolutes Schnief- und Rauschkrautverbot. Ohne diese Einsicht wäre solch ein Pensum wie bei der späteren Promotiontour – täglich zum Teil zwei Gigs in einem Schallplattenladen beziehungsweise einer -abteilung mit anschließendem abendlichen Clubauftritt – undenkbar gewesen.

Unsere Paradenummer, auch auf dem »weißen Album« zu finden, ist für mich *Los Paul*, deren Entstehungsgeschichte typisch für die Herangehensweise von TRIO war: Irgendwann im Jahre

1980 oder 1981 brach einer der gewohnten Samstagabende im WG-Haus in der Regenter Straße 10 a an. Der begann damit, dass die Instrumente ruhten, anstatt dass wir ihnen, ihrer ursprünglichen Bestimmung nach, mehr oder weniger gelungene Töne entlockten. Keine bedeutsame Aktivität war sichtbar, außer vielleicht jene, Hähnchen oder Würstchen mit Kartoffelsalat zu essen.

Der einzige Fernseher im Haus, der nur in Schwarzweiß Bilder zeigte – eine heutzutage völlig undenkbare Art, Filme, Shows und Ähnliches zu schauen –, wurde angestellt, auf Kanal eins justiert, und wir gaben uns der *Sportschau* hin. Dazu musste absolute Stille herrschen, wollte man sich nicht dem Unmut von Kralle aussetzen. Bei einem der gezeigten Spiele lieferte sich Bayern München ein Duell mit einer anderen Bundesligamannschaft, wobei auch der vollbärtige Paul Breitner mitwirkte. Auf der einen Seite begleitete der Kommentator das Szenario auf dem Feld mit ureigenen Sportjargonfloskeln des Kalibers: »Schnell gesehen, schnell geschossen ...« oder »Gute Aktion – zwei Mann gleich bei ihm – schade – da heißt es Härte zeigen«, währenddessen Kralle auf der anderen Seite durch Wendungen wie »Los Paul, du musst ihm voll in die Eier hau'n! Das ist die Art der Gewalt, die wir sehen wollen, jedoch nicht spür'n wollen« seinen verbalen Beitrag leistete.

Remmler hatte sich an diesem Abend zur Verwunderung aller dazugesellt, obwohl ihm der Ballsport eigentlich fernlag. Er notierte sich fleißig die Äußerungen, ohne zu sagen, was er damit beabsichtigte, und präsentierte sie uns nach der visuell genossenen Leibesertüchtigung als Grundlage eines Songtextes.

Kralle und ich verquirlten nach anfänglichem Zögern die Idee zunächst am gedanklichen Reißbrett auf der Bettkante unseres Gitarristen mit dem TRIO-eigenen knackigen, punkigen Sound der ersten Zeit, und Remmler nickte ab. Anschließend bannten wir das Ganze auf Tonband und bums ... eine unserer besten und bekanntesten Nummern hatte das Licht der Welt erblickt: knackig, pointiert, knapp, TRIO.

Nun hatten wir also die erste komplett professionell eingespielte LP (die übrigens auf heutigen Schallplattenbörsen mit bis zu 300 Euro gehandelt wird) … aber Moment, da fehlt doch noch der zuvor ausgehandelte Plattenvertrag samt zugehöriger Unterzeichnung. Da gibt es auch noch etwas zu erzählen … und zwar jetzt.

12

PLATTENVERTRAG UND HOSE RUNTER IM 20. STOCK

Plattenvertrag – das Zauberwort! Da hatte sich die Schufterei doch endlich gelohnt. Der ganze zum Teil zähe Findungsprozess unseres Musikstils, in dem die Ansichten, was gut oder was schlecht war, manchmal weit auseinanderlagen, trug Früchte. Die langwierige Überzeugungsarbeit am Publikum, dessen anfängliche irritierte Ungläubigkeit wir überführen mussten in Anerkennung, lieber noch, in begeisterte Anhängerschaft; die Tingelei durch Norddeutschland mit Auftritten vor nicht selten etwas mehr als einer Handvoll Zuschauer mit dem einzigen Lichtblick, nach dem Gig im Puff nahe Großenkneten Pils und Bommerlunder zu trinken, wobei wir, wie schon erwähnt, als Kostverächter der angebotenen Fleischeslust noch nicht einmal gern gesehen waren.

Und wem hatten wir das nun vorherrschende erhebende Gefühl zu verdanken? Uns selbst. Wir mussten also keinem buckelig vor Dankbarkeit die Füße küssen. Ich hätte Stephan und Kralle vor lauter Glück bis zur Unkenntlichkeit drücken können, verkniff es mir aber, da wir zunächst einmal die Formalitäten erledigen sollten, und außerdem passte das nicht zu meiner Bandrolle als trauriger, mimiksparender Clown. Also: Ruhig bleiben!

Das Gebäude, welches die Plattenfirma Phonogram beherbergte, war hoch, sehr hoch. Ich war unzählige Male in Hamburg gewesen, aber die Aufbruchsstimmung, die ich jetzt atmete, ließ mich die Stadt mit ganz anderen Augen sehen, und der Beiname »Das Tor zur Welt« bekam für mich eine völlig neue Bedeutung. Vielleicht stand ich am Beginn einer Phase, in der einige meiner Träume, wie vor großem Publikum aufzutreten, viel Geld zu haben, aus mehreren attraktiven Frauen auswählen zu dürfen, in greifbare Nähe rückte.

Wir schritten zum Fahrstuhl, warteten, und als sich bei der Ankunft die Türen öffneten, gab mir der Innenraum das Gefühl, sehr willkommen, prominent … einfach wichtig zu sein. Ich hatte irgendwo einmal gehört, dass, je höher ein Büro in einem Firmengebäude lag, desto größer die Rolle war, die der Inhaber im Gesamtgefüge spielte. Also nahm ich mir vor, während der Fahrt auf die Anzeige zu schauen. Es entzog sich meiner Kenntnis, wo wir hin mussten, weil einer der beiden Bandkumpane – im Zweifelsfall Stephan – sich darum gekümmert hatte.

Die Kabine setzte sich in Bewegung, und ich sah die 1 aufblinken, die 2 …, die 10 (na bald wird's wohl vorbei sein, dachte ich) …, die 15 (na, für eine ostfriesische Provinzband gar nicht schlecht) …, die 18 (wie viele Etagen hat der Bau überhaupt?), die 19 (und was ist, wenn alles nur ein schlechter Scherz ist?) … der Piepton kündigte das Erreichen unseres Ziels im 20. Stock an. (Boah, unglaublich! Weiter konnten es Top-Acts der Phonogram wie die Schweizer Gruppe Yello auch nicht gebracht haben.)

Etwas unsicher tapste ich hinaus und blickte in Richtung meiner Kollegen. Landmensch Kralle zeigte kaum eine Regung und nur die erhöhte Kaugummikaufrequenz verriet seine Anspannung. Charmeur Stephan gab durch seine Orientierung suchenden Blicke ebenfalls eine fehlende Vertrautheit mit der Situation zu verstehen. Nach einigem Suchen standen wir vor der vom Empfang beschriebenen Tür und klopften an.

Der anschließenden Aufforderung folgend, traten Stephan, Kralle und ich wie noch unpolierte Orgelpfeifen ein, wurden von der äußerst attraktiven Vorzimmerdame herzlich begrüßt und wechselten mit ihr ein paar belanglose Höflichkeitsfloskeln. Sie kündigte ihrem Chef unser Erscheinen an, woraufhin uns eine tiefe, respekteinflößende Stimme mit den Worten »Immer herein mit der Neuentdeckung!« einlud, einzutreten.

Der Gastgeber Ossi Drechsler stellte sich vor und ließ jedem von uns seinen kräftigen Händedruck spüren. Überhaupt war der damalige Geschäftsführer der Phonogram eine beeindruckende Erscheinung, mit wachen, forschen Augen und wucherndem Schnauzbart.

Wir nahmen in einer gemütlichen Sitzecke Platz, plauderten ein wenig über die Musiklandschaft und -entwicklung in jüngster Zeit, und in diesem Zusammenhang eröffnete uns der zukünftige Vertragspartner: »Ich muss sagen, euer Stil gefällt mir sehr. Der ist ganz anders als dieses totgeschrubbte, drogengeschwängerte Krautrockgeschwurbel, bei dem es anscheinend nur noch darauf ankommt, möglichst viele riesige Boxen oder wohnzimmergroße Schlagzeuge und ähnlich ausuferndes Equipment zu bieten und durch die Gegend zu karren. Und was bleibt? Ein breiiger, undefinierbarer Sound, uferlose Klangcollagen, die kaum noch einer hören will, und zu guter – oder eher zu schlechter – Letzt: Kein Verdienst! Im Gegenteil, sogar eher Verlust. Da verspreche ich mir von euch etwas ganz anderes.«

Zack! Das saß! Binnen Sekunden war das Eis gebrochen und es folgte ein reger, auf gegenseitiger Sympathie und spaßbringenden Getränken fußender Gedankenaustausch, bei dem vor allem Drechsler und ich uns sehr gut verstanden. Bevor die Stimmung in ein Partygelage ausartete, zogen wir vorübergehend die Reißleine, besprachen ernst die Vertragsformalitäten und setzten die Unterschriften. Jeder in der Runde war von einem Enthusiasmus geschwängert, der sich Raum greifen wollte, aber keiner wusste, wie er dem inneren Drang ein Ventil geben konnte.

Drechsler brach die Starre, indem er feierlich proklamierte: »Das muss jetzt gehörig begossen werden!« Entgegen der Erwartung seines dreiköpfigen Publikums, nun ein edles Tröpfchen kredenzt zu bekommen, schritt er grinsend zur Fensterfront. Er öffnete eines der Fenster, was bis auf Kniehöhe möglich war, verschaffte seiner Männlichkeit freien Zugang nach draußen und gab mit einem kräftigen Strahl – akustisch untermalt von einem beherzten Juchzer – dem Harndrang nach.

Diese Zügellosigkeit steckte mich an und Sekunden später bildeten wir aus dem 20. Stock heraus eine Art doppelläufige

Urinfontäne. Im Geiste stellte ich mir belustigt vor, wie sich die unten vorbeilaufenden Passanten über den merkwürdig eng umgrenzten, gelb gefärbten Platzregen wunderten.

Kralle und Stephan schüttelten derweil fassungslos, aber lachend ihre Köpfe, und Remmler zog wegen meines Frontbürzels und des struppigen Schnauzbartwuchses von Drechsler den Vergleich: »Mensch, die sehen ja aus wie Tim und Struppi!«

Was soll ich sagen? That's Rock 'n' Roll!

13

»KUMMER« IN BAD HARZBURG

Im Herbst 1981 veranstaltete die Plattenfirma Phonogram ihr jährliches Treffen im niedersächsischen Städtchen Bad Harzburg, bei dem die Firmenleitung lokale Handelsvertreter ob der geleisteten Arbeit mit warmen Worten bedachte. Einige erhielten wegen der erbrachten Absatzzahlen ein besonders inniges Schulterklopfen oder sogar eine Auszeichnung. Dieser Rahmen wurde immer auch genutzt, neu unter Vertrag genommene Interpreten, Sänger oder Bands zu präsentieren, die ihr Können unter Beweis stellten. Gelang es, die Vetreter zu überzeugen, erhöhte das die Wahrscheinlichkeit, dass diese in den Plattenläden ihres Einzugsgebietes viele Verkäufer zur Abnahme eines erklecklichen Kontingents unseres Vinylschaffens motivierten. Die wiederum mussten die Ware entsprechend anpreisen, um sie in ihren Geschäften loszuwerden, was erhöhte Einnahmen versprach. Das soll als kleiner Gratiskurs in Sachen Vertriebslogik reichen.

Gemeinhin benutzten die Frischlinge des Labels die Bühne des Veranstaltungsortes zur Demonstration ihres Könnens, was wir jedoch als abgedroschen und langweilig empfanden. Unser Auftritt musste etwas Aufsehenerregendes sein, denn nur so konnten sich TRIO unauslöschlich in das Gedächtnis der ansonsten stets mit Einheitsbrei versorgten kaufmännischen Repräsentanten drängen. Und dann kam uns die Idee: Warum nur unten auf der Bühne stehen? Warum nicht das im Begriff »Auftritt« enthaltene Verb »treten« aufgreifen und mit akustischer Beschallung von oben in den Saal hineingehen und entlang der hinabführenden Treppe auf die Rampe zusteuern? Schließlich waren wir im Vergleich zu den anderen Künstlergruppen minimalistisch instrumentiert, was uns den Vorteil verschaffte, die Ausstattung mobil am Körper transportieren zu können.

Gesagt, getan. Auf unsere Ankündigung hin marschierten wir gemächlich ein. Remmler vornweg, gefolgt von mir, meine »dicke Berta«, sprich die Bassdrum, um den Bauch geschnallt und Kralles Verstärker auf dem Rücken, der sozusagen den Schwanz des dösigen Tieres bildete. Passend zu dieser prozessionsartigen Fortbewegung spielten wir *Kummer*, einen durch markanten Bassschlag angetriebenen, schleppenden Song, der die Zeremonie durch sein langsames Tempo und die pointierte Wucht besonders betonte.

Auch die Rollenverteilung innerhalb der Band behielten wir bei. Ich als bepacktes Lastentier (das Bild des störrischen Esels lässt wieder grüßen), das den duldsamen Part übernahm, dann Kralle als antreibender Arbeiter und Remmler als unterhaltender Verkäufer des Produkts. Vorbei an erstaunten, überraschten Mienen, die zunehmend in heitere, wohlwollende übergingen, steuerten wir peu à peu der eigentlich uns zugedachten Bühne entgegen und ernteten leidenschaftlichen Beifall.

Ebenfalls im Gebäude anwesend waren Dieter Meier und Boris Blank von der bereits damals sehr erfolgreichen Band Yello, die sich zu Studioaufnahmen dort eingefunden hatten. Von unserer wummernden Musik irritiert, schauten die beiden nach der Ursache und bekamen so das gebotene Schauspiel mit. Sie waren total perplex und fragten sich nach dem Ende: Was war das denn? Aber nachdem die erste Verwirrung überstanden war, wich die Verständnislosigkeit einer begeisterten Zustimmung, was den Anfang einer künftigen Zusammenarbeit bildete.

Am Abend sah das Protokoll vor, den Handelsvertretern noch einmal eine Kostprobe zu geben. Die Erwartungshaltung war nach unserer »Erstlingsbombe« hoch und ich meinte feststellen zu können, dass die Vertriebsherde äußerst gespannt auf ein erneutes Effektfeuerwerk wartete.

Das Künstlereinmaleins schlägt unter solchen Rahmenbedingungen eine riskante, aber bei Gelingen eine umso beeindruckendere Vorgehensweise vor. Es handelt sich dabei um denselben Trick, der benutzt wird, um einen Witz wirkungsvoll zu gestalten:

Brich möglichst radikal die Erwartung und die Routine. Gerade mir als Clowngeschultem war das klar.

Diesem Prinzip folgend, postierten wir vor dem Auftritt einen Stehtisch mit Bommerlunderflasche und zugehörigen Gläsern auf die eine Seite der Bühne – und einen zweiten mit einem Telefonapparat (im Gegensatz zu heute mit Korpus nebst Wählscheibe und Hörer, die ein Spiralkabel verband) in die andere Ecke.

Bei der Darbietung des Songs *Sabine Sabine Sabine* genehmigten Kralle und ich uns als beschäftigungsloses Beiwerk ein, zwei Gläschen, während Stephan das im Song erwähnte Telefongespräch mit einer imaginären sexuell Angebeteten führte. Die Überraschung im Publikum war wieder groß, womit wir unser Ziel, einen bleibenden, attraktiven Eindruck zu hinterlassen, erreichten.

So, ein Vertrag war unterschrieben, die Platte hatten wir im Kasten, die Mitarbeiterinnen und Mitarbeiter samt Vertriebsapparat kannten uns … nun ging es daran, die Promotion zu intensivieren, also die LP an den Mann beziehungsweise die Frau zu bringen. Aber TRIO wären nicht TRIO, wenn wir nicht auch da eigene Wege gegangen wären …

14

SCHALLPLATTENTOUR UND DAS STRÄUBEN DER NACKENHAARE

Im Einzugsgebiet unseres Wohnortes sorgte die Veröffentlichung unserer ersten LP für großes Aufsehen, und überall dort, wo wir auftraten, herrschte ab da ein reger Zulauf, was mich in eine Art Schockstarre versetzte. Ich fragte mich: Was geht denn hier ab? Dabei hatte ich diese Aufmerksamkeit doch immer gewollt.

Nur ein kleines Beispiel: Im vertrauten, kleinen, kuscheligen Cloppenburg, mehr oder weniger gleich um die Ecke von Großenkneten gelegen, fristete das Musikhaus Witte ein gemütliches, überschaubares Dasein … bis im Mai/Juni 1981 die mittlerweile zur Regionalgröße gewachsenen TRIO ein Stelldichein gaben.

Innerhalb kürzester Zeit füllte sich der Laden fast bis zum Bersten, und damit schwoll auch der Lärm- und Chaospegel. Das gleichzeitige Sinken der Chance der Zuspätgekommenen, einen Blick auf uns zu erhaschen, brachte sie auf Lösungsmöglichkeiten gar nicht gern gesehener Art. Die Neugierigen stiegen auf Regale, bevölkerten Klavierkörper oder schoben in eigenwilliger Kreation Instrumentanordnungen rüde zusammen. Die Bilanz wies eine breite Spur der Zerstörung, Verwüstung und Verschmutzung aus, die in den Gesichtern von Familie Witte Zornesröte und Verzweiflungsblässe in rasch oszillierender Folge heraufbeschwor. Es erübrigt sich wohl zu erwähnen, dass die Vorkommnisse genügten, um seitens des Musikhauses auf weitere Engagements zu verzichten.

Der bekannte Weg, sich als Newcomer mit erster Platte ein gesamtnationales Publikum zu erspielen, ist es, Abend für Abend, landauf, landab in kleinen Clubs eine Art Ochsentour zu durchlaufen und das mit jeweils nur geringer Resonanz. Das ist ohne

Zweifel wichtig, reicht aber nicht aus, um möglichst schnell einen hohen Bekanntheitsgrad mit verkaufsförderndem Effekt zu erzielen.

Also überlegten Kralle, Stephan, Klaus Voormann, Louis Spillmann – inzwischen der neue Geschäftsführer der Phonogram – und ich, einen ergänzenden Weg einzuschlagen. Wir dachten: Wo gibt es sonst noch einen regelmäßigen, hohen Auflauf an Musikinteressierten? Natürlich, in Plattenläden beziehungsweise -abteilungen. Durch Vermittlung der regionalen Handelsvertreter, die die Gelegenheit nutzten, uns zusätzlich über lokale Booker bei örtlichen Clubs unterzubringen, offerierten wir unsere Dienste von Nord- bis Süddeutschland, von Flensburg bis Garmisch-Partenkirchen. Entlohnt wurden Stephan, Kralle und ich von der Phonogram.

Mit Krawinkel am Steuer von Remmlers geräumigem Chevrolet, mir als kartenlesendem Beifahrer und dem ausspannenden Remmler im Fond knatterten wir die Stationen ab. Nachmittags gaben wir eventuell ein kurzes Stelldichein von 20 Minuten zum Beispiel bei Karstadt auf einem kleinen Podium zwischen Kochtöpfen und Pelzmänteln, gefolgt vom allabendlichen Gig in derselben oder einer in der Nähe befindlichen Stadt. Teilweise spulten wir sogar drei Termine täglich ab, je nachdem wohin es uns verschlug.

Im Oktober 1981 beschallten wir in Osnabrück zunächst die Gehörgänge von Eisdielengästen und abends jene der Besucher im Jugendzentrum des nahe gelegenen Bramsche. Klar, die Information zieht an sich keinen Hering vom Teller. Füge ich jedoch an, dass ein gewisser Heinz Rudolf Kunze *(Dein ist mein ganzes Herz)*, gebürtig aus Osnabrück, beiden Veranstaltungen beiwohnte, erhöht der Promibonus wahrscheinlich die Aufmerksamkeit des Lesers, also von Ihnen, die Sie gerade diese Zeilen lesen.

Warum er beide Auftritte besuchte? Nun, der erste hatte ihn aufhorchen lassen, weil es etwas Neues mit Substanz, Originalität und hohem Unterhaltungswert gewesen war. Das hatte ihn neugierig gemacht. Mit diesem Urteil befand er sich in guter Gesellschaft, wie sich bei der zweiten Veranstaltung herausstellte. Da HRK (Heinz Rudolf Kunze) bereits Auszüge unseres Auftritts gesehen hatte, galt seine Konzentration beim zweiten Mal dem Publikum. Zu Beginn des Konzerts herrschte in dem nur halb gefüllten Saal ein lautes Geräuschgemenge aus Gläsergeklimper, Gerede, Getrampel. Das änderte sich jedoch schon nach ein paar Minuten. Das Klirren hörte auf, das Geschnatter verebbte und die Leute schauten zur Bühne, begierig darauf zu erfahren, was da gerade passierte. Kunze wurde Zeuge, wie sich die Zuwendung des Publikums kontinuierlich steigerte, eine Entwicklung, die bis zum letzten Ton hielt. Völlig beeindruckt ob unserer Wirkung verließ HRK den Ort des Geschehens, wovon ich aber nicht unmittelbar erfuhr, sondern erst durch ein Interview, welches er irgendwann, irgendwo gab.

Zwar war es ein entbehrungsreicher, stressiger Knochenjob – zum Abschluss eines Tages nahmen wir gerne einen zur Brust, um die Anspannung aus den Körpern zu spülen –, aber auch aufregend, begeisternd, spannend. Ich genoss es, mich voll auf TRIO zu konzentrieren, auch wenn es manchmal bedeutete, Enttäuschungen wegzustecken. So hatten wir einmal in einem Kölner Plattenladen einen gelungenen Auftritt vor vielen Menschen absolviert, danach die Ausrüstung wieder eingepackt, verstaut und waren dann zu einem anderen Ziel aufgebrochen. Glücklich sahen wir bei der Abfahrt das mit der *TRIO*-LP dekorierte Schaufenster und malten uns auf dem Weg aus, wie die Menschen sich die Platte reihenweise zulegten. Kurz hinter Köln – wir hatten noch etwas Zeit – kam ich auf die Idee, dass wir uns selbst ein Bild vom erhofften Andrang machen könnten, weshalb wir wendeten, unser Vehikel erneut zum Ort des Geschehens steuerten … und ein mit der neuen BAP-Scheibe ausgestattetes Schaufenster erblickten. Die Weiterreise lief ohne nennenswerte Konversation ab.

Der Galopp durch die deutschen Lande erhielt außer der bundesweiten Kontaktaufnahme noch aus einem ganz anderen Grund eine viel entscheidendere Bedeutung für unseren weiteren Karriereverlauf. Irgendein Journalist schenkte Remmler auf der Tour – eine glückliche Fügung des Schicksals für TRIO – ein Spielzeugkeyboard, Casio VL-1, auf dem er liebend gern herumdudelte und seine Umwelt nervte. Eines schönen Tages betrat er mit dem Apparat, aus dem es infantil blechern klang, den Proberaum des WG-Hauses, in dem Kralle und ich als Rock-'n'-Roll-Liebhaber gerade dabei waren, uns mit Stücken von Clapton und Hendrix warmzuspielen. Die beiden Gitarrenhelden verstummen lassend, richteten sich die Blicke auf Remmler, der den Kindertakt wirken ließ, um danach erwartungsvoll zu fragen: »Na, was haltet ihr davon?« Kralle und ich hatten keine Antwort darauf, lehnten allerdings die Beschäftigung mit dem Vorschlag auch nicht ab, obwohl eine innere Stimme mir zweifelnd-verständnislos sagte: Oh Gott! Was ist das denn jetzt?

Nun gab allerdings so manches Kinderspielzeug dem ein oder anderen unserer Songs einen besonderen Pfiff, wie die kleine Plastikgitarre im Abspann des Liedes *Kummer*, die wir liebevoll Lucy nannten. Derlei Einfälle waren das Spezialgebiet von Stephan. Kralle fing eifrig an herumzuprobieren, und langsam kristallisierte sich eine geeignete begleitende Tonfolge heraus, die aber noch ausgefeilt werden musste. Animiert durch die kreative Lust begann auch ich, eine passende Schlagzeugumrahmung zu suchen, was zunächst scheiterte. Nach diesem Anschnuppern zog sich jeder zurück, um die Anfänge sacken zu lassen.

Kralle hatte die Gewohnheit, sich wandergitarrenbewaffnet bei laufendem Fernseher auf das Bett zu legen. Stephan wandelte gedankenversunken im Haus umher, um seinen Songbeitrag zu leisten. Ich wiederum überlegte stundenlang im Keller, probierte verschiedene Schlagzeugrhythmen aus, um das vorgegebene Grundmuster zu treffen, und näherte mich der Meinung, dass der Twist dem Gerüst am ehesten entsprach. Aber irgendwie stand dem harmonischen Gesamtbild noch etwas entgegen, bis ich darauf kam, den Twisteinsatz zu invertieren, was für mich zunächst einer längeren Umgewöhnung bedurfte, denn ausgetretene Pfade lassen sich nicht so einfach verwischen. Dieser Rhythmus untermalte die klackernde, piepsende Tonabfolge des Casio perfekt, und ich stellte ihn bei der nächsten Zusammenkunft vor. Die beiden anderen nickten anerkennend, Kralle fügte sich ziemlich schnell ein und Remmler versetzte dem Ganzen in »La La La«-Manier eine Melodie, die er danach in einen Text formte. Damit war *Da Da Da* geboren … allerdings stand die Feuertaufe noch bevor.

Allmählich sprach es sich herum, dass drei skurrile Typen unterwegs waren, die ungewöhnliche Musik mit ebensolcher Show machten. Gerade Berlin, Heimatstadt der Superband Ideal, empfing derartige Acts mit offenen Armen, so auch uns.

Weihnachten 1981, inklusive Heiligabend, spielten TRIO im bestuhlten Kant Kino drei Gigs vor jeweils 600 Leuten. Der Laden war somit ausverkauft und diese Größe schon grenzwertig, denn unsere Show war eigentlich auf ein kleineres Publikum ausgerichtet. Wir setzten weder spezielle tonale Effekte ein, noch verstrahlte die sonstige Atmosphäre samt Beleuchtung einen höheren Grad an emotionaler Wärme als eine nächtliche Bushaltestelle. Das Prinzip des Minimalismus wurde also auch in dieser Hinsicht fortgesetzt, wodurch aber gleichzeitig ein intimer Rahmen entstand, den wir für die Bühnenspäße brauchten. Die waren im Übrigen keineswegs spontan, wie es nach außen hin schien, sondern genau geplant.

Das Programm kam bei den Menschen sehr gut an, wie wir am lautstarken Johlen, Lachen und Applaudieren erkannten. Und dann stand *Da Da Da* auf der Setliste. Die vorangegangenen Auftritte seit der Entstehung des Songs waren unter anderem dazu genutzt worden, das Lied zu optimieren. Strukturelemente wurden verändert, Längen einzelner Passagen variiert oder Textstücke angepasst, alles dem eigenen Gefühl und der Reaktion des Publikums geschuldet, welches gelangweilt reagierte, sobald Liedteile zu oft auftauchten oder zu ausufernd gerieten. Gerade bei der Beobachtung und der Beeinflussung der Zuschauer baten Stephan und Kralle mich immer um eine Stellungnahme, weil meine Vergangenheit in diversen Tanzcombos mich gelehrt hatte, die Mimik und Gestik des Publikums zu deuten und entsprechend darauf zu reagieren, um es zu knacken und zu überzeugen.

Stephan kündigte das noch nicht veröffentlichte, also noch völlig unbekannte *Da Da Da* an, die Entwicklung von der Strophe bis zum Refrain nahm ihren Lauf, und nach dem erstmaligen Singen der dadaistischen Hauptzeile und dem Einsetzen des Gitarrenriffs von Kralle geschah Ungewöhnliches. Alle im Saal erhoben sich klatschend von ihren Plätzen und bekundeten auf diese Weise ihre Anerkennung, was mich dermaßen überraschte und überwältigte, dass sich mir ganz langsam, zusammen mit einem Schauer, der mir kribbelnd über den Rücken lief, die Nackenhaare hochstellten. Ein Gefühl, wie ich es noch nie erlebt hatte und auch nur noch einmal erleben sollte.

Die Standing Ovations beschränkten sich keinesfalls nur auf die erste Vorstellung. Nein, an allen drei Tagen verliehen die Leute ihrem Respekt auf diese Weise Ausdruck. Glücklicherweise trug ich als einer der ersten mir bekannten Musiker schon damals einen Übertragungsknopf im Ohr, damit die Koordination zwischen Takt und Casio-Orgel klappte und ich das Tempo trotz übertönender Klatschgeräusche halten konnte. Ab dieser phänomenalen Rückkopplung wussten Klaus Voormann, der das Ereignis ebenfalls miterlebt hatte, und wir nicht nur, dass die ideale Version des Liedes gefunden war, sondern welche Wirkung es auslöste. Konsequenterweise erschien *Da Da Da ich lieb dich nicht du liebst mich nicht aha aha aha* als Single und wurde demgemäß auch bei der nächsten LP-Pressung auf Vinyl gebannt.

Die Aufnahmen zur Auskopplung fanden im Heimatland von Yello, die seit dem Harzburger Auftritt mit uns befreundet waren, in Horgen in der Nähe von Zürich statt. Wir nutzten dort ein freies Studio, welches auch mit Udo Jürgens in Verbindung stand. Kralle blieb diese Lokalität unauslöschlich in Erinnerung, weil sie ihm dort einen seltenen Fender-Verstärker schenkten. Welch Hort der Glückseligkeit für ihn!

In den Berliner Hansa Studios erhielt das Werk dann ohne mich den letzten Schliff. Dahinter Ungewöhnliches zu vermuten ist fehl am Platz. Das Abmischen der Lieder gehörte ins Aufgabenfeld von Voormann. Lediglich Remmler wohnte generell diesem

Arbeitsschritt bei, während ich – und in den meisten Fällen auch Kralle – durch Abwesenheit glänzte. Den Eindruck, überflüssig zu sein, konnte ich mir auch in angenehmerer Umgebung holen.

Annette Humpe, Frontfrau von Ideal, untermalte *Da Da Da* bei der endgültigen Fassung an einigen Stellen im Flüsterton mit »Ich lieb dich nicht, du liebst mich nicht« und der Schlagzeuger Hans-Joachim Behrendt ergänzte Kastagnettenlaute, um eine Schlagerattitüde hinzuzufügen und gleichzeitig dieses Genre ein wenig auf den Arm zu nehmen. Schließlich behandelt das Stück das ureigene Thema einer Schnulze, nur eben musikalisch und textlich sehr reduziert.

Warum gerade Ideal? Nun, sie hatten einen unserer Auftritte in Berlin besucht, weil Mundpropaganda ihre Neugier geweckt hatte. Nach dem Konzert, das sie toll fanden, machten sie uns im Backstagebereich ihre Aufwartung, und wir setzten das Kennenlernen im Hotel, in dem Krawinkel, Remmler und ich übernachteten, weiter fort. Eine sehr innige Freundschaft entwickelte sich zwischen den beiden Gitarristen Frank Jürgen »Eff Jott« Krüger und Kralle, die bis zum Tode Krügers im April 2007 andauerte. Bis heute besucht unser ehemaliger Saitenvirtuose, wenn er in Berlin ist, das Grab seines Freundes und schüttet dort seine Gedanken aus über alles, was ihn bewegt.

Dass *Da Da Da* weite Kreise ziehen sollte, davon träumte ich zwar, konnte mir aber natürlich nicht auch nur ansatzweise ausmalen, was für ein Stein da ins Rollen gebracht worden war. Die Single erschien Anfang Februar 1982, während die neue Version der LP, jetzt mit *Da Da Da*, bei der dritten Pressung im März desselben Jahres veröffentlicht wurde.

Arbeitsschritt bei, während ich – und in den meisten Fällen auch Kralle – durch Abwesenheit glänzte. Den Eindruck, überflüssig zu sein, konnte ich mir auch in angenehmerer Umgebung holen.

Annette Humpe, Ehefrau von Ideal, untermalte Da Da Da bei der endgültigen Fassung an einigen Stellen im Refrain mit »Ich lieb dich nicht, du liebst mich nicht« und der Schlagzeuger Heinz [illegible] Behrendt ergänzte Kastagnettenklänge, um eine Schlagerattitüde hinzuzufügen und gleichzeitig dieses Genre ein wenig auf den Arm zu nehmen. Schließlich behandelt das Stück das ureigene Thema eines Schlagers, nur eben musikalisch und textlich sehr reduziert.

Warum gerade Ideal? Nun, sie hatten einen unserer Auftritte in Berlin besucht, weil Mundpropaganda ihre Neugier geweckt hatte. Nach dem Konzert, das sie toll fanden, machten sie uns im Backstagebereich ihre Aufwartung, und wir setzten das Kennenlernen im Hotel [illegible] fort. Remmler und ich [illegible]. Eine sehr innige Freundschaft entwickelte sich zwischen den beiden Charakteren Frank Jürgen [illegible] Krüger und Kralle, die bis zum Tode Krügers im April 2007 andauerte. Bis heute besucht unser ehemaliger Saitenvirtuose, wenn er in Berlin ist, das Grab seines Freundes und schüttet dort seine Gedanken aus über alles, was ihn bewegt.

Dass Da Da Da solche weite Kreise ziehen sollte, davon träumte ich zwar, konnte [illegible] natürlich nicht auch nur ansatzweise ausmalen, was für ein Stein da ins Rollen gebracht worden war. Die Single erschien Anfang Februar 1982, während die neue Version der LP, jetzt mit Da Da Da, bei der dritten Pressung im März

[illegible]

15

»DA DA DA« IN EINER BERLINER KNEIPE UND AN EINER SAARLÄNDISCHEN AUSFALLSTRASSE

Die Single *Da Da Da* kündigten wir bei den weiteren Gigs als neueste Ausgeburt unseres Schaffens an, unter anderem auch am 12. Februar 1982 beim mittlerweile zum Kult mutierten *Rockpalast*-Konzert in der Hamburger Markthalle. Zur damaligen Zeit war es nahezu verpflichtend, einem Song, der es zu etwas bringen wollte, ein Video beizustellen, damit die MTV-Generation Nahrung bekam. Das verhielt sich bei uns nicht anders.

Zu unser aller Glück hatten wir mit Dieter Meier einen äußerst fähigen Künstler als Regisseur in greifbarer Nähe. Die Schweizer oder Österreicher hatten damals alle eine Macke, was ich positiv verstanden wissen möchte, da ich damit auf deren Experimentierfreudigkeit verweise. Meier erfreute sich sehr an TRIO, denn er kannte solche innovativen Projekte aus Deutschland nicht, die für ihn als Avantgardisten ein gefundenes Fressen waren. Seiner extravaganten, sehr offenen und gleichzeitig netten, ruhigen Art vertrauten wir und wähnten uns bei ihm als Videogestalter in guten Händen.

Der zweitägige Dreh zu *Da Da Da* im Januar/Februar 1982 fand in einer Kneipe am Lützowufer in Berlin statt. Der Clip spiegelt in seinem Bruch von stammtischgeprägter Atmosphäre, spießiger Alkoholgemütlichkeit und sexueller Anzüglichkeit zu unerwartet brutalen Auswüchsen das Aufeinandertreffen der heilen Schlagerwelt mit der »hässlichen Fratze« der Verulkung wider.

Auf einen Vorschlag von Kralle, unserem Band-Macho, hin bekam die ursprünglich harmlose Grundkonzeption zusätzliche Würze (»Wieso soll ich die nicht umbringen, die Kellnerin? Scheißweiber!«), indem er als Kneipengast der Kellnerin, gespielt von Annette Humpe, ein Messer in den Rücken wirft, die daraufhin in Großaufnahme mit aus dem Mundwinkel fließendem Blut singt. Die gewaltrünstige Sequenz durfte später in vielen Ländern wie zum Beispiel den USA nicht gezeigt werden.

Das sich durchziehende Muster meiner Präsenz im Video besteht darin, einen Bommerlunder zu trinken, und zwar entgegen der üblichen Sprüche »Nicht lang schnacken, Kopp in Nacken« oder »Nicht lang nicken, tüchtig kippen«. Mir behagte das Vorgehen getreu der Devise »Nippen, nicht kippen«, was Dieter Meier deshalb sehr gut gefiel, weil mein Mienenspiel kamerafreundlich nur ganz langsam einen Regungswechsel vollzog. Im Kampf mit dem Getränk sieht man vom skeptischen Blick vor dem Ansetzen über einen zunehmend angewiderten Ausdruck während der oralen Aufnahme (man könnte glauben, meine Gedanken sprächen: Ich kriege es nicht runter, ich mag keinen Alkohol) zu einer erleichterten Miene, nachdem das leere Glas wieder auf dem Tisch steht, einen Wellengang menschlicher Gesichtsmuskulatur in amüsanter Slow Motion.

Zunächst versuchten wir, die Szenen in den Kasten zu kurbeln, indem mir Wasser vorgesetzt wurde. Allerdings passte Meier dabei keine der Aufnahmen. Erst beim letzten Versuch klappte es zur Zufriedenheit des Regisseurs, denn die Einsicht hatte uns bewogen, mir einen originalen Bommi vorzusetzen. Tja, echte Empfindungen sind konkurrenzlos, mag die Schauspielkunst noch so gut sein.

Man könnte sich nun fragen, warum gerade diese Umgebung für den Videodreh gewählt wurde. Das Gegenüberstellen von Tradition und deren Entlarvung hätte doch auch anderswo gezeigt werden können. Dem sei entgegnet, dass unter einer gewissen Perspektive TRIO mit ihren Kneipen- und Puffbesuchen ein aus drei geselligen Typen bestehendes Abziehbild der Volkstümlichkeit darstellten. Und genau dafür eignete sich das ausgesuchte Ambiente.

Viel brachten die ganzen Bemühungen zur Verbreitung zunächst nicht ein. Sie zeigten so gut wie keinerlei Wirkung. Radiospielzeiten kamen nicht zustande, der LP-Verkauf blieb hinter den Erwartungen zurück, und so tuckerten Stephan, Kralle und ich vor uns hin, begleitet von der Befürchtung, letztlich den Durchbruch zu verpassen.

Dabei verhießen viele Vorzeichen etwas anderes. Die Plattenfirma Phonogram stellte eine bekannte, etablierte Marke im Business dar und unterstützte uns nach Kräften (unter anderem darin, Auftritte in großen Sälen auszusparen, die dem Effekt der TRIO-Show entgegengestanden hätten), Klaus Voormann verkörperte in Personalunion einen exzellenten Manager, Visionär und Begleiter, die Unterstützung durch Ideal war vielversprechend und auch die Clubtour erfreute sich durch Mundpropaganda eines immer größeren Publikums.

Aber gut Ding will bekanntlich Weile haben, und als die Wogen der Neuen Deutschen Welle über die Schwelle der Wahrnehmung schwappten, begann sich das Fernsehen für uns zu interessieren. Als Erster entdeckte uns der damalige Moderator des Formats *aspekte* Hannes Keil, weil ihm das Cover unserer Scheibe – wohlgemerkt: der musikalische Inhalt lag zunächst außerhalb des Interesses – gefiel. Für ihn war das Kunst. So etwas hatte es vorher noch nicht gegeben. Irgendjemand bezeichnete es in vielsagender, bedeutungsschwangerer Weise, vielleicht war es sogar Stephan, als eine »Art von art«. Das ZDF brachte den Beitrag, in dem TRIO den Song *Ja Ja Ja* spielten, am 6. März 1982.

Nach vielen Jahren kam mir zu Ohren, dass wegen dieses Ausschnitts die Telefone von ehemaligen Tanzbandkollegen heiß liefen, die sich gegenseitig informierten, den Behrens gerade im Fernsehen gesehen zu haben, von dessen Verbleib sie bis dahin keine Kenntnis hatten. Da sieht man einmal mehr: Mediales Aufheben schürt Neugier und Sensationslust.

Auf das intellektuelle, kulturelle Schwergewicht *aspekte* folgte eine Einladung zur damals sehr einflussreichen ARD-Musikshow *Bananas*, in der die angesagten Acts im Gegensatz zu späteren

Zeiten noch persönlich erscheinen mussten und nicht nur ein Videoclip an den anderen gereiht wurde.

Zwischenzeitlich setzten wir unverändert die Schallplatten-Clubtour fort. Ende März 1982 fuhren wir auf einer vierspurigen Straße aus Saarbrücken hinaus, wo TRIO am Abend zuvor einen Disko-Gig vor 100 bis 150 Menschen absolviert hatten. Entgegen meinen Befürchtungen war dieser erfolgreich verlaufen, obwohl Besucher solcher Zappelschuppen eigentlich andere Musik bevorzugten. Ein Radioauftritt beim SR sollte unseren Aufenthalt wohlig abrunden. Aber es lauerte noch eine Überraschung auf uns, bevor wir die Grenze der Landeshauptstadt passierten. Beim Weg hinaus aus Saarbrücken forderte eine Ampelrotphase auf, anzuhalten, wodurch die Motorengeräusche der umstehenden Pkw gegenüber den Radiogeräuschen im Inneren des Wagens in den Hintergrund traten. Es herrschte also relative Ruhe, was ich auch genoss, denn ein Großteil der 24 Stunden des Tages verbrachten meine Ohren ohnehin unter Dauerbeschallung.

Nun ist es so, dass das Gehör umso sensibler Töne der Umgebung aufnimmt, je ruhiger die Geräuschkulisse ist. So auch in diesem Fall. Ich fragte mich beim Warten auf das Grün der Lichtanlage: Was ist das für ein Piepsgedudel in den beiden Nachbarwagen? Das kennst du doch. Nur einige Augenblicke und Klackerdiklack-Töne später durchzuckte mich eine angespannte Erregung und ich sprach den Fahrer an: »Ey, du Arschgeige« (die Ansprache war damals ein selbstverständlicher, nicht böse gemeinter Umgangston, schließlich fügte sich sogar – passend für einen Musiker – ein Instrument in den Gesamtbegriff ein) »mach mal die Scheibe runter!«

Und tatsächlich, nach dem Herunterkurbeln aller möglichen Autogläser vernahmen Stephan, Kralle und ich verzückt aus gefühlten Hunderten von Autos der Blechschlange – aber wahrscheinlich verschafften lediglich die eingestellten Lautstärken diesen Eindruck – *Da Da Da*.

Sprachlos vor Überwältigung sank ich im Sitz zurück, gab mich vollends dem Gefühl der Zufriedenheit hin und war zunächst keines klaren Gedankens fähig. Ich glaube, bei Kralle und Stephan war das ebenso, aber mit Sicherheit sagen kann ich es nicht, denn wir waren zwar Kollegen im besten Sinne des Wortes, jedoch keine Freunde, die derartige emotionale Momente als solche verbalisierten.

Die Zeitspanne umfasste nur wenige Sekunden, bis dem Wagen wieder freie Fahrt gewährt wurde. Nichtsdestotrotz grub sich dieses Erlebnis tief in meine Gehirnwindungen ein, denn für mich stand fest, dass ich soeben Zeuge eines Wendepunktes unserer Karriere hin zum Erklimmen der Erfolgsleiter geworden war. Als ich aus dem Nebel der fern jeder Greifbarkeit liegenden Glückseligkeit zurückkehrte, fasste ich meine Ansicht in die Worte: »So, Jungs, jetzt geht's los! Jetzt geht die Lucy ab!«

Ironie der Situation: Lucy nannten wir ja auch die Spielzeuggitarre, die Stephan beim Lied *Kummer* zum Schluss einsetzte. Daran hatte ich bei meiner Aussage jedoch überhaupt nicht gedacht, weswegen ich im ersten Moment befremdet reagierte, als Kralle und Stephan nach kurzem Stutzen anfingen zu lachen.

nacht keines dieses Gedankens fähig. Ich glaube, bei Kralle und Stephan war das ebenso, aber mit Sicherheit sagen kann ich es nicht, denn wir waren zwar Kollegen im besten Sinne des Wortes, jedoch keine Freunde, die derartige emotionale Momente als solche verbalisierten.

Die Zeitspanne umfasste nur wenige Sekunden, bis unser Wagen wieder freie Fahrt gewährt wurde. Nichtsdestotrotz grub sich dieses Erlebnis tief in meine Gehirnwindungen ein, denn für mich stand fest, dass ich soeben Zeuge eines Wendepunktes unserer Karriere hin zum Erklimmen der Erfolgsleiter geworden war. Als ich aus dem Nebel der fern jeder Greifbarkeit liegenden Glückseligkeit zurückkehrte, fasste ich meine Ansicht in die Worte »So Jungs, jetzt geht's los! Jetzt geht die Lucy ab!«

Ironie der Situation: Lucy nannten wir ja auch die Spielzeuggitarre, die Stephan beim Lied Nummer eins [illegible] einsetzte. Daran hatte ich bei meiner Aussage jedoch überhaupt nicht gedacht, weswegen ich im ersten Moment befremdet reagierte, als Kralle und Stephan nach kurzer Stille anfingen zu lachen.

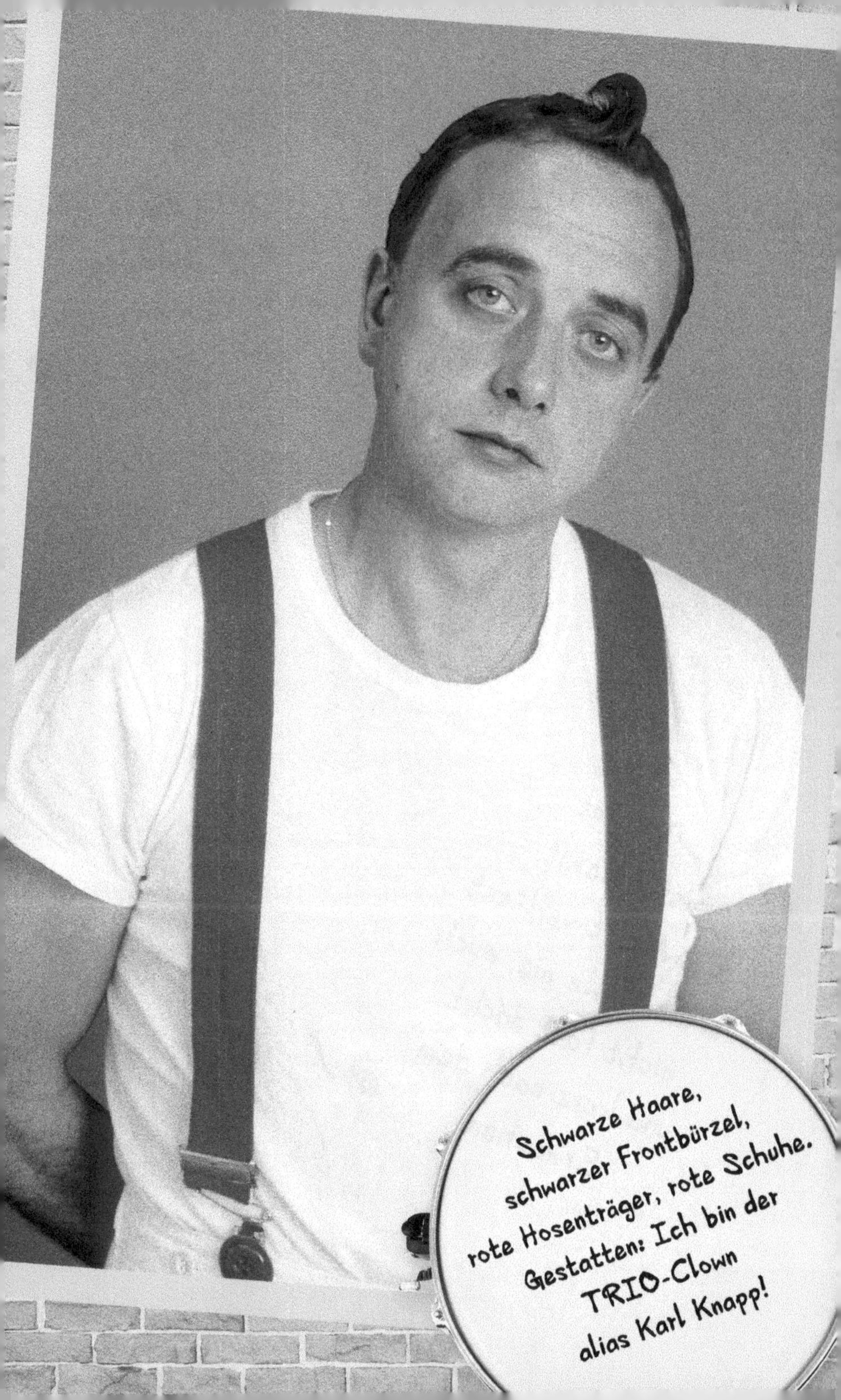
Schwarze Haare,
schwarzer Frontbürzel,
rote Hosenträger, rote Schuhe.
Gestatten: Ich bin der
TRIO-Clown
alias Karl Knapp!

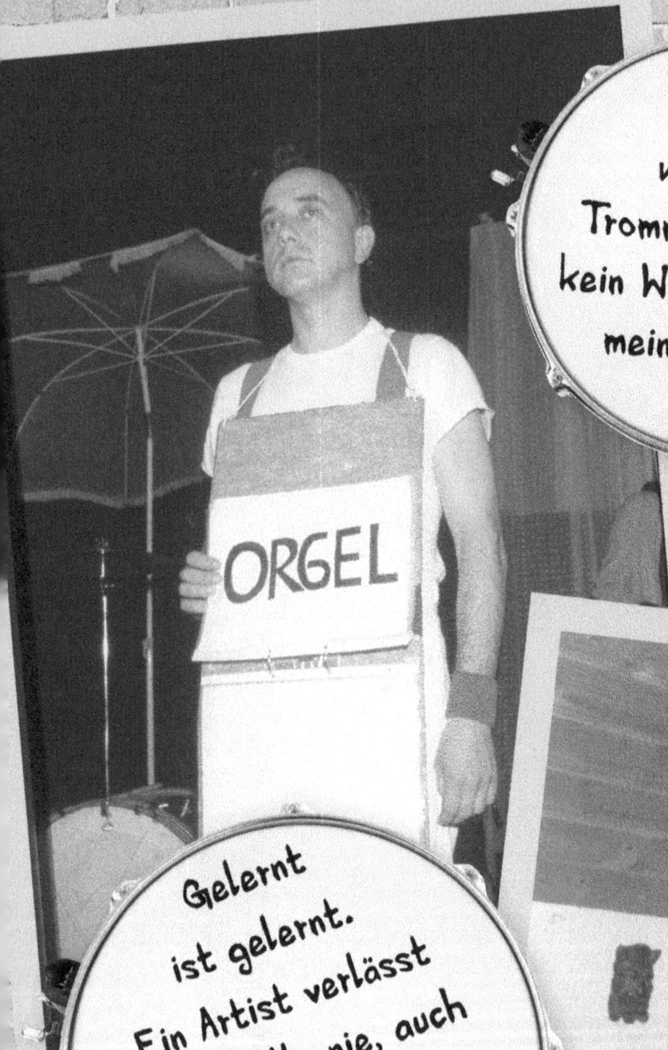

Auch wenn die Trommel schwieg, kein Wort kam über meine Lippen.

Gelernt ist gelernt. Ein Artist verlässt seine Rolle nie, auch nicht fast nackt und kurz nach dem Erwachen.

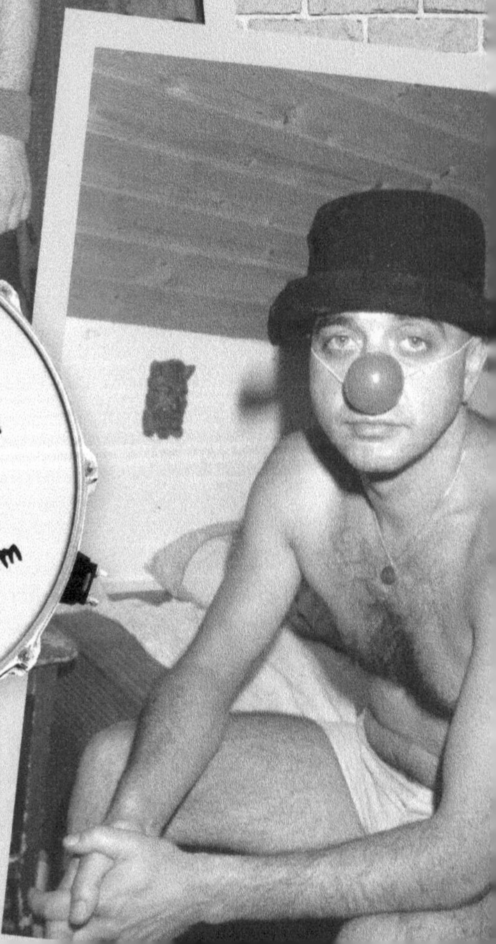

Traute Dreisamkeit: Ob im Kneten-Domizil oder im Einsatz – für die Öffentlichkeit war ich nur in Kombination mit Kralle und Stephan denkbar. Aber mir gefiel das.

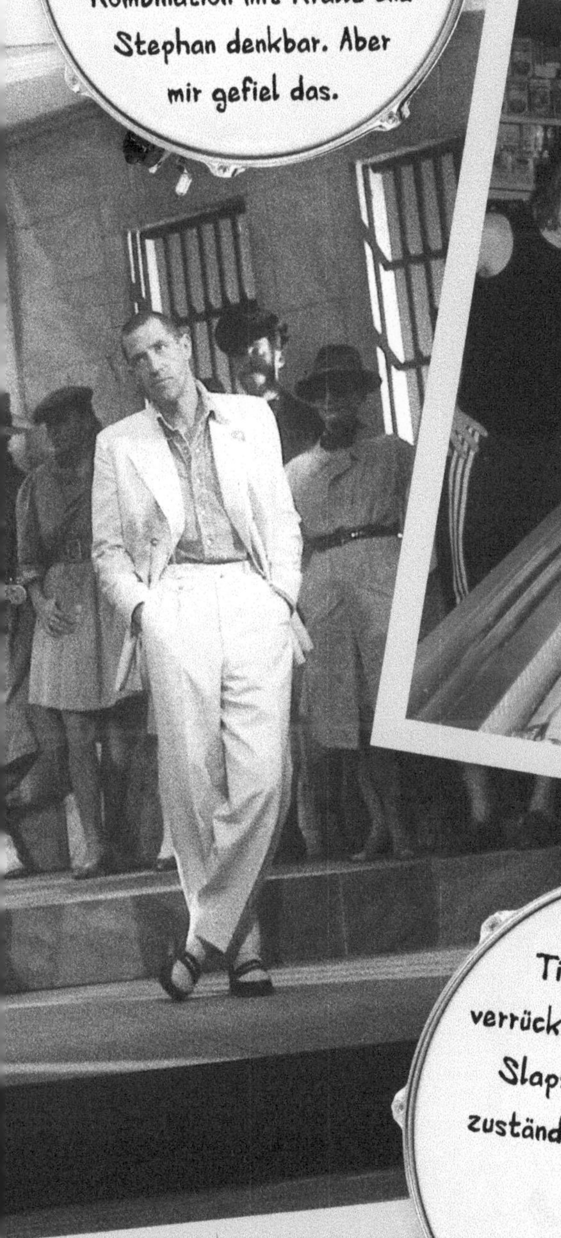

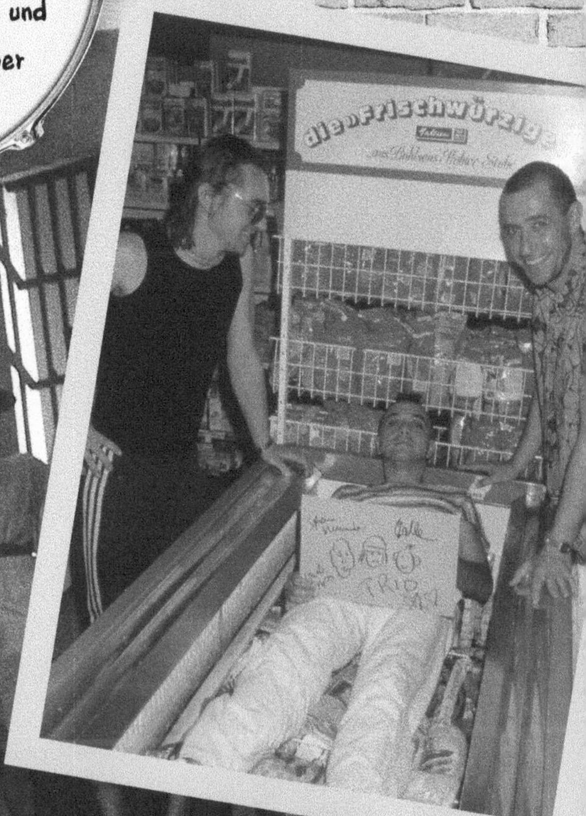

Grüße aus der Tiefkühltruhe: Für die verrückten, aufsehenerregenden Slapstickeinlagen war ich zuständig. Dafür liebten mich die Leute.

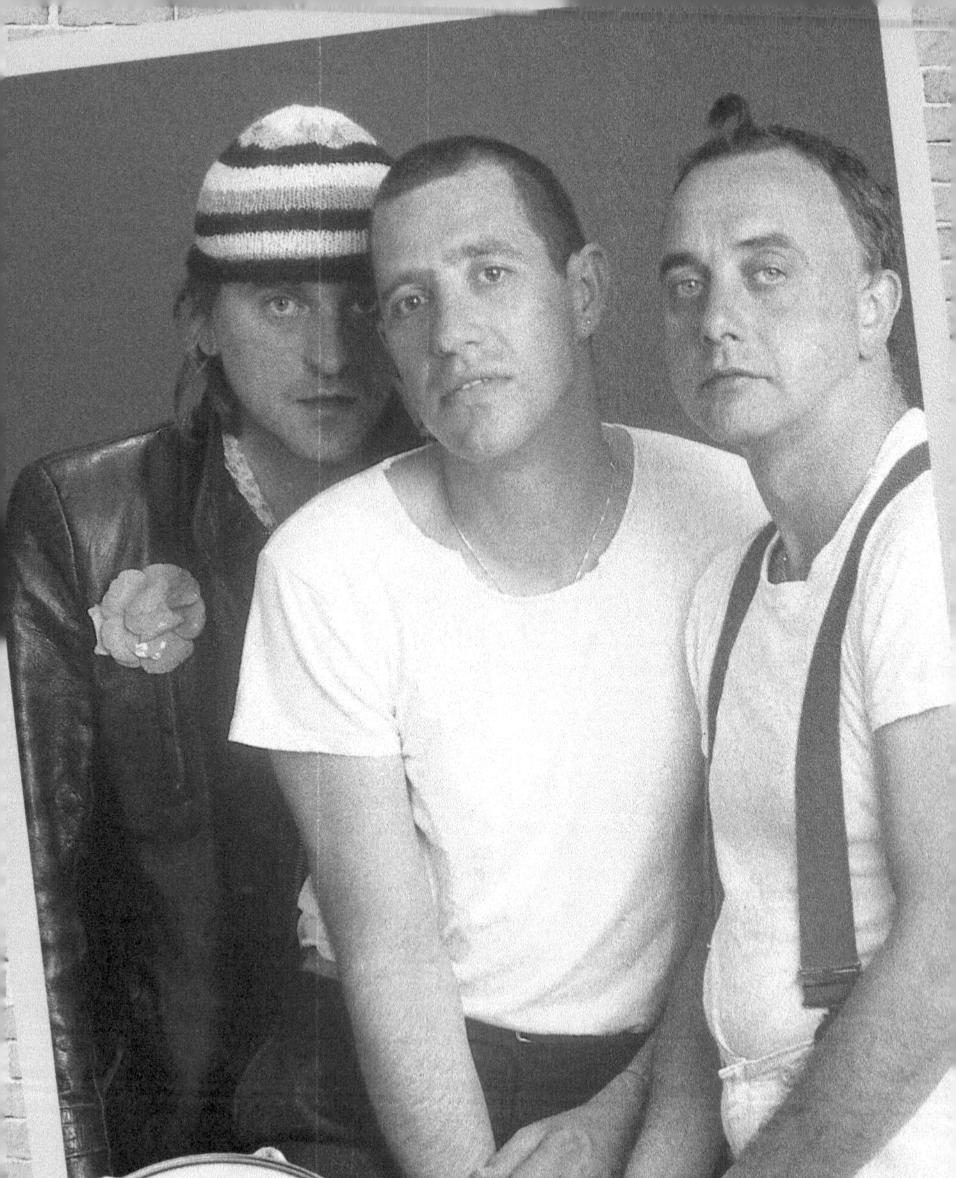

Auf dem Höhepunkt des Erfolges: Ich habe es in vollen Zügen genossen und es war eine geile Zeit, auf die ich gerne zurückschaue.

16

DIE »LUCY« GEHT AB

»Wein, Weib und Gesang« beziehungsweise neuzeitlich angepasst »Sex, Drugs & Rock 'n' Roll«, und das alles überzuckert mit viel Geld, so stellte ich mir nun die Zukunft vor, nachdem unsere Musik die Radio- und sporadisch die Fernsehsender erreicht hatte. Nur das Tempo, mit dem es voranging, entsprach anfänglich nicht meiner Vorstellung. Aber die Wucht, mit der mich der Erfolg und mit mir die beiden anderen nach anfänglichem Geplänkel erfasste, umtoste und mir zum Teil den Blick nahm, war enorm und in der Vehemenz überraschend. Es fühlte sich an wie eine Monsterwelle, die sich langsam entwickelt, bis sie sich komplett auswächst.

Aber eines nach dem anderen: Durch die Hilfe der medialen Präsenz enterte *Da Da Da* im Monat April 1982 Platz sieben der Charts, und wir sorgten für ausverkaufte, brechend volle Clubkonzerte, ein an sich schon schöner Erfolg. Im nächsten Monat stieg die Auskopplung sogar auf Platz zwei, und sie verweilte in den deutschen Top 20 bis zum August des Jahres.

Aber auch die Kehrseite der Medaille kam zum Vorschein, wie folgende kleine Geschichte exemplarisch zeigt: Die damaligen Inhaber des Veranstaltungsortes Goldene Krone in Darmstadt beabsichtigten, das wachsende Aufheben um unser Dreigestirn auszunutzen. Entgegen der plakatierten Ankündigung, dass man für 9,99 DM Eintritt (3,33 DM pro Mann auf der Bühne) die TRIO-Show erleben könnte, steigerte seinerzeit der Veranstalter marktwirtschaftlich folgerichtig, aber menschlich nicht korrekt, parallel zur gerade phänomenal laufenden Single mit jüngst erschienenem Album den Preis plötzlich auf 20 DM. Verständlicherweise weigerten sich die Gäste, das Doppelte in die Kasse zu werfen, wollten unter den Umständen also nicht hinein, womit sie aber gleichzeitig den Eingang blockierten. Ihnen war anderes versprochen worden, und sie pochten auf ihr Recht.

Unterdessen warteten Remmler, Kralle und ich ungeduldig ab, schauten dem Treiben aus den Fenstern der oberen Etage zu, sahen, wie die Fronten sich verhärteten, die Schlange auf dem völlig überfüllten Bürgersteig stetig wuchs, die Unruhe und der Unmut kontinuierlich zunahmen. Das gute Zureden des Veranstalters, des Phonogram-Zuständigen, auch von Remmler blieb erfolglos, indes, was Lautstärke und Gedrängel anging, die Lage mehr und mehr bedrohlich wirkte, zugespitzt noch durch weiter herbeiströmende Menschenmassen.

Solch eine Eskalationsgefahr zieht im Allgemeinen die Polizei an, so auch hier, aber in diesem Fall die verschärfte Version einer Hundertschaft. Die weilten ohnehin gerade in der Gegend, weil zum Teil gewalttätige Massendemonstrationen gegen die Startbahn West des Frankfurter Flughafens ihren Einsatz erforderten.

Ich sah von meinem Fensterplatz aus schon von Weitem, wie sich die Uniformierten in Schutzkleidung langsam näherten, gegenüber brodelnden Menschenansammlungen knüppelhart sensibilisiert und dementsprechend auf alles gefasst. Zum Glück gab Remmler rechtzeitig vor dem befürchteten Eingreifen per Megafon aus der oberen Etage den erfolgreichen Ausgang der Verhandlungen bekannt mit dem Ergebnis, dass der Einlass gegen zehn DM erfolgen würde. Eine halbe Stunde später als angekündigt starteten wir dann endlich das Konzert. Puh, das war knapp!

Einen besonderen Schub für unsere Bekanntheit leistete die damals populäre meinungsbildende, stark polarisierende *Hitparade* im ZDF mit Dieter Thomas Heck. Polarisierend deswegen, weil dieses Format als Heimat von Schlagerfuzzis und Anverwandten galt. Jeder, der als ernst zu nehmender Musiker etwas auf sich hielt, mied diesen Pool an schwülstigen Eitelkeiten, dessen textlicher Brei vielfach gebrochene Herzen im Sommerwind an der Küste von San Fernando enthielt oder, wenn Phrasen aus dem Bereich Lebensweisheiten gedroschen wurden, über jedes Bacherl a Brückerl führen ließ. Das Ganze übergoss man mit der schweren

Ralph-Siegel-Standard-Soße und fütterte damit den geneigten, mit Schunkelreflex nebst marschartigem Rhythmusklatschen versehenen Zuhörer. Was sollten wir also da?

Ganz klar, zum einen verschaffte uns unsere Chartplatzierung zusammen mit dem hauptsächlich in deutscher Sprache gehaltenen Text von *Da Da Da* die offizielle Daseinsberechtigung in der Sendung. Zum anderen erfüllten der Inhalt des Songs und seine Eingängigkeit die Voraussetzungen für einen Schlager, auch wenn wir – zwar nicht böse gemeint und so kam es auch an – das Genre verhöhnten. Dieter Thomas Heck begriff die Veralberung, besaß aber die Größe, darüber lachen zu können, und den Mut, TRIO trotzdem oder gerade deswegen einzuladen.

Ich hatte trotz der dafür sprechenden Argumente Vorbehalte, das Fernsehzimmer des deutschen Spießbürgertums zu betreten, und gewann den Eindruck, in Kralle einen geistigen Kompagnon zu haben. Wir empfanden uns als Rock 'n' Roller, und diese Spezies ist an vielen Orten denkbar, aber nicht in eichenschrankmöblierten, womöglich mit selbst gehäkelten Fußwärmern ausgestatteten und mit Käsespießen und Kartoffelchips versorgten Wohnstuben. Insbesondere ich muss mir aber vorhalten, viel zu antriebslos gewesen zu sein, um diese Entwicklung stoppen zu können. Warum auch? Eine Dekade lang war Schmalhans bei mir Küchenmeister gewesen und hatte mich mit Magerkost versorgt. Jetzt zeichnete sich eine Abkehr von diesen Verhältnissen ab, die ich tief inhalierend genießen wollte. Und mit mir Kralle.

Später erfuhr ich zu meinem Erstaunen, dass unser TRIO-eigener Provinzmime die Triebfeder der ersten *Hitparade*-Präsenz gewesen war. Während Remmler gezögert hatte, was sich im Verlauf der Bandgeschichte noch ändern sollte, war Kralle vorgeprescht, getreu der Devise: »Jetzt erst recht!« Nun darf man sich nicht täuschen lassen. Das gesamte Erscheinungsbild der *Hitparade* samt Inhalt bildete keineswegs eine Schnittmenge mit Kralles Vorlieben. Einzig der Gedanke hatte ihn beflügelt, dem »Kitschungeheuer« nur dann einen Dolchstoß verpassen zu können, wenn man sich in dessen Nähe begab. Damit hatte er beabsichtigt, den Kampf mit anderen Mitteln zu führen als die Truppe von Ideal, durch deren Absage unsere Teilnahme überhaupt erst möglich geworden war. Sie hatten versucht, per Verweigerung ihrem musikalischen Antichrist die Stirn zu bieten. Aus heutiger Sicht bezeichnet Kralle seine damalige Einstellung übrigens als träumerischen Quatsch und Schwachsinn.

Am 3. Mai 1982 traten wir dann neben Schlagergrößen wie Mary Roos, Roland Kaiser, Nicole, Frank Zander und Marianne Rosenberg auf. Viele aus dem Publikum nahmen ungläubig zur Kenntnis, wie etwa Kralle zu Beginn der Darbietung auf einem Schemel saß, sich die Strickmütze über die Augen gezogen hatte und nur beim Einsatz der Gitarre sich erhob (dann allerdings den Augen freien Blick verschaffte), um danach wieder Platz zu nehmen.

Ich missachtete stellenweise wissentlich das Playback und vergrub demonstrativ die Hände samt Sticks unter den Achselhöhlen, obwohl deutlich das zischende, blecherne Geräusch des Hi-Hats zu hören war. Außerdem rollte die »dicke Berta«, welche von mir vorgeblich taktgenau mit meinem rechten Fuß traktiert wurde, mitten im Lied seitwärts.

Stephan wiederum ließ es sich nicht nehmen, in Anlehnung an den Namen des Moderators die Zeilen »So so, du denkst, es ist zu spät, aha. Und du meinst, dass nichts mehr geht, aha« in »So so, du denkst, es ist zu spät, aha. Nur wegen Dieter Thomas Heck, aha« umzuwandeln. Viele ältere Zuschauer im Studio blickten reichlich befremdet ob unserer Darbietung und schienen sich lieber in die vertrauten, traditionellen Muster kuscheln zu wollen, als den drei Chaoten weiterhin Aufmerksamkeit schenken zu müssen.

Sicher, auch der schrille Hubert Kah war mit passendem Gepräge und seiner skurrilen *Rosemarie*-Nummer in der Sendung, aber im Gegensatz zu TRIO erfüllte er die stillschweigend vorherrschenden und akzeptierten Konventionen eines Auftritts. Wir hingegen missachteten die Vorgaben, das Abspielband der Backgroundmusik sonderlich ernst zu nehmen oder uns streng auf den Vortrag des Liedes zu konzentrieren. Uns war es wichtig, eine eigene kleine, gut drei Minuten dauernde Show abzuziehen, und wir bezogen die Umgebung mit ein. Dass bei dieser Sendung dann letztlich nur Platz fünf heraussprang – Hubert Kah belegte übrigens den zweiten Rang und durfte deswegen noch einmal wiederkommen –, enttäuschte mich nicht, und ich empfand es auch nicht als Zurückweisung. Ich dachte mir: Mensch, Peter, die Zielgruppe von diesem Schlagerbums hier ist noch nicht so weit. Das kommt aber noch. Wie recht ich damit haben sollte, stellte sich bald darauf heraus.

Im Anschluss an jede Ausgabe der *Hitparade* trafen sich die Künstler im Berliner Schweizerhof – seit 1997 in den ewigen Jagdgründen verschwunden –, wo wir auch mit Dieter Thomas Heck privat zusammentrafen. Ein netter, kollegialer Mensch, dem wir gefielen. Das merkte ich nicht nur hier, sondern auch während der Sendungen. Vielleicht hatte er von dem ganzen Schlagerkram die Schnauze voll und war froh, in uns Gesinnungsgenossen gefunden zu haben, die das Genre ein wenig aufs Korn nahmen, ohne dabei zu verletzen.

Das Aufmischen des öffentlichkeitswirksamen, jedoch verstaubten Nationalheiligtums *Hitparade* steigerte die Nachfrage der Radio- und TV-Sender, Rock- und Popmagazine, Konzertveranstalter etc. enorm. Alle wollten sie auf einmal etwas von uns. Ich war sehr dankbar und froh, dass mir helfende Hände die Organisation der nun zunehmend unüberschaubaren Fülle an Terminen abnahmen. Mir war es ganz lieb, gesagt zu bekommen, was ich machen sollte und wo ich wann zu erscheinen hatte.

Alles jenseits der unmittelbaren Bandangelegenheiten, wie Übernachtungen, Verpflegung, Transport und weitere nötige Besorgungen, erledigten andere für mich. Auf diese Weise umfasste mein Aktionskreis lediglich das Schlagzeugspielen, das Beiwohnen von Presseterminen, Interviews und Reportagen – noch nicht einmal sprechen musste ich, weil ich in der Band die Rolle des stummen Clowns innehatte – sowie das Zur-Verfügung-Stellen meiner Kontonummer. Auf dem Konto bei der Großenknetener

Volksbank konnte das mir zustehende Geld eine bequeme Rast einlegen, bevor es zur Weiterverwendung aufbrach.

Es fanden nun Geldbeträge in einer Höhe Eingang, die mir völlig fremd waren. Irgendwann im ersten Halbjahr 1982 blickte ich nach der Überweisung der ersten üppiger ausgefallenen Honorarrate auf den Auszug und glaubte auf den ersten Blick, dass einer der Bankangestellten auf der Habenseite versehentlich die Kontonummer eingetragen hatte. Der Kontrollblick ergab zwar anstelle einer sechs- eine fünfstellige Summe in Höhe von circa 70.000 DM, aber dessen ungeachtet versetzte mir das Erlebnis einen sehr angenehmen Schauder. Ich kannte es nicht, derart viel Geld zu besitzen, und wusste zunächst nichts damit anzufangen.

Nur einmal zuvor hatte mich ein ähnlich warmer finanzieller Regen übergossen, als Kralle, Remmler und mir von der Phonogram jeweils ein Vorschuss von 17.000 oder 18.000 DM bewilligt worden war. Auf die konkrete Überweisung hatte ich mich demgemäß vorbereiten und bereits in Ruhe Teile des Betrags verplanen können. Neben Schuldenbegleichungen gönnte mir meine damals noch bescheidene Verschwendungssucht einen Luxus sehr gebremsten Ausmaßes, der in der Anschaffung eines Bademantels gipfelte. Ein zwar schönes, edles Exemplar im Wert von 120 DM, aber eben nur ein Bademantel. Ich war es einfach leid gewesen, mich bei jedem Gang in die WG-Küche anziehen zu müssen, wenn ein paar Momente später in meinem Zimmer die Kleidung sowieso wieder abgepellt wurde.

Unbemerkt bugsierte mich die komplette Bemutterung und Umsorgung in den Hort wohliger Bequemlichkeit, obwohl ich permanent zu tun hatte. Ich verlor den Bezug zu geschäftlichen und finanziellen Angelegenheiten, die mich auch nie interessiert hatten. Mir war es in der Anfangsphase des Erfolges nur wichtig, wie TRIO künstlerisch nach außen wirkten. Kralle empfand das ähnlich, wobei er hauptsächlich den musikalischen Aspekt im Auge hatte und nicht die visuelle, darstellerische Komponente. Die wiederum zählte, vielleicht durch die Fotografenausbildung bedingt, eher zu meinem Metier.

Die Ausnahme bildete Remmler. Er behielt alles im Blick, insbesondere den kommerziellen Bereich. Als »Mann von Welt« und »Dandy« der Band war er das Sprachrohr von uns dreien, übernahm bei Presseterminen den Redepart und hinterließ somit bei der breiten Masse den Eindruck, er sei der Kopf der Band, was ihm durchaus behagte und was er auch nutzte. Ich glaube im Rückblick betrachtet, dass er von Anfang an gewusst hat, dass TRIO lediglich eine Episode seiner Karriere bilden würden. Dieser mir jetzt deutlich erscheinende rote Faden trat allerdings erst später offen zutage, wozu ich noch kommen werde.

Louis Spillmann und seine Phonogram-Mannschaft hatten mehr und mehr Probleme, der Anfragen Herr zu werden, und irgendwann gebot die Notwendigkeit, ein weiteres Büro im Hochhausgebäude anzumieten, und zwar einzig und allein dem Zweck dienend, dort alles mit TRIO in Zusammenhang Stehende zu deponieren, zu installieren und zu verwalten. Wahnsinn!

Auch unser beschauliches Idyll in der Regenter Straße 10 a blieb vom Ansturm nicht verschont. Die Idee, unsere Adresse mit Telefonnummer auf das Cover der LP zu setzen, war zwar fanfreundlich und originell gewesen, nur mussten Stephan, Kralle und ich uns überlegen, wie wir dem nun stets klingelnden Hausapparat angemessen begegnen sollten. Wie also sich menschenwürdig unter deutlicher Herabsetzung akustischer Gräuel im Haus bewegen, ohne die Fans die Arroganz der Totalverweigerung spüren zu lassen? Wir einigten uns darauf, für einen Teil des Tages verfügbar zu sein und es ansonsten bimmeln zu lassen. Remmler, Kralle und ich schoben während der »Sprechstunde« abwechselnd Telefondienst und standen Rede und Antwort.

Bei derartigen Konversationen erlebte ich allerhand Unerwartetes. Beispielhaft fällt mir dazu jene Begebenheit ein, als ich den Hörer abnahm, mich mit »Einen wunderschönen guten Tag aus dem südoldenburgischen Großenkneten, hier spricht Peter Behrens, wer spricht da?« meldete und erst einmal verbal nichts geschah, außer dass einige gehüstelte Laute kamen, die wohl den

Ansatz einer Begrüßung ankündigen sollten, die dem Absender jedoch vor Überraschung im Hals stecken blieb.

»Äh äh äh … Hallo … Äh äh äh«, krächzte es mir nach ein paar Momenten der Sammlung aus der Muschel mühsam entgegen, womit ich natürlich immer noch nicht viel anfangen konnte. Aufmunternd forderte ich: »Hallo, wer ist denn da? Kannst ruhig sprechen, wir werden nicht überwacht, und ich beiße auch nicht, zumindest nicht durch den Hörer.« Ein wenig schien das Eis nun zu brechen, denn der Gesprächspartner setzte – wenn auch immer noch sehr unsicher – an: »Bin ich da echt mit TRIO verbunden? Seit drei Tagen versuche ich, euch anzurufen.«

Bevor ich darauf Nettes antworten konnte wie: »Und nun hast du uns erreicht, worüber ich mich sehr freue. Was kann ich für dich tun?«, vernahm ich ein charakteristisches Klack, das davon kündete, dass am anderen Ende aufgelegt worden war. Das muss man sich mal vorstellen: Die Person hatte nahe einer Endlosschleife versucht, uns an die Strippe zu bekommen, und als es endlich so weit war, legte sie vor lauter Ungläubigkeit fast direkt wieder auf. Das ist vergleichbar mit einem tagelang Dürstenden, der bei Zuteilung einer Ration Wasser das begehrte Nass direkt vorm Trinken in einer Kurzschlusshandlung einfach wegkippt.

Ich konnte mir solche Reaktionen nur so erklären, dass die Leute mit der Situation, tatsächlich plötzlich jemanden von TRIO an der Strippe zu haben, überfordert waren. Sie hatten zwar gehofft, durchzukommen, aber damit gerechnet hatten sie nicht. Aus diesem Grund traf sie der direkte Kontakt mit einem von uns dreien völlig unvorbereitet. Der jeweilige Anrufer begab sich sozusagen aus der Deckung der Allgemeinheit heraus, stand plötzlich kurz im Scheinwerferlicht der Konversation mit einem Promi, womit er nicht umzugehen wusste, und suchte dann wieder den Weg der Sicherheit und Geborgenheit, indem er schnell den Hörer auf die Gabel warf.

Einmal bekam ich ein Gespräch während der Hörersitzung von Remmler mit, als der lauthals »Grüß dich, Halvar, was kann ich für dich tun?« vernehmen ließ. Na toll, dachte ich bei mir.

Jetzt fangen die schon an, uns entweder zu verarschen oder ihren wirklichen Namen hinter Wickie-Figuren zu verstecken. Was kommt als Nächstes? Hier spricht das Krümelmonster, Kermit der Frosch, Papa Schlumpf? Später stellte sich allerdings heraus, dass es sich keineswegs um einen Scherz gehandelt hatte. Der Vorname des Gesprächspartners lautete tatsächlich Halvar, und er wohnte noch nicht einmal in einer nördlichen Region, sondern im sauerländischen Arnsberg. Sozusagen eine Wikingerattrappe.

Die Blockade des Haustelefons konnte natürlich kein Dauerzustand werden, schließlich schränkte sie unsere Erreichbarkeit für Freunde, Bekannte, geschäftliche Angelegenheiten bis hin zur Nulllinie ein. Die Möglichkeit, einfach ein zusätzliches Handy mit gesonderter Nummer anzuschaffen, scheiterte nicht zuletzt daran, dass es noch keine Handys gab. Für die Telekommunikationsversorgung existierte einzig und allein die zentrale gelbe Deutsche Bundespost, die heute in ein zum Teil undurchsichtiges Netz an Wettbewerbern aufgesplittet ist.

»Tante Post« ließ jedem von uns – inklusive Ellen Bövers, die zuvor für ihren Freundeskreis vorübergehend per Fernsprecher unerreichbar gewesen war – einen Apparat samt eigener Telefonnummer ins Zimmer legen, kappte den alten Hausanschluss und stellte darüber hinaus ein Telefaxgerät zur Verfügung, von denen 1982 in der gesamten BRD gerade einmal 7.303 Exemplare existierten. Eigentlich waren die Apparate nur für Büroeinrichtungen gedacht, es sei denn, man hatte als Privatperson einen hohen Grad an Exklusivität inne. Tja, that's the business! Auf diese Weise informierten uns regelmäßig getickerte, rasch übertragende Fernschreiben kontinuierlich über die aktuellen Chartplatzierungen.

Der Gedanke, mit dem inmitten von Beschaulichkeit gelegenen Mehrfamilienhaus in der Regenter Straße 10 a einen idealen Rückzugsort zum Abschalten zu besitzen, musste angesichts der Popularität verworfen werden. Befanden Stephan, Kralle und ich uns nicht gerade auf irgendwelchen Bühnen, in Fernsehshows oder Radiostudios, dann standen sehr oft Fans oder einfach nur Neugierige vor dem Gebäude oder an der Tür, unschlüssig, ob sie schellen oder es bleiben lassen sollten. Nicht selten überwanden sie sich dann doch und baten um Autogramme, die wir gerade zu Beginn des Hypes auch liebend gern ausstellten. Manchmal ergab sich auch ein kleines Schwätzchen mit einem von uns dreien, je nachdem, wer gerade die Tür geöffnet hatte.

Das trieb ab und zu aber auch nicht erwünschte Blüten. Ich kann mich an eine Episode erinnern, als TRIO an einem Sonntagmorgen um fünf oder sechs Uhr von einem Gig nach Hause gekommen und todmüde ins Bett gesunken waren, dem Genuss des entspannenden, lang anhaltenden Schlafes freudig entgegensehend. Um sieben oder acht Uhr früh scheuchte mich als Frühaufsteher der Truppe die Alarm schlagende Türglocke aus süßen Träumen und dem warmen Bett. In Erwartung einer unheilvollen Nachricht schlurfte ich zur Haustür, öffnete diese und steckte mein verschlafenes, mit vor Müdigkeit nur halb geöffneten Augen versehenes Gesicht nach draußen.

Mein Blick erfasste eine dralle blonde, kraushaarige, Selbstbewusstsein verströmende, breit grinsende Frau circa Anfang bis Mitte vierzig, die wohl die Vorhut einer Amazonengarde war. Dahinter postierten sich nämlich, offensichtlich nach Tapferkeitsstufen gestaffelt, in Zweier- bis Dreiergruppen die anderen weiblichen Gäste. In weiterer Entfernung konnte ich einen Bus mit einem Aufdruck ausmachen, demzufolge die zehn- bis zwölfköpfige Invasion aus Bochum stammte.

Der kraushaarige Kopf der Frauenschlange stellte sich in gedehntem und mir sehr laut und schrill erscheinendem Ruhrpottdeutsch vor: »Hallo, wir hoffen, datt wir nich' stöan. Also ich bin die Uschi, und die da hinter mir, datt sin' meine Liebchen. Wir sin' der Frauenkegelclub ›FKC Flotte Pumpe‹ Bochum un' auf Tagestour nach Wilhelmshaven. Für die Führung da im Ort sin' wa noch watt zu früh dran un' da ham meine Kegelhühner un' ich uns gedacht: Mensch fah'n wa doch bei den TRIO vorbei. Ja, un' da sin' wa nun. Macht doch nix, datt wir schon 'nen Kleinen intus haben, oder?«

Uschis Alkoholfahne riechend, beschlich mich das Gefühl, dass ihre Vorstellung von »klein« eine ganz andere war als meine. Bei gleichem Schlucktempo dürfte die Gute Schwierigkeiten haben, das Fahrtziel ohne Delirium zu erreichen, dachte ich bei mir, es sei denn, sie besitzt eine äußerst leistungsfähige Auffangkonstitution, wovon bei ihrem trinkfesten Heimatort auszugehen war.

Gute Miene machend, wonach mir eigentlich überhaupt nicht der Sinn stand, schob ich mich komplett in den Eingang, lediglich bekleidet mit dem Bademantel, und reagierte mit müder, kratzend belegter Stimme höflich: »Schön, dass ihr da seid, Mädels, aber seid nicht böse, die Kollegen hole ich jetzt nicht aus dem Bett, denn wir sind erst vor zwei, drei Stunden wiedergekommen. Und wir brauchen jetzt einfach ein bisschen Schlaf.«

Ich schrieb stellvertretend, verbunden jeweils mit einem kleinen verbalen Schlagabtausch, die gewünschten Autogramme, wünschte noch viel Spaß bei ihrer Tour und war dann froh, dass ich ziemlich schnell wieder unter die Bettdecke schlüpfen konnte. Für mich wäre es undenkbar gewesen, dem Wunsch der Frauen nicht nachzukommen, geschweige denn, mich, wie die beiden anderen, unkommentiert gar nicht blicken zu lassen, was auch eine nachvollziehbare Handlung gewesen wäre. Ich habe mir immer gesagt, und dieser Meinung hänge ich unverändert an: Das sind unsere Fans, das sind die Leute, die unsere Platten kaufen und unsere Auftritte verfolgen. Die vor den Kopf zu stoßen steht mir nicht zu.

Überhaupt wage ich zu behaupten, von uns dreien insofern den besten Draht zu unserem Publikum gehabt zu haben, als ich mich am meisten emotional mit ihm beschäftigte. Mir war es wichtig zu versuchen, die Erwartungen der Fans zu lesen und mit diesem Verständnis zu beeinflussen. Remmler als Frontmann, Rampensau und Sprachrohr von TRIO stand zwar in der ersten Reihe, unterhielt die Zuschauer glänzend, strahlte große Lockerheit aus und vereinigte viele Sympathien auf seiner Person, umgab sich jedoch gleichzeitig mit der Aura des Unnahbaren. Und so suchten sich die Leute einen anderen, der ihnen als Projektionsfläche den menschlichen Zugang ermöglichte beziehungsweise das Gefühl der unmittelbaren Beteiligung am Geschehen gab. Kralle als borstigem Landei fiel diese Rolle nicht zu, blieb somit nur noch ich übrig.

Dieses Phänomen kann man bei vielen bekannten Bands beobachten. Bei AC/DC nimmt den Part Angus Young ein, bei The Rolling Stones Keith Richards, bei den Sex Pistols war es Sid Vicious usw. Emotional wollen die meisten Zuschauer dann so sein wie die erwähnten Helden. Kein Wunder also, dass manche aus dem Publikum gerade mich aussuchten, um den nicht böswillig gemeinten Versuch zu starten, TRIO bei Auftritten aus dem Konzept zu bringen.

Es hatte sich mehr und mehr herumgesprochen, dass ich die Rolle des Mienenwechselverweigerers ausfüllte, ein geradezu gefundenes Fressen für Personen und Personengruppen, die sich bei Konzerten in die Nähe meines Bühnenbereiches begaben, um mich mit allen nur denkbaren Variationen an Grimassen und Blödeleinlagen aus der Fassung zu bringen. Das war umso schlimmer, weil ich es mir ja zu eigen gemacht hatte, die Reaktionen des Publikums wahrzunehmen, damit bei der anschließenden Bandbesprechung ein konstruktiver Austausch darüber stattfinden konnte, was gut und was schlecht angekommen war.

Mir blieb einzig und allein, mit meinen Zähnen die Innenseiten meiner Wangen zu malträtieren oder mir auf die Zunge zu beißen. Damit wendete ich eine Lektion der Clownschule an, die mich gelehrt hatte, mit Schmerz den Lachimpuls zu übertünchen, um in der Rolle zu bleiben, denn: Auch ein Artist, der ein Hinkebein hat, zieht seine Nummer durch. Hätte ich gelacht, wäre ich unglaubwürdig geworden und hätte damit meine Figur verraten.

Nun ließ sich folgende Kausalkette erstellen: Je besser der Ablenkungsversuch, desto stärker musste der Schmerz ausfallen und umso blutiger war die Innenseite der Wange beziehungsweise der Gebissabdruck auf der Zunge. Jetzt sei der geneigte Leser daran erinnert, dass unsere Tour viele Gigs umfasste und nicht nur wir besser und besser wurden, sondern auch die Bemühungen der Cliquen, mich vom Pfad der Selbstbeherrschung abzubringen. Geschafft hat es letztlich keiner. Allerdings musste ich vereinzelt, wenn Remmler vorne auf der Bühne allein das Publikum unterhielt, die Chance nutzen, mich umzudrehen und abzulachen.

Apropos Schmerzen: Auch meinem Roadie Rahni blieben die nicht erspart, als es TRIO bei einem der ersten Auftritte nach Einsetzen der öffentlichen Aufmerksamkeit im März 1982 in eine münstersche Aula verschlug. Während des Konzerts verabschiedete sich urplötzlich der Schlegel der Fußmaschine, weil Rahni ihn mangelhaft montiert hatte. So etwas war gefährlich, da der verbleibende Stift am Fuße der Vorrichtung bei Betätigung in das Fell geraten konnte, was dieses zerstört hätte. Verwundert blickten Remmler und Kralle in meine Richtung, da ihnen natürlich auffiel, dass etwas nicht stimmte, weil uns die Abteilung »Wumms« ausgegangen war.

Heino de Witt – der Mann hinter dem Mischpult – bekam bei der vergeblichen Reglersuche, um die Bassdrum hochzufahren, Schweißausbrüche, konnte er sich doch nicht erklären, wieso der zuvor so einwandfrei funktionierenden Technik auf einmal die Zuverlässigkeit abhandengekommen war. Ein kurzes Nicken genügte, um nach einem der nächsten Takte das Konzert zu unterbrechen, derart routiniert waren wir drei inzwischen auf der Bühne. Flugs schraubte ich die Fußmaschine der »dicken Berta« ab, raunzte Rahni zu: »Hol mir sofort die andere Maschine aus dem Koffer!«, und schleuderte dem Weglaufenden wutentbrannt angesichts seiner Schlampigkeit die tieftönende Fußpauke ins Kreuz – immerhin ein Geschoss von zwei Kilo.

Nun könnte man glauben, dass der Gepeinigte sich wehrte, zurückblaffte oder zurückschlug. Aber dazu waren Remmler, Kralle und ich bereits zu hoch in der Hierarchie angesiedelt, als dass ein Roadie sich das getraut hätte. Das hatte eine lehrende Wirkung, denn Rahni vergaß es seit dieser Geschichte nie wieder, bei der Anbringung des Schlegels nachzuziehen, und war als langjähriger Begleiter nachher sogar mit in den USA.

Die Belagerung des Hauses in der Regenter Straße 10 a zog auch für die Stadt Großenkneten Konsequenzen nach sich. So wäre der Briefträger aufgeschmissen gewesen, hätte er nicht auswendig gewusst, wo die Adresse zu verorten war. Mehrmals wurde das Straßenschild als Andenken und Fandevotionalie entwendet, was für den Stadtkämmerer bedeutete, vorausschauend mehrere Exemplare auf Vorrat zu legen, wofür es galt, finanzielle Mittel im Haushalt einzustellen. Dafür strich man uns beim Einsetzen des Erfolges umgehend das Wohngeld. Letztlich also ein Beispiel für Politik und Wirtschaft im Kleinen. Was von öffentlicher Hand auf der einen Seite ausgegeben wird, muss auf der anderen Seite eingenommen werden. Die Einwohnerschaft samt deren Vorstand beschwerte sich aber keinesfalls über die geklauten Schilder, schließlich stieg der Bekanntheits- und Sympathiegrad der Stadt erheblich. Man war stolz, TRIO als Aushängeschild zu besitzen, und bettete uns gerne in die Gemeinschaft ein.

Remmler und Kralle förderten die Identifikation mit der Stadt, indem der ortsansässige Friseursalonbesitzer Heino Scholz regelmäßig Remmlers Stoppelfrisur auf drei Millimeter trimmen und ihn rasieren musste, wohingegen Kralle den Kader des TSV Großenkneten ergänzte, immerhin fußballerisches Ursprungsgebiet des späteren Nationalkeepers Hans Jörg Butt. Krawinkel gefiel wenn nicht konditionell, so dann doch mit technischer Beschlagenheit. Im Tennis suchten Frontmann und Gitarrist die Herausforderung, indem sie gegeneinander antraten, wobei Remmler sich auf verlorenem Posten befand, weil sein Gegenüber ihm deutlich die Grenzen aufzeigte. Ich bevorzugte hingegen Eishockey, und zwar kräfteschonend mit hochgelagerten Beinen vor dem Fernseher.

Lange Zeit bewahrte uns die Phonogram und mit ihr Klaus Voormann davor, Hallen oder gar Open-Air-Bühnen bespielen zu müssen, wofür ich sehr dankbar war. Unsere Auftritte lebten von sparsamen Arrangements ohne Effekte, mit kleinen Späßen wie dem Einsatz der aufblasbaren schwarz-gelb gewandeten Beate-Uhse-Gummipuppe »Carmen«. Die hing immerzu zerknautscht in ihrem Halter, weil ihr durch die intensive Nutzung durch die TRIO-Mitglieder das ursprüngliche Vermögen, Luft halten zu können, innerhalb von drei Tagen verloren gegangen war – so die Begründung von Remmler. Immerhin berücksichtigten wir auf der Bühne damit in vorauseilendem Gehorsam die heutzutage auf fast allen Gebieten übliche Frauenquote und beließen Carmen keineswegs in der Anonymität, sondern verlasen zum näheren Kennenlernen vor allen Anwesenden die Bedienungsanleitung.

Remmlers Spielzeugplastikgitarre Lucy beim Song *Kummer*, meine Hansabierdosenreisrassel bei *Energie* und Kralles »Kapuzenblues« in *Broken Hearts for You and Me* trugen ebenso zur Unterhaltung bei wie die originellen Sprüche Remmlers. Kostproben? Okay. »Karl Knapp« (also ich) »verzichtet beim TRIO darauf, Virtuosität zu demonstrieren. Dynamische Inkompetenz ist angesagt.« – »Karl guckt sehr traurig, und wir wissen auch wieso. Er hat die ganze Nacht gewichst, und es ist nichts gekommen.« – Eigenbeurteilung zu *Da Da Da*: »Minimal, radikal, katastrophal, phänomenal, anal.« – »Meine Mutter ist routinierte Fernsehguckerin. Die weiß immer, ob es gut rüberkommt oder einem hochkommt.« – »Aus unserem Song *Ja Ja Ja* nimmt einer unserer Kritiker die Textzeile ›Wenn du denkst, dass ich Angst hab, leck mich erst mal am Arsch‹ heraus und bemerkt dazu: ›Da kann nur geantwortet werden: Ein kleiner Arsch ist schnell geleckt.‹«

Dieses durchdachte und schlüssige Gesamtkonzept bei den Auftritten von TRIO behielten wir grundsätzlich bei. Nur gelegentlich ließ es sich nicht umgehen, Zugeständnisse zu machen. Zum Beispiel prangerten Fernsehkameramänner wiederholt meinen eigentlich unverzichtbar geglaubten roten Terrassensonnenschirm an, weil er die Belichtungsverhältnisse durchweg negativ beeinflusste. Irgendwann purzelte er komplett aus dem Programm heraus.

Mir war klar, dass ab einem bestimmten Rahmen unsere Bühnenshow nicht mehr funktionierte, weil die Ideen vor großen Menschenmassen effektlos verpufften. Auf der anderen Seite verstanden Kralle, Remmler und ich schon, dass mit dem wachsenden Erfolg uns auch mehr Menschen live in Aktion erleben wollten. Also erklärten wir uns trotz aller Befürchtungen bereit, in das Korsett einer Open-Air-Tour zu steigen, das uns neben der reduzierten Anzahl an Showelementen auch einen engen Zeitplan von 40 Minuten vorschrieb.

Zwei bis drei Wochen lang zogen wir uns in den Probenraum zurück und schusterten ein komprimiertes, ohne große Unterbrechungen auskommendes Set zusammen, welches dreimal täglich in die Wiederholungsschleife ging. Dabei galt es, in der Abfolge zu vermeiden, Stücke gleichlautender Schlagzeugrhythmen zu kombinieren. Hätte *Los Paul* an *Halt mich fest ich werd verrückt* angedockt, womöglich mit *Ja Ja wo gehts lank Peter Pank schönen Dank* im Schlepptau, wäre die Besonderheit jedes einzelnen Songs im Einerlei einer abschreckenden Hörpampe verkommen. Also schoben wir strategisch klug langsame Nummern wie *Du ich wär so gern bei dir*, *Energie* oder *Broken Hearts for You and Me* ein.

Komplette Tage wurden darauf verwendet, musikalische Perfektion nebst idealer Abstimmung und blindem Verständnis untereinander einzuüben. In dieser Zeit bekam ich eine praxisnahe Vorstellung davon, was die Floskel beziehungsweise der Bandname Blood, Sweat & Tears praktisch bedeutete.

Remmlers Anwesenheit war bei der Einübungsphase nicht nötig, sondern wäre eher kontraproduktiv gewesen. Kralle und ich wussten um seine Einsätze, seine Pausen des Entertainments, seine musikalischen Einlagen. Warum also seine Stimme durch mehrmaliges Proben des kompletten Bühnenprogramms über Gebühr beanspruchen und sich der Gefahr aussetzen, dass sie an den entscheidenden Tagen wegen Anfälligkeit versagte? Schließlich war nicht immer schönes Wetter.

Manchmal tat es ohnehin ganz gut, Abstand voneinander zu gewinnen, gerade wenn das Tourleben es unmöglich machte, sich aus dem Wege zu gehen, was auf Dauer nervte. Besonders Remmler und Kralle gerieten häufiger aneinander. Sie kannten sich bereits viel länger, und somit lag bei ihnen die Hemmschwelle, sich gegenseitig in grober Schüler- und Studentensprache anzuherrschen, weitaus niedriger als mir gegenüber. Ich war immer höllisch auf der Hut, sobald Anzeichen von »dicker Luft«

eine bevorstehende Auseinandersetzung zwischen den beiden ankündigte. Meine Mission, die beiden zu trennen, betrieb ich vornehmlich nonverbal, indem ich mich als körperliche Barriere dazwischenstellte, was die Spannung lockerte, wenn nicht gar löste. Wahlweise schob ich auch einen naiven Scherz ein, zog damit sinnbildlich das Kostüm eines Prellbocks an, auf den Kralle und Remmler gemeinsam schießen konnten, wodurch der Grund ihres Disputs in Vergessenheit geriet.

Die *Happy Summernight*-Tour 1982 führten TRIO von Bad Segeberg (Schleswig-Holstein) vor gut 11.000 Zuschauern über die Loreley-Freilichtbühne (Rheinland-Pfalz) vor 10.000 Zuschauern nach Augsburg ins Rosenaustadion (Bayern) vor 12.000 Zuschauern bis hin zur Waldbühne in Berlin vor 22.000 Zuschauern.

Neben uns buhlten Kid Creole and the Coconuts *(Annie, I'm Not Your Daddy)*, Roger Chapman and the Shortlist *(Shadow on the Wall)*, Black Uhuru *(Guess Who's Coming to Dinner)*, Wolfgang Ambros *(Schifoan)*, die schwer angesagten Ideal *(Berlin, Blaue Augen, Eiszeit)* und zum Abschluss in der heutigen Bundeshauptstadt The Rolling Stones um die Gunst des Publikums.

Ergänzt wurde unser Tourneeprogramm durch einen Auftritt im Alten Schlachthof in München und vor allem durch die Konfrontation mit 30.000 frenetisch auf das Halbplayback von *Da Da Da* abfeiernden italienischen »Tifosi« (Fans) im Zuge der »Festivalbar '82« in der Arena di Verona, wo unter anderem auch illustre Künstler wie David Bowie *(Heroes, Let's Dance, China Girl)* und Elton John *(Crocodile Rock, I'm Still Standing, Nikita)* sich die Ehre gaben.

Gerade letzteres Erlebnis ließ mich vor emotionaler Wallung fast einnässen. Mir stellten sich beim Anblick der ausrastenden Menge zum zweiten Mal nach dem Kant-Kino-Auftritt Heiligabend 1981 in Berlin vor ungläubiger Rührung die Nackenhaare auf. Im Vergleich zu Kralle nahm sich meine Verarbeitung des Eindrucks aber harmlos aus. Er verließ die Bühne in die Katakomben in einer dermaßen abgeschotteten Euphorieblase, dass seine Hirnwindungen ihm vorgaukelten, *Da Da Da* müsse noch präsentiert werden. Völlig verblüfft hörte ich den aufgedrehten Haufen organischer Masse sagen: »So, jetzt gehn wir raus zum Spielen.« Nur mit Mühe gelang es mir, ihn mit den Worten »Ey, beruhig dich mal. Wir haben schon alles hinter uns« zurückzuhalten.

Gleichwohl das Erlebnis positiv beeindruckte, fehlte mir der unmittelbare Kontakt zu den Fans während der Gigs, der mir und der ganzen Truppe so wichtig und fester Konzeptbestandteil war. Der TRIO-eigene Reiz und somit auch der Charme der darin verkörperten Charaktere ging verloren. Ich fühlte mich insgesamt in derartig großem Rahmen trotz der Tatsache, den Traum eines jeden Rock 'n' Rollers zu leben, merkwürdig einsam-hölzern und schwamm nicht – zumindest beruflich und musikalisch gesehen – auf einer Begeisterungswelle davon. Auf den riesigen Bühnen, vor denen viele Absperrgitter standen, befanden sich die ersten Zuschauer in 20 Meter Entfernung. Da strandeten viele der ansonsten in Clubatmosphäre mehrheitlich zielsicher zu den Besuchern überspringenden Funken auch schon mal im Security- und Pressegraben.

Entsprechend verhalten, wenn nicht gar schlecht, fielen die Kritiken der Journaille aus. Die Beurteilungen jedweder Couleur interessierten mich aber nur marginal. Hauptsache, ich war von unserem Konzept überzeugt. Dennoch entging mir bezüglich der Pressemeinung kaum etwas, weil Remmler der Vorliebe nachhing, in jeder Stadt gierig sämtliche Mitteilungen des Gazettenwaldes aufzusaugen.

Mit den anderen Interpreten der Festivals kamen wir kaum in Berührung, dazu waren die Routine zu eng gestrickt. Der Alltag beinhaltete folgendes sich wiederholende Muster: Erscheinen knapp vor dem Auftritt – Warten im zugewiesenen, keineswegs zum Schlafen gedachten, Wohnwagen auf den Tour-/Stagemanager, der uns bei den letzten Klängen der vor uns auftretenden Band zur Bühne geleitete – Abreißen des Sets – Rückführung zum »Standby«-Wohnwagen und kurzzeitiges Warten – Weiterfahrt zur nächsten Spielstätte. Die althergebrachte Hippie-Vorstellung von Sex, Drugs & Rock 'n' Roll lag bei dieser knappen Planung fern jeder Greifbarkeit. Allein die Überfahrt von Bad Segeberg zum darauffolgenden Festival an der Loreley dauerte von 17 Uhr bis 3.30 Uhr. Wie sollte da Entspannung respektive Genuss aufkommen?

Die einzige Droge, die allenthalben die Sinne benebelte, ob nun aktiv oder passiv, war Cannabis. Vor allem Black Uhuru, die nach uns spielten, taten sich dabei hervor. Ich kann mich an einen Auftritt erinnern, bei dem das charakteristisch süßliche Aroma schon auf die Bühne waberte, lange bevor wir abtraten. Der Weg zu dem nur circa zehn Meter entfernten Aufenthaltsort nach der Show lotste uns durch eine unter Zeltwänden gefangene Haschwolke, die zu allem Überfluss aufgrund der herrschenden Windstille nirgendwo hinkonnte und somit den Raum komplett ausfüllte. Von Sauerstoff keine Spur. Die zwei bis drei Sekunden dauernde Durchquerung der künstlichen Nebelwand reichte aus, den eigenen Geisteszustand ruck, zuck in Alarmbereitschaft für den bevorstehenden imaginären Abflug zu versetzen.

Bei der knappen Terminplanung Bekanntschaften unter Künstlern zu schließen bewegte sich in Richtung unmöglich. Wohlgemerkt: *in Richtung* unmöglich. Ein »Shake hands – Give me five – How are you«-Plausch kam immer wieder einmal vor, der zum Teil jedoch die Güte besaß, eine Rille bleibender Erinnerung ins Gedächtnis zu fräsen, die tiefer ausfiel als bei so manchem ewig erscheinenden Small Talk.

In erstere Kategorie ordne ich das Treffen mit Frank Zappa *(Bobby Brown, My Guitar Wants to Kill Your Mama)* ein. Sehr groß, um nicht zu behaupten ein halber Riese, cool, freundlich trottete er nach unserem Auftritt bei einer Open-Air-Veranstaltung auf mich zu – er war auf dem Sprung, die Bühne zu betreten – und Floskeln der Höflichkeit wogten hin und her. Ich bin mir ziemlich sicher, dass er mich sofort danach wieder vergaß, denn unmittelbar vor dem Betreten der Rampe lässt einen die Anspannung meistens Menschen zwar sehen, aber nicht wirklich wahrnehmen. Zugegeben, ich zählte nie zu den Zappa-Anhängern, aber der Name besaß Gewicht in der Szene, und es war schon geil, jemanden zu treffen, der einige Etagen höher mitmischte.

Für meinen Geschmack eliminierten die ganzen Festival- und Open-Air-Verpflichtungen Mosaiksteinchen unseres Gesamtbildes, entfernten Bröckchen unserer ursprünglichen musikalischen Authentizität. Ein Prozess, der sich fortsetzen sollte. Es ist komisch, aber es zeichnete sich für ein waches Auge schon der Auflösungsprozess an, obwohl der Zenit des kommerziellen Erfolges noch bevorstand.

Die Enttäuschung über die Kritik zu den Live-Darbietungen vor großem Publikum hielt sich bei uns in Grenzen, beziehungsweise wir bekamen sie kaum mit, denn zusätzlich zum nationalen Rummel geriet im Sommer 1982 der Stein international ins Rollen …

17

»TOP OF THE POPS« UND DIE RACHE DES »PISS OFF, KRAUT«

Nach der schlauchenden »Knüppeltour« durch die unendlich scheinende Kette von deutschsprachigen Schallplattenläden, Clubs, Radio- und Fernsehstudios, großen Bühnen mit zahlreichen Zuschauern hoffte ich Ende Juni 1982, etwas durchschnaufen zu können.

Aber Flötepiepen: Am 4. Juli 1982 tickerte die Meldung durch, dass *Da Da Da* mit stark steigender Tendenz in die englischen Charts eingestiegen war, womit unter anderem eine Version in der Sprache der Insel jenseits des Ärmelkanals erforderlich wurde. *Da Da Da* sollte sich zehn Wochen halten und bis auf Platz zwei klettern.

Für die weltweit ausgestrahlte und somit im Musikbusiness gewichtige Sendung *Top of the Pops* brach etwas an, was die Engländer bis zu diesem Zeitpunkt erfolgreich vermieden hatten: die Einladung einer deutschen Gruppe in die heiligen Hallen des Popkommerzolymps. Die Statuten der Sendung sahen zwar eine Beteiligung von TRIO zwingend vor, aber die Mienen der Mitarbeiter verrieten unmissverständlich, dass schriftliche Vorgaben keineswegs gelebte Gastfreundschaft bedeuten mussten.

In großen Buchstaben stand ihnen nur für meinen Blick sichtbar auf die Stirn gemeißelt: Piss off, Krauts! Entsprechend willkommen fühlte ich mich und derart beklommen ob der kalten Atmosphäre, die mich trotz des Hochsommers frösteln ließ, schlich ich hinter Kralle und Stephan her zum Übungs- und Aufnahmeraum. Gewerkschaftlich bedingt wurden vor der Ausstrahlung einer *Top of the Pops*-Folge alle präsentierten Lieder im hauseigenen Studio auf Konserve gebannt, um bei möglicherweise eintretenden Problemen während der Show etwas in der Hinterhand zu haben.

Damit schlug man zwei Fliegen mit einer Klappe, denn auf diese Weise verschaffte die Arbeitnehmervertretung einigen Leuten einen Job. Ein Soundmixer bearbeitete das Mischpult, ein Studioarbeiter verteilte Stative und Ähnliches und brachte Gerätschaften an, eine Audiofachkraft postierte die Mikrofone und übernahm den Soundcheck, und schlussendlich sorgte jemand für das leibliche Wohl, sprich er fungierte als Caterer. Die Idee empfand ich, sozial gesehen, als gut und unterstützenswert, obwohl vollkommen unnütz, da es ja Playbackbänder gab, die auch zur Verfügung standen.

Na ja, auf jeden Fall spielten wir pflichtgemäß unseren Beitrag ein und registrierten lediglich verständnislos und etwas empört die desinteressierten, herabwürdigenden Blicke und Gesten des Mitschnittpersonals, das noch nicht einmal darauf achtete, eine angemessene musikalische Abstimmung hinzubekommen. Wir maßen dem aber keinerlei Bedeutung bei, ließen uns also nicht aus der Ruhe bringen. Mir kam es so vor, als würde unsere Gelassenheit der britischen Crew überhaupt nicht in den Kram passen, bei all der Anstrengung, die sie in die Provokation investierte. Zu deutlich durfte sie die Missbilligung natürlich auch nicht zeigen, sonst hätte sich das Häuflein »Inselaffen« angreifbar gemacht.

Ein letzter Versuch wurde dann noch unternommen: Als die Aufnahme des Tapes beendet war, lehnte sich der Tontechniker betont arrogant und gelangweilt in seinem Stuhl zurück und fragte schnöselig – das Band mit einer Hand in die Höhe reckend –, ob wir das Werk noch einmal hören wollten. Übereinstimmend bekundeten wir, dass das nicht nötig sei, schließlich kannten wir die Nummer in- und auswendig. Daraufhin ließ der Soundmixer mit einem selbstzufriedenen, abschätzigen Blick das Tondokument fallen, welches unter lautem Getöse in einen Mülleimer plumpste. Dabei musste sich der in meinen Augen allen Ansprüchen eines Arschlochs Genügende noch nicht einmal vergewissern, dass ein solcher Behälter passend bereit stand. Nein, er hatte bereits vor dem Wurf die Position so gewählt, dass ein Verfehlen, auch ohne hinzuschauen, unmöglich war. Für mich war damit das Maß voll, und ich dachte bei mir: So, ihr Arschgeigen, jetzt seid ihr dran!

Kurz zuvor hatte die deutsche Fußballnationalmannschaft den Engländern bei der Weltmeisterschaft 1982 in der zweiten Finalrunde die Grenzen aufgezeigt, sprich sie in der Gruppe mit Spanien zusammen auf den zweiten Rang verwiesen. Dadurch war das stolze Zentrum des einstigen Commonwealth ausgeschieden. Hinzu gesellte sich der Umstand, dass am Tag der Sendung von *Top of the Pops* Deutschland im Halbfinale gegen Frankreich antrat. Das hieß, zwei Erzrivalen spielten um die Krone, während die Repräsentanten des Mutterlandes dieses Sports bereits die Füße unter den heimatlichen Tisch steckten.

Dieses Labsal nationalen Stolzes wählte ich als Aufhänger für meine Rache. Direkt nach der völlig überflüssigen Aktion im Aufnahmeraum rief ich bei der Phonogram in Hamburg an und verlangte die Übersendung einer kompletten Deutschlandtrikotausstattung inklusive eines DFB-Balls. Der in Halbplayback gehaltene Auftritt in der Live-Sendung fand erst tags darauf im Zeitfenster von 18 Uhr bis 19 Uhr statt, weshalb die rechtzeitige Anlieferung im Rahmen des Möglichen lag. Und tatsächlich, die Garnitur traf per Eilkurier noch vor der Darbietung in unserer Garderobe ein. Mit großer Genugtuung zog ich das DFB-Oberteil an, befestigte die roten Hosenträger darüber – das Tragen markanter Kleidungsstücke zur Wiedererkennung war vertraglich fixiert –, behoste und bestutzte mich dazu passend, klemmte mir die ledern umhüllte Luftblase unter den rechten Arm und betrat die Bühne.

Während unserer Nummer deutete ich mit dem linken Arm lediglich die Schlagzeugschläge an, während ich zu keinem Moment die Versuchung verspürte, den Ball an die Seite zu legen. Im Gegenteil, ich genoss es sehr, in der schwärenden Wunde der britischen Kickerseele zu rühren, und das tat ich, wie jedermann an den giftigen Blicken der Zuschauer erkennen konnte. Ob die wohl beleidigt waren? Jaaaaaaaa! Nichtsdestotrotz oder gerade deswegen belegten wir den zweiten Platz hinter Captain Sensible mit *Wot*, womit ich ganz zufrieden war. Allerdings sahen Stephan und Kralle das anders und machten mir Vorwürfe, dass ich sie den ersten Platz gekostet hätte. Nur ganz ehrlich: Das war mir der Spaß wert!

Das negative Presseecho mit dem einheitlichen Grundtenor »Piss off, you bloody fucking Krauts!« empfand ich als Belohnung, denn wie heißt es so schön und in manchen Momenten auch so treffend? Bad news are good news. Na bitte!

Das internationale Standing von *Top of the Pops* hievte uns nun endgültig ins Licht der weltweiten Öffentlichkeit, und wir wurden mit Auszeichnungen überhäuft. Besonderer Erfolg war uns dabei in Ländern beschieden, die man zunächst gar nicht auf der Rechnung hatte. So glaube ich nicht, dass sich der gemeine Leser vorstellen kann, dass *Da Da Da* an der brasilianischen sambagewöhnten, dem Bodykult frönenden Copacabana sonderlich viel Gehör bekam. Aber siehe da: Doppelplatin! Und wer glaubt schon, dass kanadische Holzfäller im tiefsten Wald bei ihrem Tagwerk oder auf der Flucht vor Grizzlys sich ausgerechnet von *Da Da Da* beflügeln lassen? Aber auch hier: zwei Platinscheiben! Leider ist es nie zu einem Besuch Brasiliens gekommen, obwohl angeblich eine Offerte vorlag. Der Wechselkurs zwischen der deutschen DM und der damaligen brasilianischen Währung Cruzeiro machte eine Reise mit Promotion und Konzerten im günstigsten Fall zu einem Nullsummenspiel, also wirtschaftlich unattraktiv. Schade.

Kanada hingegen beehrten wir und nutzten aus gegebenem Anlass die Chance, das 1983 mit 553 Metern höchste Gebäude der Welt, den Canadian National Tower (CN Tower), aufzusuchen, dessen höchste Aussichtsplattform in 446,5 Metern wir beabsichtigten, per Fahrstuhl zu erklimmen. Nichts Böses ahnend, betrat ich den Lift, nur um dann festzustellen, dass es sich um Außenwandfahrstühle handelte. Allein das bereitete mir ein reichlich flaues Gefühl in der Magengegend. Damit startete der Schrecken aber erst, denn in 342 Metern, der Höhe der ersten Aussichtsplattform, säuselte eine Stimme für meine Ohren unheilvoll: »Ladies and Gentlemen, we have left side six metres and right side six metres«, womit das Ausmaß der Schwankungen des Turmes gemeint war.

Peter, ganz schnell nach unten, dachte ich in dem Moment, verließ rasch die Kabine, um auf schnellstem Wege die nächste abwärts zu bekommen. Sicher, ich verwehrte es mir, bei den klaren Wetterverhältnissen den wunderbaren Blick auf die Niagarafälle ausgiebig zu genießen. Nur was bringt die schönste Aussicht, wenn im Körper Anarchie herrscht?

Stephan und Kralle fuhren tatsächlich ganz hoch. Was aber machten sie bei der Rückkehr auf dem sicheren Erdboden? Statt sich besorgt nach meinem Befinden zu erkundigen, warfen sie mir vor, mir als Zirkuskenner dürfe die Höhe doch nichts ausmachen. Da passte der Spruch: Wer solche Kumpel hat, braucht keine Gegner mehr.

Der Siegeszug von *Da Da Da* setzte sich fort. In Deutschland bekam die Single mehrfach Gold, in Belgien Gold, in England Silber … Es ist aus heutiger Perspektive kaum vorstellbar, aber um diese einzelnen Stufen der Kommerzweihen zu erklimmen, bedurfte es wirklich hoher Verkaufszahlen. Für Platin mussten in Deutschland 500.000 Tonträger verkauft werden und für Gold 250.000. Außerhalb Deutschlands galten andere, der Bevölkerungszahl angepasste Maßstäbe. Entscheidend für mich war, nicht in der damaligen Sicht, sondern in der Zeit danach, dass viel Geld floss. Leider fiel, selbst verschuldet, mein finanzieller Künstleranteil vergleichsweise gering aus, weil ich mich bis auf die Titel *TRIO* und *Drei Mann im Doppelbett* aus den Textgestaltungen und Kompositionen heraushielt. Aus diesem Grund profitierte ich nicht von den hohen und nachhaltigen GEMA-Einnahmen.

Man bedenke, dass allein unsere über 13 Millionen Mal abgesetzte musikalische Eintrittskarte in die weltweiten Hitparaden *Da Da Da* und die damit verbundenen Rechte in 52 Ländern verkauft wurden. Konkurrierende Kanäle wie die heutzutage üblichen unentgeltlichen, computerplattformgebundenen Downloadmöglichkeiten fehlten ja noch, sodass uns keine unliebsame kriminelle Gewinnreduzierung in die Quere kam. Hätte ich wenigstens während dieser Phase des Erfolges meine mir ureigene Bequemlichkeit zu Gunsten der Einmischung in musikalische Belange reduziert, wären mir in späteren Jahren einige Schwierigkeiten erspart geblieben. Sei's drum, ich habe es mir mittlerweile angewöhnt, das Motto »Es kommt so, wie es kommen muss« zu beherzigen, um mir den Ablauf der Dinge erträglich zu gestalten.

Welche internationalen Ausmaße unsere Berühmtheit Mitte bis Ende 1982 bekam, entnahm ich beispielhaft den Worten eines Bekannten aus Oldenburg. Der investierte in jenem Sommer einen Teil seines Angesparten, um sich den Traum von einem Urlaub auf einer gottverlassenen, fern von allem gelegenen, mit permanentem Sonnenschein und türkisblauem Wasser gesegneten, kleinen, Ruhe verströmenden philippinischen Insel zu verwirklichen. Nach seiner Rückkehr beschwerte er sich ungläubig kopfschüttelnd, aber lächelnd bei mir: »Sag mal, spinnt ihr?! Da reise ich ans andere Ende der Welt in der Hoffnung, wohltuende Ruhe genießen zu dürfen. Und was höre ich da gefühlte 24 Stunden am Tag? *Da Da Da.*«

Auch in der Nach-TRIO-Ära sprang mich die Vergangenheit manchmal an Flecken dieser Erde an, an denen ich, allein schon des zeitlichen Abstands wegen, überhaupt nicht damit rechnete. So tingelte ich 1996 mit einer irischen Folk-Band auf der grünen Insel umher und legte in einem der zahlreichen Pubs einen Zwischenstopp ein. Der Gig stellte das Publikum zufrieden, und so kam ich mit dem rotgesichtigen, mit Gemütlichkeitsrundungen gepolsterten Besitzer ins Gespräch. Er erkundigte sich, wo ich herkäme und was ich sonst so triebe beziehungsweise bisher gemacht hätte.

An meinen bereitwilligen Auskünften interessierte ihn besonders, was es denn mit der Band TRIO auf sich habe, denn trotz meiner Ausführung, dass wir durchaus weltweit erfolgreich gewesen waren, wollte ihm nichts einfallen, was er hätte mit uns in Verbindung bringen können. Mit meinem Aussehen konnte er ebenso wenig anfangen. Also sah ich mich gezwungen, den letzten Trumpf auszuspielen, obwohl ich davon überzeugt war, dass an diesem kleinen, urwüchsigen, weitab jeder ausgeprägteren Zivilisation scheinenden, wettergegerbten Cottage jegliche populäre Musik ungehört vorbeigegangen war, gerade wenn ihr Ursprung fast 15 Jahre zurücklag.

Aber als ich *Da Da Da* nannte, schaute mich mein Gesprächspartner mit fassungslosem Blick an und schnaufte tief durch. Die Gesichtszüge entglitten ihm, jedoch nur um nach einigen Momenten einem breiten, wissenden Grinsen das Feld zu überlassen. In freier Übersetzung entgegnete mir der Pubeigner in gespielter Empörung: »Wisst ihr Kerle überhaupt, was ihr uns damit angetan habt? Immer nur dieses *Da Da Da*. Ich glaube, sechs Wochen ging das so. Ich bin fast wahnsinnig geworden!« Er knuffte mir freundschaftlich, irgendwie aber auch melancholisch in die Seite, zapfte noch zwei Ales, und wir stießen auf die Vergangenheit an.

Man macht sich kein Bild davon, wie unterschiedlich die Fankultur in den verschiedenen Ländern gepflegt wird. In Deutschland herrschte bei allem Hype, der mir zu Hochzeiten entgegenschlug, noch eine Personen- respektive Bandbezogenheit. Das hieß, die Menschen trieben einen Kult um greifbare Individuen. Das war keineswegs – wie eigentlich anzunehmen – eine Selbstverständlichkeit, wie ich bei unserem Auftritt im italienischen Verona erlebte.

Nach diversen TV-Auftritten in Rom oder Mailand holte uns ganz im Stile internationaler Megastars eine schwarze Stretchlimousine vom Hotel ab, deren Innenleben die Größe eines Einfamilienhaus-Wohnzimmers der gehobeneren Klasse hatte und deren Luxusausstattung in mir ein Schamgefühl ob der mir nicht zustehenden Dekadenz heraufbeschwor. In solchen Dimensionen wurde allerdings jeder gehandelt, der in der Arena di Verona auftrat, was ich zum damaligen Zeitpunkt noch nicht wusste, und dementsprechend gebauchpinselt fühlte ich mich.

In unmittelbarer Nähe zur Spielstätte verlangsamte sich die Fahrt zusehends bis hin zum Stillstand, da enthemmte, kreischende Tifosi, die keine Karte mehr bekommen hatten, den Weg versperrten. Sie hämmerten vor Enthusiasmus mit ihren Fäusten auf die Karosserie, klopften brachial an die Scheiben und warfen sich sogar zum Teil vollends auf den Wagen. Ich gestehe, ich habe ein mulmiges Gefühl bekommen, welches, wegen des nicht abzusehenden Ausgangs, auf der nach oben offenen Skala über Angst und Beklemmung bis hin zur ausbrechenden Panik gelangt wäre, hätte Kralle, dieser verrückte Hund, nicht die Initiative ergriffen.

Entsprechend seiner Rolle, die durchaus seinem Naturell gleichkam, stob er genervt, ohne sich vorher Gedanken über eventuelle gefährliche Folgen zu machen, nach draußen und rief sinngemäß: »Ey Jungs, watt is denn los hier!?« Ja, ja, Kralle ging immer dahin, wo es brannte. Sofort kehrte verwirrte, überraschte Stille ein, weil keiner den soeben der Limousine Entstiegenen kannte, und die vorher so entfesselte Menge gewährte langsam eine ungehinderte Weiterfahrt.

Für mich war das ein klares, ernüchterndes, auch beunruhigendes Zeichen für die Manipulierbarkeit der Massen, gerade in heißblütigen Regionen. Letztlich ging es den Menschen gar nicht um die Personen, die sich im Innenraum des Gefährts befanden, und wofür sie standen. Allein das Symbol des schwarzen, abgedunkelten, langen, luxuriösen motorisierten Vehikels verhieß, einem Megastar – wie dummdöselig und überflüssig er oder sie auch sein mochte – nahe zu sein, was wiederum das Gefühl der Ekstase bewirkte. Es war völlig undenkbar, gegen das Protokoll und bedeutete einen Tabubruch, als Person der kulturellen Öffentlichkeit sich auf Kralles Weise in Berührungsnähe zu begeben. Entsprechend geschockt und desillusioniert zeigte sich das Publikum und reagierte in diesem Moment der Orientierungslosigkeit willfährig auf Anweisung.

Selbst in der DDR standen wir damals bei enorm vielen im Portfolio angesagter Künstler weit oben. Sicherlich war es auch dem Reiz des Verbotenen geschuldet, denn TRIO galten bei der Politführung als imperialistischer, überflüssiger Blödelschwachsinn, der unbedingt dem eigenen vernunftgenormten Volk vorenthalten werden musste. Vor allem das Erscheinungsbild – nahezu jedermann dank des untersagten, heiklen »Schwarzfernsehens« bekannt – und der nonkonformistische Hang, die Gepflogenheiten der westdeutschen Unterhaltung aufs Korn zu nehmen, gefiel. Wir glorifizierten das Leben, den Wertekanon der BRD nicht, befanden uns mit dem Verzicht auf Effekthascherei jenseits aller Standards und waren gerade deswegen Sympathieträger der Ostdeutschen. Unsere Musik interessierte erst in zweiter Linie, dann aber umso mehr, und man versuchte, auf dunklen, gefährlichen Kanälen der Tonträger habhaft zu werden. Urlaube im sozialistischen Bruderland Ungarn gerieten zu Schmuggeltrips, um die Sammelbestellung des Freundeskreises zu erledigen. Wahlweise fand der Verkauf auch unter offiziell marktwirtschaftsverschmähenden DDR-Ladentheken statt. Derartiges erfuhr ich jedoch erst nach dem Mauerfall in Gesprächen etwa mit dem Prinzen-Sänger Sebastian Krumbiegel oder meinem Verleger Oliver Schwarzkopf, seines Zeichens TRIO-Fan der ersten Stunde und Plattenschmuggler, denn in Ungarn waren unsere Platten als jugoslawische Nachpressungen erhältlich.

Unsere steigende Popularität sorgte auch für bessere Beherbergungen auf Tour und bei Terminen. Während der ersten Schallplattenladentour reichte es nur zu schäbigen Unterbringungen. Der beginnende Erfolg ließ uns auf die nächste Stufe besserer Vertreterhotels steigen, die von Karsten Jahnke, einem im Auftrage der Phonogram tätigen Promoter, gebucht wurden. Er zahlte auch die Rechnungen inklusive Tankkosten. Hinzu gesellte sich ein gestellter Fahrer, der das Lenkrad übernahm. Der fahrbare Untersatz blieb jedoch unverändert der Chevrolet von Remmler. Wäre ja schade um das bequem abgreifbare Fahrtgeld gewesen.

Im Zuge des internationalen Erfolgs rutschten wir noch eine Kategorie höher. Das bedeutete, dass ich mich zum Beispiel in riesengroßen Hilton-Hotel-Zimmern wiederfand, deren Ausmaße ich zunächst als beeindruckend empfand und die mir erneut das Gefühl gaben: So, Peter, du hast es geschafft! Leider ging diese erhebende Empfindung, wie eigentlich alles im Leben, mit der Gewöhnung vorbei, weshalb ich die exponierte Stellung nach einiger Zeit kaum mehr zu schätzen wusste.

Wie weit sich die Größe der Unterbringung ursprünglich jenseits meiner Vorstellungskraft befand, mag der Leser daran erkennen, dass ich beim ersten Mal im New Yorker Hotel Le Parker Meridien, direkt am Central Park gelegen, es vermied, eine Tür zu öffnen, in der Annahme, es handele sich um die Verbindungstür zum Nachbarzimmer. Erst zwei Tage später öffnete ich sie doch, weil ich von dort niemals Geräusche vernahm, was mir ungewöhnlich erschien. Es kann doch nicht sein, dachte ich mir, dass dieser Glamourschuppen ein Zimmer unbewohnt lässt. Ich guck mal, was da los ist.

Tja, was soll ich sagen? Hinter der Tür lag ein weiterer, sehr komfortabler Raum mit vielen Annehmlichkeiten samt allem Hightech, den man sich nur wünschen konnte, und harrte seiner Benutzung, die ich ihm unwissentlich zwei Tage vorenthalten hatte. Das sollte mir in Zukunft nicht noch mal passieren.

Einmal führte die bereits erwähnte Gewöhnung an die exquisiten Unterbringungen zu einem Problem der besonderen Art. Der Vor- oder Nachteil – je nach persönlicher Einstellung – der global verteilten Hilton Hotels besteht darin, dass die Zimmer nahezu überall den gleichen Aufbau, die gleichen Ausmaße, die gleiche Raumaufteilung, die gleiche Innenausstattung besaßen. Das ließ mich nach einer gewissen Zeit – egal in welcher Stadt ich war – schlafwandlerisch sicher durch die Räume schreiten, insbesondere nachts. Mir kam diese Beständigkeit vor allem dann entgegen, wenn mich Faulheit dazu antrieb, den Abort aufzusuchen, ohne das Licht einzuschalten.

Zwei bis drei Wochen Hilton-Aufenthalt in verschiedenen Häusern hatten mir den Weg zum WC in mein biologisches Navigationssystem eingebläut. Aus diesem Grund verließ sich mein Unterbewusstsein – denn nichts anderes leitete meine Schritte bei diesen nächtlichen Expeditionen – darauf, auch in der nächsten Dependance den Pfad der Erleichterung zu finden … bis irgendein architektonischer Geist auf die Idee gekommen war, einen innovativen Lufthauch einzublasen.

Im Vergleich zur bisherigen Anordnung der Räumlichkeiten musste ich mich damit arrangieren, alles spiegelverkehrt vorzufinden, sodass anstelle der bisher gewohnten Linksroute die Rechtsroute zur Toilette führte. Bei klarem Verstand ist die Umorientierung nach kurzem Stutzen kein Problem, allerdings ist die Schnur der Erkenntnis für das Unterbewusstsein länger. Und so musste es eines Nachts verzweifelt versucht haben, mich in die korrekte Richtung zu leiten, nur um dann zu bemerken, dass irgendein Idiot die Tür zum Klo zugemauert hatte. In Ermangelung möglicher Alternativen, denn die kannte mein Unterbewusstsein nicht, ließ es seinen Wirt und Gebieter die Notdurft an Ort und Stelle verrichten, denn hinaus sollte das gelbflüssige Bedürfnis schon. Zufrieden führte es mich anschließend wieder ins Bett und erst, als ich am nächsten Morgen mit Hilfe der aktiven Sinneswahrnehmung und -verarbeitung das Malheur begutachtete, stieg peinliche Berührtheit in mir hoch, und ich versuchte, mich beim Reinigungspersonal durch ein üppiges Trinkgeld vom schlechten Gewissen zu befreien.

Die Einheitlichkeit der Hotels verbunden mit dem sehr eng getakteten Terminkalender und dem im Grunde genommen prinzipiell immer gleichen Ablaufplan bewirkte, dass ich so manches Mal morgens nicht wusste, in welchem Land, geschweige denn in welcher Stadt ich mich gerade aufhielt. In solchen Situationen machte ich mir den Spaß, frühmorgens – ich war und bin ein Frühaufsteher – ans Fenster zu treten, es zu öffnen, die Stille zu genießen, umherzuschauen, zu schnuppern und abschließend einmal tief einzuatmen.

Alle gewonnenen Eindrücke knetete ich geistig, vereinigte sie, formte die Wahrnehmungen zu einem sinnlichen Gesamtbild, worauf ich mir genießerisch zum Beispiel vormurmelte: »Könnte Südeuropa sein.« Besonders das Le Parker Meridien Hotel hat sich aus diesem Grund mehr als positiv in meine Erinnerungen eingegraben. Das Tagesbegrüßungsritual dort ließ in mir wegen des intensiven Pflanzen- und Blumengeruchs, der idyllischen, vogelgezwitschergetränkten, joggingschrittgeplätscherten Geräuschkulisse eine dermaßen große Vorfreude auf die kommenden Stunden aufwallen, dass sich mir diese Stimmung für immer emotional eingebrannt hat.

Der Erfolg verschaffte mir die Bekanntschaft mit vielen nationalen, zum Teil auch internationalen Größen, was manchmal Erfreuliches – manchmal auch Unerfreuliches, Profanes –, ab und an aber auch Skurriles barg. Davon möchte ich jetzt erzählen …

18

DIE LIEBEN KOLLEG(INN)EN DER NDW

Seit Beginn des Jahres 1982 war ich ständig mit Warten beschäftigt, wenn ich nicht gerade mein Schlagzeug bei einem Gig oder einem Auftritt bearbeitete. Warten im Backstagebereich bei Festivals. Warten im Backstagebereich bei Rocknächten. Warten in der Garderobe hinter den Kulissen irgendwelcher Fernsehauftritte. Warten, warten, warten.

Kleines Beispiel der harmlosen Sorte: Die *Hitparade* verlangte am Tag der Sendung die Anwesenheit ab 15 Uhr, damit beim Warm-up die Kamera, der Ton, das Licht abgestimmt werden konnten. Gegen 18 Uhr folgte der Soundcheck und erst um 19.30 Uhr begann die Sendung, dann hieß es: »Hier ist Berlin! Hier ist Ihre ZDF-*Hitparade*!« Zwischen den terminlichen Fixpunkten, die umso schneller im Kasten waren, je länger wir das Prozedere kannten, verloren sich ausgedehnte Pausen. Alles zäh wie Kaugummi. Ein Außenstehender konnte sich nicht vorstellen, wie langweilig so etwas auf Dauer sein konnte, wenn zunehmend die Routine die Anspannung des Neuen – wo alles noch wie im Fluge verging – ablöste.

Zu allem Überfluss durfte ich den Ort des Geschehens zwischenzeitlich nicht verlassen, weil es den Verantwortlichen des jeweiligen Events nie möglich war abzusehen, wann die nächsten Aufnahmen anstanden. Vielleicht geriet unvorhergesehen der Zeitplan durcheinander, weil eine Krankheit oder Verletzung eines Interpreten, kurzfristige technische Probleme, Künstlerallüren oder diverse andere Umstände es nötig machten, schnell zu reagieren.

Also war professionelle Flexibilität erforderlich, wenn ich wieder einmal eine der zahlreichen Pausen zu überbrücken hatte. Viele Möglichkeiten standen dabei nicht offen. Die Wege mit Stephan und Kralle kreuzten sich ohnehin oft genug, weshalb sich der Drang, mich mit ihnen auseinanderzusetzen, in überschaubaren Grenzen hielt. Permanentes Essen oder Trinken kam auch nicht in Betracht, da dummerweise nach einer gewissen Zeit des Gütlich-Tuns fehlender Hunger und Durst dem Ansinnen einen Riegel vorschoben. Selbst das genussvolle Verlangen nach Nahrungsaufnahme bei absenter Notwendigkeit, auch gemeinhin Appetit genannt, ebbte irgendwann bis zur totalen Lustlosigkeit ab. Multifunktionale Handys, Spielekonsolen, DVD-Player, ja selbst Videorekorder existierten noch nicht beziehungsweise noch nicht so zahlreich. Lesen wiederum bereitete mir nur sehr bedingt Spaß, und Gesellschaftsspiele ergaben – wenn überhaupt – nur dann Sinn, wenn Gesellschaft vorhanden war. Diese Rahmenbedingungen legten es nahe, den Kontakt mit den anderen ebenfalls bei der Veranstaltung weilenden, das gleiche Schicksal teilenden Stars respektive Sternchen respektive Sternschnuppen respektive Blitzlichtern respektive Glühwürmchen respektive Glimmern respektive Rohrkrepierern zu suchen.

Zumeist blieb mir der Erfolg des entspannten Geplänkels aber versagt, weil jeder sich bis hin zum Tunnelblick auf sein eigenes Produkt samt individueller Darbietung und persönlicher Inszenierung fixierte. Es blieb demnach kaum etwas anderes übrig, als mich mit dem TRIO-Rest in eine Dreiergarderobe zurückziehen, abgeschottet durch Türpersonal, welches ankommenden Besuch auf die Berechtigung, eintreten zu dürfen, überprüfte.

Eine willkommene Abwechslung durchbrach die Eintönigkeit vor einem Gastspiel bei Alfred Biolek. Der Boxpromoter Wilfried Sauerland betrat den Vorbereitungsraum mit der Bitte, ob sein Schützling René Weller uns kennenlernen dürfe. Dagegen hatten wir nichts einzuwenden und willigten gerne ein. »Hey René, komm rein«, begrüßte ich den Faustkampfchampion herzlich, wohingegen die beiden anderen ihn zögerlicher in Empfang nahmen. Das legte sich im weiteren Verlauf gerade bei Remmler deutlich, und wir verbrachten eine schöne Plauderstunde.

Mitte bis Ende 1982 befand sich die Bewegung der Neuen Deutschen Welle kommerziell auf dem Höhepunkt, allerdings, so empfand ich es, musikalisch schon wieder auf dem absteigenden Ast. Erfrischendes, Innovatives aus den punkigen, wavigen Anfangszeiten wie von DAF, Grauzone, Fehlfarben, Rheingold, Extrabreit, Spliff und natürlich den unvergleichlichen Ideal wurde von eher zweifelhaftem, albernem, schlagereskem Material abgelöst wie *Fred vom Jupiter, Ich will Spaß, Sternenhimmel, Hohe Berge, Die Sennerin vom Königssee, Der Knutschfleck.*

In dieser Phase tummelten wir uns ebenfalls in der Szene, wobei ich hier noch einmal unterstreichen möchte, dass ich uns nicht zu jenem Trend gezählt habe. Hinter TRIO verbarg sich von Beginn an ein konsequentes Konzept, wodurch wir authentisch und geradlinig wirkten, während vieles des nun Kommenden wie aus der Retorte gezogen wirkte. Indes klang bei uns immer der Aspekt der Fröhlichkeit an, da es ein immanenter, gewachsener, beabsichtigter Bestandteil unserer Arbeit – und nicht ein aufgesetzter, vom Baum des kommerziellen Gewinns zu pflückender Plot – war.

Wenn ich die Reihen der beruflichen Bekanntschaften vor meinen Augen passieren lasse, bleibt nicht viel haften. Das liegt allein schon daran – und da muss ich leider die lediglich von außen auf das Musikbusiness Schauenden bitterlich enttäuschen –, dass es so etwas wie Freundschaft in dem Metier nicht gab. Ich gehe sogar so weit zu behaupten, dass vielfach noch nicht einmal der Ansatz einer ernst zu nehmenden Kollegialität, wie sie zumindest zwischen Kralle, mir und zu Beginn auch Stephan existierte, herrschte. Inniges Herzen, Bussi-Bussi-Gehabe und feste Umarmungen, alle diese zur Schau getragenen Kumpaneibekundungen waren nicht selten verlogen und nur auf Gieren nach positiver Öffentlichkeit gebürstet.

Einzig einer Leitlinie folgten nahezu alle im Business, gleichzusetzen einem Ehrenkodex, nach dem Motto »Was du nicht willst, das man dir tu, das füg auch keinem anderen zu« oder »Die eine Krähe hackt der anderen kein Auge aus«. Zumindest vor den Kameras und Journalistenohren, oftmals aber auch hinter den Kulissen, umging man es peinlichst, negative Kritik über andere

Künstler anzubringen, gleichwohl sie vielleicht der persönlichen Einstellung entsprach.

Der Grund dafür war naheliegend: Es herrschte allenthalben die Befürchtung, üble Nachrede auf sich zurückgeworfen zu sehen, weshalb auch TRIO den bequemeren Weg, anderen nicht zu schaden und so ungeschoren davonzukommen, wählten. Leider führte diese stillschweigende Vereinbarung dazu, dass Komplimente an Wert verloren, denn was bedeutete es schon, aus dem Munde von Branchenbeteiligten »Ey klasse! Toll, was ihr macht« zu hören?

Was beförderte der musikalische Wellengang nicht alles für Namen in das Licht der Öffentlichkeit. Gleichzeitig zog er sie aber auch wieder mit nach unten, wenn der Medienschlund das zuvor bunt umwickelte, meist kleine schöpferische Bonbon für alle entpackt – und danach hastig bis zu den letzten Geschmacksausläufern ausgequetscht hatte. Mit Acts wie UKW, Geier Sturzflug, Ixi, Kiz etc. verband ich außer einem einzigen erfolgreichen Titel gar nichts. Dazu gesellten sich Personen oder Gruppen, die einen etwas bleibenderen Eindruck hinterließen wie Joachim Witt, ein schwieriger, aber netter Kollege, Markus, mit dem ich Probleme habe, weil er heutzutage immer noch auf irgendwelchen NDW-Revival-Festivals dasselbe, mittlerweile fehl am Platze wirkende, Schulbubenimage pflegt, oder Hubert Kah, dessen Hit *Rosemarie* bei unserer ersten *Hitparade*-Präsenz deutlich vor uns auf Platz zwei gelandet war.

Im Vergleich zu vielen anderen erfolgreichen Songs jener Tage fand ich das Stück *Rosemarie* richtig gut. Es war von der Instrumentierung und der Mischung gelungen, besaß Tempo und versprühte Witz. Leider stand meine kurze Bekanntschaft mit Hubert unter keinem guten Stern, was an einer – wen wundert's im Rock-'n'-Roll-Geschäft? – Frauengeschichte lag.

Sowohl Kah als auch TRIO waren auf der Gästeliste bei irgendeiner Sendung, irgendeinem Festival – beim Versuch der Vergegenwärtigung schlägt leises Flüstern in meinem Kopf die Alte Oper Frankfurt als Veranstaltungsort vor – gewesen. Die Bühnenshow des *Rosemarie-* und *Sternenhimmel*-Interpreten hatte visuell eine attraktive, strapsetragende, hochhackig beschuhte, in knappe Krankenschwesternmontur gehüllte Schönheit geziert, angeblich Miss Niedersachsen. Gerade bei der Nummer *Einmal nur mit Erika*, in welcher der Interpret in Zwangsjacke debil hin und her stolperte, passte die Begleitung vorzüglich. Ich glaube, Hubert war guter Hoffnung gewesen, mit diesem menschgewordenen Pulsbeschleuniger gemeinsam eine sexuell äußerst umtriebige Nacht zu verbringen. Schließlich war er der – zumindest temporär – mit Glamour und öffentlicher Aufmerksamkeit ausgestattete Geldgeber. Und wie war das noch gleich? Geld macht sexy.

Das Pärchen bestieg mit uns dreien – wir hatten uns zufällig in der Lobby des Hotels getroffen, in dem wir alle untergebracht waren – den Lift, und die selbstzufriedene, spitzbübische Mimik von Kah zeugte von großer Vorfreude auf das, was noch kommen sollte. Das Objekt der Begierde wirkte allerdings merkwürdig teilnahmslos und schaute gelangweilt die Aufzugwände entlang, ohne Blickkontakt mit einem anderen Fahrgast zu suchen. Als sie dort nichts Interessantes fand, begutachtete die Bühnenkrankenschwester die eigenen falschen Fingernägel. Bei der Ankunft auf der Kah'schen Etage öffneten sich ordnungsgemäß die Türen und Hubert schlug wie geplant den Weg Richtung Liftausgang ein. Völlig unerwartet blieb das Wunschbild seiner feuchten Träume aber stehen, sah mich an und fragte plötzlich: »Wohin musst du denn?«

Ausgenommen ruhig, nicht weil ich so cool war, sondern weil die anbahnende Wendung sich so abrupt ankündigte, dass ich gar keine Gelegenheit fand, eine innere Unruhe aufkommen zu lassen, entgegnete ich: »Zehnter Stock.« »Okay, dann fahre ich mit dir«, kam die wie selbstverständlich klingende Antwort, wobei Miss Niedersachsen – wenn sie es denn war – augenscheinlich kein schlechtes Gewissen oder Unbehagen plagte. Ganz im Gegenteil, sie kreuzte im Stehen ihre endlos scheinenden schlanken Beine, lehnte ihre schmale rechte Schulter an eine Wand und bekundete somit unausgesprochen, dass die Übernachtungsmöglichkeit jenseits von Hubert Kah für sie geklärt sei.

Komplett konsterniert, mit offenem Mund und aufgerissenen, tellergroß wirkenden Augen konnte der sich wahrscheinlich schon in Liebkosungsaustausch Wähnende die Ablehnung nicht fassen, fügte sich dann aber grimmig enttäuscht in die Umstände einer bevorstehenden beischlaflosen Nacht und stapfte davon.

Die Situation trug zwar unangenehme Züge, aber irgendwie fand ich die Braut interessant, und als echter Rock 'n' Roller nahm ich sie natürlich mit aufs Zimmer, begleitet von anerkennenden Blicken meiner Bandkollegen. Zu einem One-Night-Stand im klassischen Sinne kam es allerdings nicht, woran ich auch gar keinen Gedanken verschwendete. Stattdessen unterhielten die Schöne und ich uns ausschweifend und schlossen eine erholsame, gemeinsame Nacht im selben Bett an, jedoch neben- und nicht übereinander. Es dürfte den Leser nicht arg verwundern, dass Hubert Kah und ich danach keinen innigeren Kontakt zueinander suchten.

Eine kumpelhafte Beziehung pflegte ich zu den Mitgliedern der Spider Murphy Gang, auf die wir in jenen Tagen häufig trafen, unter anderem deswegen, weil sie ebenfalls aufgrund ihres Erfolges oft zu Gast in der *Hitparade* waren. Die Formation war und ist ein gutes Beispiel für ein Phänomen, das in Bands mit der Standardausstattung Bass, Keyboard, Gitarre, Schlagzeug oft anzutreffen ist. Zwei Leute, in diesem Fall Sänger Günther Sigl und Saitenzupfer Gerhard Gmell alias Barny Murphy, bildeten die verantwortlichen, bestimmenden Köpfe. Sie drückten der Stilrichtung der Band den Stempel auf, während der Rest austauschbar schien, inklusive des Stickschwingers Franz Trojan. Mit dem verband mich, außer dass wir das gleiche Instrument spielten, eine Vorliebe, auf die ich später noch näher eingehen werde.

Die vier Münchener brachten wir eine kurze Zeit lang in unserem ostfriesischen Großenknetener Domizil unter, weil sie in Oldenburg und Umgebung gastierten. Zum Dank für die erwiesene Gastfreundschaft gaben die Spiders ein Versprechen, welches Günther in der nächsten Ausgabe von Dieter Thomas Hecks Schlagerbude einlöste. Anstelle im vorgestellten Titel

Mir san a bayrische Band dem Refraintext treu zu bleiben, sang er: »Mir san a friesische Band.«

Obwohl die wandelnden Weißwürste wirklich nette Kerle waren und sind, komme ich nicht umhin, zugeben zu müssen, dass für meinen Geschmack ihre Musik bloßer banaler, verspielter Rock 'n' Roll war, der vielfach an eine Schützen- oder Zeltfestatmosphäre erinnerte. Zwar schlug der Ohrwurm *Skandal im Sperrbezirk* eine aggressivere Gangart an, aber nichtsdestotrotz wirkte alles irgendwie langweilig und fast gehaltlos.

Die Berliner Band Spliff, deren ersten Hit *Carbonara* ich wegen des Feelings ganz okay fand und die ehemals die Begleitband von Nina Hagen gewesen war, als diese Ende der Siebziger, Anfang der Achtziger auf dem Trittbrett der Punkbewegung ordentlich abgeräumt hatte, waren in Person von Herwig Mitteregger für mich Gesinnungsgenossen. Genau wie ich sah er es überhaupt nicht ein, der bis dahin allgemein akzeptierten Vorgabe, als Schlagzeuger nur im Hintergrund sitzen zu dürfen, nachzukommen. Jeder Kenner und Liebhaber von beeindruckenden Autos oder Krafträdern will neben dem Beiwerk formschöner Karosserien den Motor samt der pulsierenden Kraft bewundern. Das darf bei Musik nicht anders sein. Also drängte es Mitteregger genau wie mich aus dem Hintergrund der Bühne weiter nach vorn, wobei ich über den Vorteil verfügte, sowieso nur sehr wenig transportieren zu müssen.

Nina Hagen lernte ich übrigens während der erfolgreichen TRIO-Jahre auch kennen. Es hatte den Anschein, dass sie mich mochte. Sie schenkte mir sogar eine Rose mit einer darin enthaltenen Lampe … keine Ahnung, was ich damit anfangen sollte. Vielleicht wäre noch mehr denkbar gewesen, aber ich kann mich nicht daran erinnern, ob ich Nina attraktiv fand.

Kai Havaii, Frontmann von Extrabreit, schätzte ich wegen seiner ehrlichen Art, weswegen mit ihm immer offene, kompromisslose Gespräche möglich waren. Die Trennlinie zum persönlichen Bereich blieb jedoch gewahrt.

International flog Nena mit den *99 Lufballons* respektive *99 Red Ballons* in Höhen, die den meisten Vertretern der NDW-Suppe verschlossen blieben. Anfang 1984 belegte die Nummer Platz eins und zwei der amerikanischen und britischen Charts. Mit ihrem unbekümmerten, unvoreingenommenen, manchmal überdrehten Wesen kam ich gut klar, hätte mich aber nie, im Gegensatz zu vielen anderen damals, in sie verlieben können. Die Musiker taten mir immer ein bisschen leid, denn sie standen doch arg im Schatten der Stimme der Band, ob sie nun Carlo Karges (Texter des großen Hits), Rolf Brendel, Uwe Fahrenkrog-Petersen (Komponist des großen Hits) oder Jürgen Dehmel hießen.

Vor allem Brendel hatte meines Erachtens als Freund von Nena an der nahezu abschirmenden Prominenz seiner Partnerin zu knabbern. Man sah an der Gestik, dass es ihm zu schaffen machte. Angeblich gab Nena ihm das Gefühl, als Trommler nur eine Nebenrolle zu spielen, somit auf einem austauschbaren Platz zu sitzen. Dadurch verstärkte sie ihre ohnehin schon exponierte Position innerhalb der Beziehung, wodurch die psychische Belastung bei Brendel wahrscheinlich zunahm. Möglicherweise vermisste Rolf aber auch das dem Schlagzeuger angestammte Gefühl, der Motor, Antreiber, Taktgeber der Band zu sein. Diesen internen Chefsessel belegte eindeutig die Frontfrau der fünfköpfigen Formation: Gabriele Susanne Kerner, genannt Nena.

Klaus Lage, der Sänger von *1000 und 1 Nacht,* beeindruckte mich weniger mit dem künstlerischen Schaffen, damit konnte ich nichts anfangen, sondern vielmehr mit seinen fußballerischen Fähigkeiten. So war ich bei dem ein oder anderen Promikick Zeuge, als ihm zwar seine Leibesfülle schnell den Atem raubte, was er jedoch durch die technischen Fähigkeiten mehr als ausglich und damit die Spieler des Kontrahenten zur Verzweiflung brachte. Seitdem verstehe ich, warum solche Personen wie Maradona es vermochten, trotz mangelnder Kondition beziehungsweise Laufbereitschaft im Weltfußball imposant überstrahlend kratertiefe Spuren zu hinterlassen.

Do They Know It's Christmas von dem Projekt Band Aid Ende 1984, *We Are the World* von USA for Africa Anfang 1985, *Live Aid* Mitte 1985 ... In dieser ganzen Reihe betroffenheitsbesoffener

Aktionen zur Bekämpfung des Hungers auf dem schwarzen Kontinent durfte natürlich ein deutscher Kreativstreich nicht fehlen. Also taten sich viele Stars der hiesigen Musikszene wie zum Beispiel Marius Müller-Westernhagen, Udo Lindenberg, Heinz Rudolf Kunze, Spider Murphy Gang, Spliff, Münchener Freiheit, BAP und viele mehr unter musikalisch-textlicher Leitung von Herbert Grönemeyer und Wolfgang Niedecken zusammen und trällerten Ende Januar 1985 bedeutungsschwanger und mit Leidensmiene das Lied *Nackt im Wind* ein.

Der Leser möge mir den ironischen Ton verzeihen. Ich kann mich dem jedoch nicht entziehen, weil mir der grundsätzlich sehr lobenswerte Einsatz von so manchem Beteiligten unecht vorkam. Schließlich bestand ein nicht zu unterschätzender Nebeneffekt – für den einen oder anderen geriet der zum Haupteffekt – darin, die abfallende Publicity für den Antrieb der eigenen Karriere nutzen zu können. Letztlich war der Erfolg dieser internationalen Hilfswelle – Afrika-Singles schienen en vogue zu sein, denn auch viele andere Länder wie etwa Österreich meinten nun plötzlich, den Ruf zu hören, per Sangeskraft den Hunger bekämpfen zu müssen – darauf zurückzuführen, dass man das eigene schlechte Gewissen durch das Hinsehen, das Mitleiden und die abschließende Spende vorübergehend beruhigen konnte. Ist die Buße verrichtet, wollte man aber bitte auch in Ruhe gelassen werden, was daran zu erkennen war, dass bereits ab dem zweiten Halbjahr 1985 im Vergleich zu vorher kaum noch jemand von der Nachhaltigkeit des Ansinnens sprach.

Die Aufnahmen zu *Nackt im Wind* gestalteten sich entgegen meiner Absicht, möglichst schnell einen Hilfsbeitrag zu leisten, schleppend. Viele Diskussionen über Aspekte wie Vertrieb, Vermarktung, Übersendung des Gewinns für gezielte Unterstützung fanden in großer Runde statt. Der zermürbende Prozess ging nicht recht voran, weil sich deutschlandtypisch vereinzelte Bedenkenträger im Dschungel eventuell auftauchender Schwierigkeiten beim Umsetzen des Vorhabens suhlten. Allein die Klärung von Lizenzvergaben hemmte das Rad des Elans bis hin zum Stillstand.

Schließlich wurde es mir zu bunt, ich stand auf und schleuderte in den Raum: »Wieso kriegen es eigentlich die Amis hin, solche Großveranstaltungen wie die Grammy- oder die Oscarverleihung mit all den internationalen Stars über die Bühne zu bringen, und wir bekommen schon Schwierigkeiten, eine gemeinsame Single zu produzieren?«

Sichtlich genervt, zornig und laut wütete Herbert Grönemeyer mir als Antwort entgegen: »Ach, sei ruhig, du hast doch sowieso keine Ahnung!« Da er keine Anstalten machte, Begründungen für die Aussage zu bringen oder sich zu entschuldigen, und auch die anderen im Raum nicht eingriffen oder einen konstruktiven Beitrag leisteten, setzte ich mich wortlos wieder hin. Tja, das war meine erste Konversation mit Herbert Grönemeyer, die es gleichzeitig auf meiner Seite sofort zu einer gewissen Antipathie brachte, ohne dass wir uns genauer kennengelernt hätten.

Sicherlich muss als Grund für den zähfließenden Prozess der Abstimmung die mangelnde Identifikation der meisten Künstler angeführt werden. Woher sollte die auch kommen? Die gesamte Durchführung dauerte vier Tage, an denen die jeweiligen Interpreten in Absprache mit ihrer Plattenfirma zu vorher vereinbarten Zeitspannen hereinschneiten. Dienstbeflissen sangen beziehungsweise spielten sie ihren Teil ein und entschwanden dann wieder. Jeder stand unter dem Druck, außerhalb des Hilfsprojektes Verpflichtungen wahrnehmen zu müssen, ob es nun um eine Platte, eine anstehende Tournee, Pressevereinbarungen etc. ging.

Somit herrschte ein Gewusel wie in einem Hühnerstall, in dem jeder unter dem Dach der gemeinsamen Absicht seine individuellen Professionsprobleme zu bewältigen hatte. Die daraus resultierende kühle, rein beruflich geprägte Atmosphäre, die völlig dem Bild der von Herzen kommenden wohltätigen Barmherzigkeit widersprach, war demnach nicht böse gemeint. Das war genauso zu sehen wie die Abschiedsfloskel »Demnächst trinken wir mal einen zusammen«, wenn man den wenigen Spielraum für einen gemütlichen Plausch vor Ort einräumen musste. Beide Gesprächspartner wussten um die geringe Wahrscheinlichkeit, dass es dazu kommen würde. Trotzdem ging man leutseliger und versöhnlicher auseinander. Lediglich beim Musikvideodreh zu *Nackt im Wind* versammelten sich alle Künstler. Allerdings tickte auch hier die Uhr, sodass nach Beendigung der Aufnahmen der Raum sich rasch leerte.

Ein paar Wochen danach begegneten Herbert und ich uns nochmals im Pulk mit vielen anderen Teilnehmern des Benefizprojekts in Köln, um die Verbreitung des Produkts voranzutreiben. Grönemeyer schaute bedrückt-unsicher zu mir herüber. Es lag ihm etwas auf dem Herzen, das war offensichtlich. Aber erst als er unter vier Augen nuschelnd die Worte »Du darfst das nicht so ernst nehmen« an mich richtete, klärte sich warum. Es war der Versuch einer Aussöhnung. Wegen dieses Zwischenfalls überraschte es mich umso mehr, als Grönemeyer sich 15 Jahre später als TRIO-Fan outete, was er mit einer Neuaufnahme von *Da Da Da* im Rahmen der *Pop 2000*-Dokumentation unterstrich.

Einmal erklärte ich mich noch zusammen mit Remmler bereit, bei einem Charity-Projekt mitzumachen, und zwar bei der Frank Farian Corporation *(Mother and Child Reunion)* zusammen mit Barclay James Harvest *(Hymn, Life Is for Living)*, Angelo Branduardi *(La pulce d'acqua)*, Boney M (*Daddy Cool, Rivers of Babylon* etc.) und RAF *(Self Control)* 1985 zu Gunsten der Welthungerhilfe im Allgemeinen und dem Land Äthiopien im Besonderen.

Generell unterhielt ich hinter der Bühne eigentlich nur zu Schlagzeugkollegen angeregteren Kontakt. Zum Beispiel verhalf mir mein erworbener Status, bei Konzerten von Udo Lindenberg oder Peter Maffay ungehindert die Security passieren zu können, um in der Garderobe mit dem »Schießbudenbesitzer« Bertram Engel zu fachsimpeln. Mir standen auch noch andere Türen offen, aber mich drängte es nicht allzu oft, die Gelegenheiten zu nutzen.

Und wenn wir schon im Zusammenhang des Fachsimpelns beim Thema Professionalität sind, möchte ich an dieser Stelle eines klarstellen: Die landläufige öffentliche Meinung zu meinen angeblich beschränkten Trommelfähigkeiten wurde keineswegs von Fachkollegen geteilt. Dieses Klientel urteilte mit »Chapeau!«, wenn sie den Namen Peter Behrens hörten: »Wenig, aber präzise und gefühlsgenau und keineswegs blutleer«, »technisch teilweise sehr versiert und anspruchsvoll« oder »vielleicht nicht der beste Schlagzeuger, aber einer der besten, was den Groove angeht«. Ich wurde sogar unter den besten 100 Backbeat-Schlagzeugern weltweit gelistet, was sich denkbar schlecht mit der allgemein eher vertretenen Auffassung, ich sei ein »Spaß-Bum-Bum-Clown«, deckte.

Mein Draht zu Gitarristen, Bassisten und anderen Instrumentbearbeitern neben dem Schlagzeug funkte schwach. Der zu Sängern existierte gleich gar nicht. Für mich waren und sind das alles Exhibitionisten, die ihre mehr oder weniger bedeckte Persönlichkeit ins Rampenlicht stellen. Bei denen war in der Kindheit etwas schiefgelaufen, anders konnte ich mir den Geltungsdrang nicht erklären.

Vielen Songs meiner damaligen Kolleginnen und Kollegen fehlte im Großen und Ganzen der Esprit, was sie zu etwas Besonderem gemacht hätte. Das galt auch für deren Hits. Eintagsfliegen wie Geier Sturzflug mit ihrem *Bruttosozialprodukt* oder die von mir ansonsten sehr geschätzte Sängerin Frl. Menke mit *Hohe Berge* versetzten mich genauso wenig in Begeisterung wie größere Acts namens Extrabreit – wobei der Frontmann Kai Havaii, wie bereits erwähnt, menschlich toll war – oder Spliff. Auch aus dem Repertoire der weltweit erfolgreichen Nena konnte ich keine für meinen Geschmack geile Nummer nennen.

Getreu dem Motto »Ausnahmen bestätigen die Regel« gab es allerdings zwei bis drei Titel, die auch mich überzeugten. Neben *Rosemarie* von Hubert Kah zählte *Hundsgemein* von Ideal dazu. Dieses Stück wurde als eines der wenigen nicht von Annette Humpe, sondern von Kralles Busenfreund »Eff Jott« Krüger gesungen. Seine gequälte, gepeinigte, nölende Stimme verlieh dem Song eine Atmosphäre, die einen unnachahmlichen Reiz ausübte. Dazu passt hervorragend die TRIO-eigene – von mir als eine solche empfundene – Paradenummer *Los Paul*, die trotz oder gerade wegen ihrer musikalischen und textlichen Beschränkung eine Power, treibende Energie und Aggressivität entwickelte, die den Hörer mitriss.

Nun ist es zugegebenermaßen etwas unfair, wenn ich die musikalischen Taten anderer in unserem Metier bewerte, denn – und da werden viele stutzen – ich besaß mit wenigen Ausnahmen keine Vorliebe für Musik und hörte sie noch nicht einmal privat. Aktuell gibt es jedoch die Gruppe Nickelback *(How You Remind Me, Superstar)*, deren Drummer mir sehr gut gefällt. Der zieht, im Gegensatz zu den meisten Fachkollegen, die ihre Aufgabe darin sehen, Stücke anzutreiben und zu pushen, den Rhythmus herunter. Bertram Engel gehört ebenfalls zu dieser spannenderen Kategorie der Taktdompteure.

Sowieso achte ich bei Kompositionen im Grunde nur darauf, wie das Schlagzeug funktioniert, weshalb es mir keine Mühe bereitet, es herauszuhören und zuordnen zu können. Wenn nur diese verdammten altersbedingten Gedächtnislücken kleiner wären. Immer wieder liegen mir Namen auf der Zunge, kippen aber nicht ins gesprochene Wort über.

Die Musik war und ist ein reiner Job für mich. Die Einstellung der bloßen Pflichterfüllung können sicherlich viele Leser nachvollziehen, die jahrelang einer Arbeit – zumindest mehrheitlich – nur nachgehen, um den Unterhalt zu sichern. Denen, die nun glauben, meine Auffassung hätte sich qualitätsmindernd ausgewirkt, sei entgegnet: keineswegs! Durch die fehlende emotionale Einbindung in das TRIO-Set schnurrte ich das Programm sehr nüchtern und präzise ab und gab somit einen hundertprozentig verlässlichen Taktgeber. Wie im bereits erwähnten sizilianischen Sprichwort »Jeder Esel kann trommeln« behielt ich störrisch, dem Grautier gleich, meine Linie bei.

Passend zur empathieverweigernden Einstellung begriff ich mich nie als waschechten Künstler, den die kreativen Musen nur so verfolgten. Ich sah mich stets als Handwerker mit Trommelstöcken, als sogenannten »Schlaghandwerker«, ein Begriff, unter dem meine Tätigkeit auch offiziell beim Arbeitsamt eingetragen ist.

Von entscheidender Bedeutung für den Bekanntheits- und Beliebtheitsgrad von TRIO waren neben dem Erscheinen bei Dieter Thomas Heck auch die Präsenz in anderen renommierten Fernsehshows. Dort sorgten wir ebenfalls durch unkonventionelle, aber nie kompromittierende, herablassende Ideen für Aufsehen. Dazu jetzt mehr …

19

IN DER FERNSEHWOLKE: »HITPARADE«, »BANANAS«, »WETTEN, DASS..?«

Ich bin überzeugt, dass sich das Phänomen TRIO nie längerfristig erfolgreich durchgesetzt und gehalten hätte, wenn die Fernsehlandschaft nicht die Plattformen eingängiger Shows geboten hätte. Im Vergleich zu späteren Jahren standen diese noch im überschaubaren Konkurrenzkampf, da die größere Bandbreite des TV-Angebots durch Privatsender erst im Aufbau begriffen war. Wir nutzten die sich uns bietenden Möglichkeiten der Massenwirkung geschickt aus, indem Stephan, Kralle und ich im Rahmen unserer Rollen diese weidlich ausschmückten.

Das hatte zur Folge, dass wir einerseits großen Wiedererkennungswert besaßen, was dem Publikum heimelige Gewohnheit versprach, andererseits aber die Spannung aufrechterhielten, was die drei chaotischen Südoldenburger sich dieses Mal wohl für einen Blödsinn ausgedacht hatten. Ich glaube – zumindest stand die Absicht dahinter –, dadurch verschafften wir uns einen Vorteil gegenüber den anderen Stars, Sternchen und allen, die es sein wollten. Wenn TRIO angekündigt wurden, dann freuten sich die Menschen nicht ausschließlich auf die musikalische Darbietung, sondern ebenso – vielleicht sogar gleichberechtigt oder gar mehr – auf die visuellen, anarchistischen, schauspielerischen Showeinlagen. Die Performance-Einfälle – den Schuh ziehe ich mir selbstbewusst an – entsprangen hauptsächlich meiner Vorstellungswelt.

Joachim Witt verkörperte immerzu den steifen Psychopathen, Hubert Kah mimte statisch einen kindlich-naiven Bekloppten und auch Falco zeigte letztlich ausschließlich seine demonstrativ zur Schau gestellte schmierige, arrogante Coolness. Demgegenüber wusste bei mir keiner, auch die Showveranstalter nicht genau, was der stoische Trommelclown beim Auftritt machen, wo er hinlaufen, mit wem er Kontakt aufnehmen würde. Somit gruben sich TRIO tief ins Gedächtnis ein, mit dem Effekt eines länger anhaltenden Erfolges als bei vergleichbaren Showdarbietungen.

Von vielen Seiten bekamen wir große Anerkennung – das zieht sich bei mir bis heute durch – dafür, dass wir der verstaubten Schlagerszene einen neuen, frischen, sympathischen Anstrich gaben und nicht albern irgendwelche dem Adressaten enthobenen Marotten abfeierten. Mir war völlig klar, dass der Erfolg und der Verkauf zu einem großen Teil von der Fähigkeit abhingen, sich dauerhaft ins Gespräch zu bringen. Dabei waren die Qualität und Originalität der Musik natürlich sehr wichtig, aber eben nur ein Teil des Gesamtpakets. Musiker, die nur ihrer tonalen Kreativität und Spielkunst Platz einräumen, finden auch nur in einem engen Rahmen Beachtung. Sind sie damit zufrieden, ist das völlig okay, sie erreichen allerdings höchstwahrscheinlich nie den Olymp des ausschweifenden Erfolges.

Beim ersten Fernsehauftritt in der Musiksendung *Bananas* – der für den Kölner Raum der Phonogram zuarbeitende Promoter Peter Angemeer hatte das Engagement eingefädelt – machten wir Bekanntschaft mit Rolf Spinrads. Als verantwortlicher Regisseur schwang er das Zepter und konstruierte für jeden Künstler ein individuelles Konzept, an welches sich alle, so auch wir, zu halten hatten. Gründe für die jeweilige Inszenierung wurden uns vorenthalten. Wir unterließen es aber auch, nachzuhaken. Schließlich verfügte Spinrads in der Branche über einen gewichtigen Stand, weshalb Stephan, Kralle und ich keine Veranlassung sahen, ihm das Vertrauen zu entziehen.

Bei unserer *Bananas*-Premiere mit *Da Da Da* reichte es noch, uns als Truppe in unseren Rollen zu präsentieren, denn das war bereits ungewöhnlich genug. Die bloße Euphorie des ersten Fernsehauftritts erfüllte mich dermaßen, dass sie fast keinen Platz mehr für andere Impressionen mit anschließender Konservierung ließ. Den verschwindend geringen unbelegten Raum nutzte ich mit der Beschäftigung, die Balance zwischen »Tranquilo, ganz ruhig, Peter« und »Lass die Sau raus, Peter« zu finden beziehungsweise zu wahren. Im Gegensatz zum ersten TRIO-Gig in der Großenknetener Gaststätte Kempermann verwehrte mir in diesem Fall also nicht der mit Nervosität getankte ruppige Langzeitflug Richtung ungewisser Zukunft die Wahrnehmung äußerer Umstände, sondern das entspannt-zügige Dahingleiten auf dem sonnig beschienenen Rücken eines dynamischen Adlers über rosarote Wolken.

Das Skript zur Darbietung des Nachfolgers *Sabine Sabine Sabine* bei unserem zweiten *Bananas*-Auftritt verlangte von uns eine Slapstickeinlage. Wie auf einer Perlenkette aufgereiht, nahmen wir bekleidet in einer gefüllten Badewanne Platz. Hinten Remmler, in der Mitte, mit umgehängter Gitarre, Kralle und vorne ich. Um ein wenig Aktion in den ansonsten öde daherkommenden Ablauf zu bringen, schippte ich wie ein Irrer per Handschaufel Wasser über meinen Kopf nach hinten, was Krawinkel alles andere als entzückte, weil er die Unversehrtheit seiner geliebten Stratocaster in Gefahr sah. »Mensch, meine Gitarre! Bist du blöde, oder was!?«, war dann auch die recht eigenwillige Art, meinen Einsatz zu würdigen.

Beim Debüt in der *Hitparade*, die irgendwie mit zunehmender Karrieredauer unser zweites Wohnzimmer wurde, spielten wir, wie bereits früher erwähnt, mit den äußeren Vorgaben des Sendeablaufs. Das Halbplayback wurde aufs Korn genommen, indem ich zum Beispiel die Bassdrum wegrollen ließ, Stephan passte Textzeilen der Situation an, in diesem Fall missbrauchte er den Namen von Dieter Thomas Heck, und Kralle zog sich zum Teil seine Strickmütze über die Augen. Im nächsten Schritt, bei der Single *Anna – lassmichrein lassmichraus*, auf deren Cover wir aus Scherz unsere Kontonummer abgedruckt hatten, womit wir tatsächlich einige Groschen – Hinweis an die Nach-DM-Generation: Groschen = 10-Pfennig-Münze – einnahmen, fiel mir etwas ein, was den Grad des Absurden noch erhöhte. Ich verzehrte während des Ablaufs der Nummer mit der freien Hand, die mangels Einsatzes des Hi-Hats beschäftigungslos herumhing, einen Apfel oder wahlweise Lebkuchen. Gerade diese Idee machte mich nachhaltig bekannt.

Wenn ich es mir recht überlege, präsentierte ich den Scherz erstmalig bei der Verleihung der »Goldenen Europa« am 30. September 1982. Die Premiere hat sich mir deshalb so fest im Gedächtnis eingebrannt, weil Kralle am Ende des Auftritts den unverzehrten Rest seinem fußballerischen Urinstinkt folgend per Direktabnahme Vollspann ins Publikum schoss. Völlig entsetzt, einem Nervenkollaps nahe, bedenkliche Gesichtsblässe zeigend, stob daraufhin der Aufnahmeleiter mit den Worten auf uns zu: »Ey, seid ihr verrückt geworden, da sitzt der Oberbürgermeister! Das könnt ihr doch nicht machen.« Na, und ob wir das konnten!

Neben dem aufsehenerregenden Vertilgen des Apfels warfen wir beim *Anna*-Auftritt die Bitte der *Hitparade*-Techniker über Bord, uns an das Halbplayback zu halten, weil Remmler die Schlagerrecken Lena Valaitis und Andreas Martin als Backgroundgesang und Textvorgeber in die Pflicht nahm. Damit nicht genug, vagabundierte er durch die Zuschauermenge im Studio, bat verschiedene Personen um die Nennung eines Namens, der dann als Grundlage für die nächste Textsequenz fungierte. Mittels der persönlichen Ansprache und der direkten Einbindung sowohl der Kolleginnen und Kollegen und des Moderators als auch – und vor allem – des Publikums geriet die TRIO-Anwesenheit zu einem kleinen Entertainment-Paket. Das lockerte die bloße, routiniert wirkende Erledigung eines Musikjobs wohltuend auf. Der Erfolg gab uns recht, denn das TED-Votum – was TED (Kurzform für Tele-Dialog) bedeutete, möge der jüngere Leser seine Eltern fragen – hievte Stephan, Kralle und mich auf Platz eins.

Mit *Da Da Da* hatten wir noch viele vom Stamm der *Hitparade*-Indianer irritiert. Die waren nach dem Auftritt wahrscheinlich so sehr in den Gedanken vertieft gewesen, ob die drei Volltrottel noch alle Latten am Zaun haben, ihren Heimathafen der beschaulichen Schunkelwärme derart zu besudeln, dass sie gar nicht in Versuchung kommen konnten, uns ihre Stimme zu geben.

Im Mai 1983 drehten wir die Schraube der Unterhaltung noch eine Windung höher. Bei der Vorstellung des Songs *Bum Bum* enterte ich begleitet von einem in Partnerlook gekleideten Schimpansen die Bühne, den ich animieren musste, statt meiner das Schlagzeug zu bedienen. Das gelang mir eher schlecht als recht, aber der Zweck heiligte die Mittel, denn wir hatten die Lacher auf unserer Seite, und am Ende stand Platz zwei.

Die Vorgeschichte zur Umsetzung dieser Idee nahm sich jedoch keineswegs lustig aus. Bei den Proben setzte man mir nämlich ursprünglich einen Filmaffen vor die Nase. Ja und? Affe ist Affe, mag man nun denken, was auch wohl die Meinung der *Hitparade*-Crew gewesen war. Aber denkste! Es hätte ein Fernsehaffe sein müssen. Warum? Das klärte sich erst, als es zu spät war.

Zunächst verlief die Annäherung zwischen dem Affen und mir ganz harmonisch, weil sich der Tiertrainer permanent in der Nähe aufhielt. Natürlich ließ sich das während des Auftritts nicht dauerhaft durchziehen, sonst wäre der Schimpansenbetreuer häufig unerwünscht im Kamerabild gewesen. Also wagten wir es bei den Proben, die räumliche Distanz sukzessive zu erhöhen, und es ließ sich anfangs auch sehr gut an … bis der pelzige Evolutionsvorfahr mein Drängen, die Snaredrum in Wallung zu setzen, gründlich missverstand oder einfach keine Lust dazu hatte. Gleichzeitig fehlte die beruhigende Wirkung des ständigen Begleiters, da dieser sich außer Sichtweite befand.

So kam es, wie es kommen musste: Der Schimpanse entlockte nicht dem Schlaginstrument Töne, sondern mir, weil er seine wuchtigen Eckzähne seitlich in meinen Speckbauch versenkte. Ich glaube, die jaulenden Schmerzenslaute, die ich ausstieß, hätten jedes Wolfsgeheul an Intensität und Lautstärke locker in den Schatten gestellt. In jenem Moment bekam ich eine Ahnung davon, zu was für Bestien die süßen, wuscheligen, knautschgesichtigen Tiere mutieren können, wenn sie sich untereinander bekriegen. Solche Stammesfehden hinterlassen ein Schlachtfeld der Grausamkeiten übelster Sorte, wie ich es mir nie hätte vorstellen können. Mittels einer Tierdokumentation war ich einmal Zeuge eines derartigen Massakers geworden.

Glücklicherweise schritt der Trainer schnell ein, zog die Hauer samt anhängendem Körper aus den Schichten meiner Haut, begutachtete die Verletzung und wies mit sorgenvoller Miene an, mich umgehend ins nächstgelegene Krankenhaus zu bringen. Was ich – und mit mir alle im Raum – nicht wusste, war, dass der Speichel eines Schimpansen für einen Menschen gesundheitlich bedenklich werden konnte. Der im Studio befindliche Arzt gab jedoch Entwarnung, weil der Biss lediglich einen Abdruck auf der Haut hinterlassen und zu keiner offenen Wunde geführt hatte.

Bei der Rückkehr in die heiligen Schlagerhallen beäugte mich der inzwischen beruhigte haarige Primat, bereit, einen erneuten Anlauf zu wagen. Die Dauer der Unterbrechung hatte leider nicht gereicht, einen der Fernsehaffen zu besorgen, die mit einer ganz anderen Strategie geschult wurden. Ich traute dem Braten verständlicherweise nicht und steckte Bestechungsleckerlis in Form von Erdnüssen auf Geruchshöhe des Primaten in die Hosentaschen, bis die Nähte fast platzten. Die verabreichte ich dem Tier beim Liveauftritt pipelineartig, um jegliche Nahrungsgelüste auf Menschenfleisch im Keim zu ersticken. Letztlich entspannte ich mich aber zusehends, genoss den Umgang mit dem Tier sogar und war am Ende darüber hinaus so weit, dass ich über Remmlers improvisierte Textpassage »Die Klingel geht, wer vorne steht, man weiß es erst viel später, weiße Hose, rote Träger, der Affe oder Peter« schmunzeln musste, aber natürlich nur innerlich, schließlich galt es, meine Rolle zu halten. In anderen Sendungen verzichtete ich bei *Bum Bum* auf einen tierischen Doppelgänger und zog es vor, zur Untermalung des Titels Holz zu hacken.

Werder-Bremen-Fans nutzten ihrerseits den Song in der abgewandelten Form »Bum Bum, immer wieder Werder, Bum Bum, Bum Bum, jeden Samstag, Bum Bum« 1983/1984, um ihre Lieblinge auf dem Rasen anzufeuern, und fanden dabei in Kralle einen Unterstützer. In einer Sportsendung des Norddeutschen

Fernsehens präsentierte er zusammen mit einigen Anhängern den Schlachtgesang sogar live vor Publikum.

Viele weitere auftrittsbegleitende Gags und Geschichten folgten noch, ob es sich nun um *Turaluraluralu*, *Herz ist Trumpf*, *Tutti Frutti*, *My Sweet Angel* oder andere Songs handelte. Wir blieben konsequent der Linie treu, den Leuten weit mehr bieten zu wollen als das, was sie ohnehin in konservierter Vinylscheibe nebst Plattenhülle und -cover zu Hause genießen konnten.

Eine besondere Art der Wertschätzung für einen Song besteht für meinen Geschmack darin, wenn er in neuem Gewand von anderen Interpreten wieder auf den Markt gebracht wird. Schafft er es zusätzlich, ein Hit zu werden, dann ist die Hürde zum Evergreen wenn nicht überwunden, dann doch mit großen Chancen in Angriff genommen.

So geschehen bei *Da Da Da*. Bereits drei Ausgaben später als jene, in der TRIO das minimalistische Meisterwerk in der *Hitparade* vorgestellt hatten, trat Frank Zander mit der Version *Da Da Da, ich weiß Bescheid, du weißt Bescheid* dort auf und erklomm Platz drei. Die Produzenten der Titel *Der Ur-Ur-Enkel von Frankenstein* und *Ja, wenn wir alle Englein wären* inklusive Sänger Zander persönlich hatten den richtigen Riecher, dass die TRIO-Hit-Kuh noch abzumelkendes Potenzial hatte.

Mein Beitrag zum Erfolg soll an dieser Stelle nicht verschwiegen werden. Während des Vortrags schob Zander einen Kinderwagen vor die Kamera und interagierte mit dem nicht sichtbaren Inhalt, aus dem zeitweise sehr zum gespielten Verdruss des Vortragenden Salven an wahlweise Wasser oder Babypuder hinausgeschleudert wurden. Zum Schluss eskaliert im Songtext die Vater-Tochter-Windelaktion – leidgeprüfte Vormünder mögen das nachvollziehen können – und das Baby fing lauthals zu weinen an. Zander in der Rolle des genervten Papas entschloss sich, das Balg aus dem Kinderwagen zu nehmen, um es zu beruhigen. Und siehe da: Der stolze Vormund hielt seinen inzwischen verstummten Wonneproppen beidhändig auf den Armen – wobei das niemand anderes war als ich.

Für mein Mitwirken nahm ich kein Geld – aus heutiger Sicht: leider! –, weil es den Gepflogenheiten unter Kollegen widersprach; ein Umstand, der mir unter gleichen Bedingungen in meinem momentanen Verhaltensrepertoire fehlen würde. Schließlich wird heutzutage für alles Geld genommen. In den deutschen Charts gelangte das Lied übrigens, genauso wie das Original, bis auf Platz zwei. In der Septemberausgabe von Zanders Musiksendung *Vorsicht, Musik* interpretierten wir *Herz ist Trumpf*.

Kolleginnen und Kollegen auf das Trittbrett unseres Wirkens zu ziehen gehörte zunehmend zu unserem Unterhaltungsrepertoire. Die Welle der Zustimmung machte es einfach, sie für uns zu gewinnen, denn wir standen oben auf der Glamourleiter, warfen somit Glanz ab, in dem sich verständlicherweise andere gerne aufhielten. Außerdem verbreitete die Neue Deutsche Welle bei bereits langjährig etablierten Kräften der Branche die Unsicherheit, ob sie in dieser Bewegung noch mitmischen konnten. Aus diesem Grund erschien es taktisch klug, die angebotenen Hände der Emporkömmlinge zu ergreifen. Es sei aber ausdrücklich darauf verwiesen, dass vielfach, neben aller geschäftlichen Motivation, gegenseitige Sympathie eine wichtige Rolle spielte.

Beginnend mit meiner Beteiligung als Babyersatz beim FrankZander-Auftritt in der *Hitparade* über den Einsatz von Lena Valaitis und Andreas Martin als Backgroundchor im selben Sendeformat, steuerte Remmler im Herbst 1982 bei seinem *Wetten, dass..?*-Auftritt in dieser Hinsicht dem Höhepunkt zu. Vielleicht blendete ihn die Größe und Wichtigkeit der Samstagabend-Show, denn damals besaß dieser Sendetermin ein noch stärkeres Gewicht als heute. Vom Erfolg seiner Wettkandidatinnen überzeugt – zwei Frauen behaupteten, im direkten Vergleich zu einem Straßenwachtteam schneller ein Autorad wechseln zu können –, ließ er sich dazu hinreißen, im Falle des Misslingens als Gegenleistung TRIOs stimmliche Dienste im Hintergrund zu versprechen, wenn Nicole ihre nächste Single in Angriff nahm.

Gemeint war damit der süße 18-jährige Schlagerhase aus der Schmiede von Ralph Siegel (dessen Produktionsgeist unter anderem auch die Gruppe Dschinghis Khan entsprungen war), der 1982 erstmalig für Deutschland den Grand Prix d'Eurovision de la Chanson in Harrogate gewonnen und sich damit in die Herzen der bis dato gekränkten deutschen Liedgutseele gesungen hatte. Das europaweite Publikum hatte sich in der Zeit des Kalten Krieges dem personifizierten Schulmädchencharme nicht entziehen können, das zur Unterstützung der Lieblichkeit und Unschuld in ein schwarzes, gepunktetes Kleid mit weißem Breitkragen gesteckt worden war.

Wie es kommen musste, verlor unser Frontmann die Wette und das Resultat der Siegel-Zusammenarbeit bestand in der Nummer *Ich hab' dich doch lieb*, einer der erfolgreichsten Singles von Nicole. Nach der niedlich, naiven Weltfriedenshymne *Ein bisschen Frieden* natürlich. Ich denke, dass Siegel sehr gerne die Fügung des Schicksals annahm, mit uns zusammenzuarbeiten. Schließlich war es absehbar, dass unsere Unterstützung die Außenwirkung des Songs gehörig ankurbeln würde. Nun zu glauben, wir hätten zu der Produktion einen kreativen Beitrag geleistet, entbehrt jeder Grundlage.

Die Musik und Nicoles Stimme befanden sich bereits auf irgendwelchen Bändern, als wir unter Küsschen-hier-Küsschen-da-Begrüßung das Studio enterten. Stephan, Kralle und ich sangen lediglich unter den Augen, besser gesagt vor den Ohren des Zeremonienmeisters die Chorbegleitung ein – das Schlagersternchen war nicht anwesend –, was zwei bis drei Stunden dauerte. Anschließend ging es schwuppdiwupp, abermals nach angedeutetem Wangenbefeuchtungsritual, wieder nach draußen. Das war's.

Bei sämtlichen gemeinsamen Auftritten mit dem Schnulzenspatz versuchten wir, die eigentlich peinliche Verbindung konzeptionell so zu gestalten, dass etwas gewinnend Originelles herauskam. So sollte sich trotz widriger Rahmenbedingungen ein für uns authentisches Wohlgefühl ausbreiten. Remmler und Krawinkel ließen mich, die unterdrückte Kreatur der Band, dabei in einem einstudierten Wechselspiel ihre Überlegenheit spüren. Alle drei tummelten wir uns sichtbar im hinteren Bereich der

Sängerin um ein Mikrofon, welches so positioniert war, dass es mittig vor den beiden Alphatieren stand. Die eingestellte Höhe ermöglichte ihnen ein problemloses Einsingen. Ich versuchte nun verzweifelt, durch stetiges Hin-und-her-Laufen vom linken zum rechten Rand und zurück, mich einbringen zu können, was mir die Gegenwehr der beiden anderen jedoch versagte. Gelang es mir kurzzeitig dennoch erfolgreich, mich dazwischenzudrängen, machte mir meine vergleichsweise geringe Körpergröße einen Strich durch die Rechnung, weil der Schallverstärker meine Stimme nicht für alle hörbar transportierte. Und ehe ich michs versah, schloss sich die Lücke auch schon wieder, und mein Kampf um die aktive Teilnahme an der akustischen Unterstützung ging von vorne los. Gegen Ende des Liedes gab ich schließlich auf, ging nach vorne und stellte mich mit hinter dem Rücken verschränkten Armen reglos neben Nicole, die reichlich irritiert wirkte.

Die Inszenierungsidee stammte aus meinem Erfahrungsschatz, den ich innerhalb der Clown-Ausbildung gesammelt hatte. Bei einer Dreierkonstellation ist der Zuschauer immer dann besonders emotional angesprochen und fühlt sich der Situation innig verbunden, wenn er Mitleid empfindet. Diese Eigenart gereichte mir zum Vorteil, weil ich zwar in der Bühnensituation benachteiligt schien, das Publikum mich aber umso intensiver in sein vor Hilfsbereitschaft schier überquellendes Herz schloss. Wahrscheinlich wäre die Untadeligkeit auf zwei Beinen mit Namen Nicole, die samstagabends in den deutschen Wohnstuben des Bildungsbürgertums so willkommen war, wortlos und ohnmächtig vor Fassungslosigkeit vom Hocker geglitten, wenn unser ursprünglicher Plan sich durchgesetzt hätte.

Im Vorfeld sollte nämlich die Gerüchteküche mit der Nachricht versorgt werden, dass die Sängerin ein Kind von TRIOs Schlagzeuger erwartete. Bei optimaler Garzeit und attraktiver Darreichung des fertigen Mahls wäre das wohl ein phänomenaler Aufhänger für die Platzierung der Single auf dem Markt gewesen. In Anbetracht des »Sauberfrau«-Images der Interpretin, welches sicherlich angekratzt worden wäre, wurde schlussendlich aber auf eine derartige Aufmerksamkeit verzichtet.

In derselben *Wetten, dass..?*-Sendung trat die damals vor allem durch die Comedy-Reihe *Sketchup* als Partnerin von Diether Krebs bekannte Beatrice Richter als Wettpatin an. Auch sie musste ihren Einsatz einlösen, der darin bestand, einmal bei uns in Großenkneten das komplette Haus zu putzen.

Ein besseres Beispiel dafür, wie gestellte Fernsehkomik lief, konnte es kaum geben, als das Fernsehteam zur Begleichung der Wettschuld bei uns anrückte. Unmotiviert wurde mehrmals ein zuvor übertrieben mit Dreck präparierter Besen über den Balkon ausgeklopft, die Federn eines Kopfkissens aus einem Fenster der oberen Etage entleert (die unten wieder aufgelesen und nach oben zur erneuten Verwendung gebracht wurden), aus albernem Gute-Laune-Empfinden die Wäsche in die Spülmaschine geräumt und Teller über das Waschbrett geschrubbt. Ha ha ha! Übelster Klamauk.

Der permanente Betrieb im Haus verhinderte ein privateres Gespräch mit – geschweige denn ein Einlassen auf – Beatrice Richter. Ständig fand ein Kamera-Umbau statt, rief die Maske, verlangte die Technik, wurden Instruktionen verteilt etc. Und ehe man sichs versah, beschloss der Tag auch schon zu enden und verschluckte den ganzen Tross wieder, den er frühmorgens ausgespuckt hatte.

Bessere Unterhaltung auf höherem Niveau lieferte da schon unser Auftritt in Alfred Bioleks Sendung *Bei Bio*. Dort trugen wir zuerst einen Aufsteller des Plattencovers zur aktuellen Scheibe *Bye Bye* in Übergröße hinein, und Remmler erklärte das Prinzip der darauf abgebildeten Felder, die 10.000 DM kostende Werbeflächen darstellten. Spontan nutzte Biolek die Gelegenheit, uns zu Gunsten des ebenfalls eingeladenen Karlheinz Böhm und seiner Hilfsorganisation »Menschen für Menschen« eine Fläche abzuschwatzen, die Kralle, Stephan und ich allerdings sehr gerne zur Verfügung stellten. Auch Greenpeace erhielt später ein Feld unentgeltlich.

Beim anschließenden Spielen des Songs *Herz ist Trumpf* in einem Boxring brachen wir nach circa einer Minute ab und wiesen gestenreich mit Verweis auf eine äußerst wertvolle Uhr, die sich Remmler vom Boxer René Weller ausgeliehen hatte, darauf hin, dass uns mitgeteilt worden war, lediglich diesen Zeitraum der Präsentation bekommen zu haben. Nach der Aufforderung des Gastgebers, doch bitte weiterzumachen, legten wir dann mit *Tutti Frutti* nach. Am Ende der Sendung intonierte ich noch, unterstützt vom Kralle-Remmler-Chor, dem verblüfft, aber vergnügt dreinschauenden Harry Belafonte die TRIO-eigene Fassung vom *Banana Boat Song*.

Biolek feierte viele Privatpartys in Köln, auf denen sich zahlreiche Mitglieder der High Society versammelten. Organisationsbegünstigend dürfte dabei wohl der Freund Bioleks und Partykönig Manfred Schmidt die Finger gerührt haben, der später als Gönner des 2012 zurückgetretenen Bundespräsidenten Christian Wulff von sich reden machte.

Was mir bei den zahlreichen Showbesuchen auffiel und sich für mich fast bis hin zu einer Regel verfestigte, war, dass je seriöser eine Person im Fernsehen auftrat, desto größer bei ihr die Gefahr war, hinter den Kulissen unsicher zu sein. Das war aber auch kein Wunder. Die Medien bliesen solchen Menschen wie Elstner, Gottschalk etc. – die beiden Showmaster seien deswegen explizit genannt, da gerade sie durch ihre Lockerheit und Souveränität sich der Mehrheit enthoben – unaufgefordert einen solchen Hype um die Ohren, verbunden mit der Inthronisierung zur moralischen Instanz, dass ihnen kaum eine Chance blieb, das Bild in ein angemessenes Licht zu rücken. Und ehe die Worte »Nun mal langsam, so toll bin ich gar nicht« oder »Nehmt mich bitte doch nicht so wichtig« gesagt werden konnten, standen sie auf einem hohen Podest, auf das sie gar nicht gewollt hatten und dessen Fallhöhe ihnen Angst bereitete.

Angst davor, hinunterzufallen, was wiederum den Druck nach sich zog, um jeden Preis Fehler zu vermeiden. Um jeden Preis Fehler zu vermeiden bedeutete aber, Unbeschwertheit einzubüßen und zunehmend ins Grübeln darüber zu verfallen, was richtig ist und was falsch, womit Unsicherheit einkehrte. Damit schloss sich die Argumentationskette und gleichzeitig bestätigte es theoretisch meine praktische Beobachtung.

Immer wieder tauchte in der öffentlichen Meinung die Ansicht auf, im Showbusiness sei der Zugang zu Drogen leicht und der Umgang mit ihnen beziehungsweise deren Konsum gehörte wie selbstverständlich dazu. Warum sollte ich dieses Urteil entkräften? Für mich stimmte es, wie sich im nächsten Kapitel zeigen wird ...

20

»DER SCHNEE, AUF DEM WIR ALLE TALWÄRTS FAHREN«

Der Gefährdung, Zigaretten und Alkohol auszuprobieren, widerstand ich bis zum 25. Lebensjahr. Wahrscheinlich trug meine erfolgreiche sportliche Vergangenheit – immerhin war ich ja einmal Dritter bei den Niedersächsischen Schwimmmeisterschaften meines Jahrgangs gewesen – dazu bei. Durch sie erübrigte es sich, auf weiteren Gebieten nach Anerkennung zu streben, und sei es auch nur die im Grunde genommen idiotische Gepflogenheit, in jungem Alter durch reichlichen Konsum leichter Drogen imponieren zu wollen. Ich denke, meine noch wachsenden und somit gegenüber Giftstoffen jeglicher Art empfindlichen Organe danken mir das bis heute, indem der Alterungsprozess im Vergleich zu Wegbegleitern jener Zeit langsamer verläuft.

Je weiter ich mich allerdings von der Sportszene entfernte und mich der Musik widmete, desto stärker wurde die Versuchung, es den rauchenden, saufenden, kiffenden Bandkollegen gleichzutun. Das Gefühl, dazugehören zu wollen, ließ es auf Dauer nicht zu, in duftschwadengeschwängerten, alkoholdunstigen Proberäumen oder wahlweise Partykellern der Einzige zu sein, der den angeblich gute Laune bringenden Mitteln entsagte.

Besoffene verstehen einander, egal wie undeutlich sie sich in völlig überdrehter Lautstärke Gesprächsfetzen zunuscheln. Versucht ein Nüchterner, dem verbalen Kauderwelsch einen Sinn zu entnehmen, so steht er auf verlorenem Posten und kann die Veranstaltung eigentlich verlassen.

Außerdem bewegte ich mich im Milieu der eigenwilligen Dreifaltigkeit »Sex, Drugs & Rock 'n' Roll«. Und wenn schon im Bereich der freizügigen Begattungszeremonien nicht viel lief, so sollte doch wenigstens die gesellschaftlich akzeptierte Version von Drogen, sprich Alkohol und Nikotin, den Rock 'n' Roll ergänzen.

Unentwirrbar mit der Krautrockphase verbunden waren das Bauen, Inhalieren und anschließende Kreisenlassen von Joints, dem ich mich ebenso anschloss, denn die Brücke von Zigarettentabak zu Hanfkraut fiel kurz aus. Die Auswirkung auf den Geisteszustand unterschied sich aber gravierend. Unter dem Einfluss einer Tüte glaubte man, unglaublich kreativ zu sein und die göttlichsten Musikstücke zu spielen, und das in epischer Länge ... Bis der nächste Tag anbrach, der dem regenerierten, klaren Geist oftmals die mindere Qualität und Überflüssigkeit der breiigen Klangeskapaden klarmachte. Auch in der Regenter Straße gaben sich TRIO im Übungsparterre manchmal neben Bier und Zigaretten der entspannenden Wirkung von getrockneten Hanfblättern hin, aber dabei blieb es auch.

Die guten Erfahrungen, oder besser gesagt die fehlenden schlechten Erfahrungen, samt meiner Neigung, Unbekanntes kennenlernen zu wollen, brachten mich in Kontakt mit der nächsten Droge, dem Kokain. Der erste Gehversuch auf diesem Terrain gestaltete sich jedoch schwierig, weil die Aufnahme des weißen Pulvers, das zunächst in einer kleinen, weißen Straße - der sogenannten Strecke oder Line - angeordnet wurde, über die Nase stattfand.

Ich weiß es noch wie heute, wie bei meiner Premiere 1981 im ostfriesischen Kneten-Refugium in meinem Zimmer - *Da Da Da* wartete noch auf seine Entdeckung - gespannte Blicke von guten Bekannten aus der Oldenburger und Wilhelmshavener Gegend auf mir ruhten, während das eingesogene Pulver die Schleimhäute meines Riechorgans benetzte. Der Besuch, der mittlerweile durch Veröffentlichung der ersten EP und dem damit verbundenen überregionalen Bekanntheitsgrad immer zahlreicher wurde, hatte mir zuvor eine Prise angeboten. Während mein Verstand weder zu- noch absagen wollte, hatte mich meine Neugier zum Ufer des Zugreifens gerudert.

Die Erwartung, dass ich den überwältigenden Effekt in schönsten Farben mit überschäumender Glückseligkeit beschreiben würde, sackte bei den Beobachtern abrupt in sich zusammen, als mir ein gewaltiges »HAAAAAAATSCHIIIIIIII!!!!« entfuhr. Zwar waren dadurch meine Atemwege wieder frei geworden, aber sehr zum Schrecken der Umgebenden hatte ich mich beim Niesen über den Tisch gebeugt und so das kostbare Gut von dort auf den Boden geschnaubt.

Voller Panik krabbelten die Besucher auf allen vieren umher, um bewaffnet mit Handfeger und Kehrblech noch schniefbare Körnchen aufzulesen. Schließlich waren sie noch gar nicht zum Zuge gekommen, denn sie hatten mir als spendable Geber den Vortritt gelassen. Die Ausbeute der Bemühungen fiel zum Verdruss der Unbedachten sehr kärglich aus. Allein an der verzweifelten Reaktion konnte ich ablesen, wie begehrt und teuer Kokain war und dass die finanziellen Verhältnisse eines Normalsterblichen für dessen kontinuierlichen Erwerb niemals ausreichten.

Trotz dieser ernüchternden Premiere packte mich der künstliche Schnee, auch weil er Anfang der 1980er-Jahre die Modedroge schlechthin war. Ich gewöhnte es mir an, ihn regelmäßig zu konsumieren. Aber im Rückblick daraus eine Abhängigkeit abzuleiten würde die Wahrheit verfehlen … Lüsternheit traf es eher. Stephan und zu großen Teilen auch Kralle zeigten kein Interesse an Kokain und mein Pflichtbewusstsein schrieb mir vor, dass auch ich vor Auftritten oder kurz getakteten Tourneen keinen »Schnief« nahm.

Unter dem Einfluss der Droge drehte ich nämlich auf, meinte, die Welt aus den Angeln heben zu können, und durchlebte aufgeputscht mehrere unruhige Nächte. In solch einem Zustand wäre das Zusammenspiel mit Kralle zum Scheitern verurteilt gewesen. Aus dem gleichen Grund verzichtete ich immer dann, wenn wir den unmittelbaren Dienst am Fan verrichteten – schließlich sorgte der dafür, dass ich einen komfortablen Lebensstil haben durfte –, auf Haschisch.

Stand aber terminlich unmittelbar nichts an und machte sich Langeweile bei mir breit und wollte mir den Tag vermiesen, empfing ich gerne akustische Signale, die von einem Kurztrip in eine vergnügte parallele Bewusstseinsebene kündeten. Die hörbaren Hinweise, von denen ich hier spreche, waren ein hackendes Klackern, verursacht dadurch, dass das weiße Vergnügungspulver von einem größeren Haufen abgeschabt und in Striche portioniert wurde, die wiederum dann auf den nasalen Direktverzehr warteten.

Einmal ergab sich für mich spontan eine Teilhabe, als ich in einem der Hilton Hotels wohnte. Die gemeinhin dort übliche Stille in meinem Zimmer – die wichtigen Leute der Gesellschaft mussten ja ihre Ruhe haben – wurde nur durch das charakteristische Kokainklappern im Raum nebenan unterbrochen. Da ich wusste, wer dort untergebracht war, und ich mich gut mit ihm verstand, führte mein Weg schnurstracks hinüber und wir verbrachten gemeinsam einen spaßigen Abend.

Wahlweise ermunterten auch verschlossene Klotüren dazu anzuklopfen in der Erwartung, das »Wer da?« eines Gleichgesinnten zu hören. Der entriegelte auf Losung per Stimmidentifikation (»Ich bin's, Peter«) und lud zu einer Prise ein (»Komm, nimm eine Line mit für den Abend«). Ich freute mich immer, wenn sich die Gelegenheit für das Ritual, bestehend aus einer Tasse Espresso, einem Schwenker Rémy Martin und zwei Linien Koks ergab, das in Insiderkreisen unter der griffigen Formel »Kaffee, Cognac, Nase« kursierte.

Die Vorliebe für die Yuppie-Droge – ein Gramm kostete für Otto Normalverbraucher fast unerschwingliche 300 DM – teilte ich mit vielen anderen Musikerkollegen, weshalb ich zu einigen von ihnen engeren Kontakt pflegte. Im Vergleich zu vielen davon fiel meine Konsumintensität allerdings deutlich geringer aus. Meine ständig verstopfte Nase – Kokspulver wird vom Organismus als Fremdkörper erkannt und ruft verstärkte Schleimhautentwicklung hervor – pfiff mich häufiger zurück, versehen mit dem Rat: »Mensch, Peter, hör doch mal auf damit.«

Der bis dahin erreichte Grad an Drogenintensität war mir genug, und über Zigaretten, Alkohol, Hasch und Koks probierte ich vorerst keine weiteren Stimulanzien aus. Finanziell konnte ich mir den Konsum großer Mengen erlauben, wobei ich nie darauf schaute, wie viel ich dafür verbriet. Überhaupt zählte es zu meinen Schwächen, dass ich nicht angemessen mit Geld umgehen konnte. Was verdient wurde, suchte bei mir vergebens eine Heimat, weil ich es sofort wieder in den kapitalistischen Markt pumpte, ohne dabei dauerhafte Werte anzuhäufen.

Zum Glück gaben mir die Musik und die Band die Orientierung meiner Lebensführung vor, sonst hätte mich meine Antriebslosigkeit versacken lassen. Und so war ich ganz froh, nach den vielen Feiern, Auszeichnungen, Reisen, Fernseh- und Radiosendungen, großen Festivals usw. Ende 1982 wieder geregelt an neuem Songmaterial feilen zu können. In der Zusammenarbeit beobachtete ich dann eine zunehmende Distanz zwischen den Entwicklungsvorstellungen von Remmler und dem Gespann Kralle/Behrens, das ein harmonisches Miteinander mehr und mehr störte …

ich nur den Konsum großer Mengen erlauben, wobei ich nie darauf schaute, wie viel ich dafür verbriet. Überhaupt zählte es zu meinen Schwächen, dass ich nicht angemessen mit Geld umgehen konnte. Was erstritten wurde, suchte bei mir vergeblich eine Heimat, weil ich es sofort wieder in den kapitalistischen Markt pumpte, ohne dabei dauerhafte Werte anzuhäufen.

Zum Glück gaben mir die Musik und die Band die Orientierung meiner Lebensführung vor, sonst hätte mich meine Antriebslosigkeit verrecken lassen. Und so war ich ganz froh, nach den vielen Touren, Aufzeichnungen, Reisen, Fernseh- und Radiosendungen, großen Festivals usw. Ende 1999 wieder genügend neues Songmaterial finden zu können. In der Zusammenarbeit beobachtete ich dann eine zunehmende Distanz zwischen den Entwicklungsvorstellungen von Ronnie und dem Gespann Krahl/Behrens, das ein harmonisches Miteinander mehr und mehr störte.

21

NACHTFLUG MIT FALCO

Falco, durch *Der Kommissar* und *Rock Me Amadeus* 1981/82 beziehungsweise 1985/86 weltweit unglaublich erfolgreich, benutzte, um die Popularität und den damit verbundenen Wirbel um seine Person bewältigen zu können, eine Kunstfigur. Die trat immer dann hervor, wenn außerhalb des privaten Bereichs Menschen in größerer Menge seine Nähe suchten. Das war alles andere als ungewöhnlich. Viele Künstler setzen in der Öffentlichkeit eine unsichtbare Maske auf mit dem Ziel, die wahre Persönlichkeit vor dem Zugriff anderer zu schützen. Ich glaube, dass nahezu jeder Mensch verschiedene Rollen einnimmt, je nachdem, in welchem sozialen Umfeld er sich befindet. Ob nun Familie, Verwandtschaft, Freundeskreis, Vereinsleben, Beruf etc. … überall erfordern es die Umstände, sich anzupassen und gegebenenfalls die Authentizität zu dehnen oder gar zu verleugnen. Auch Stephan, Kralle und ich nahmen uns davon ja nicht aus.

Bei Johann Hölzel alias Falco fühlte ich mich allerdings ein wenig an die Geschichte von Dr. Jekyll und Mr. Hyde erinnert, derart krass fielen die Gegensätze aus. Wenn wir uns als Kollegen begegneten und die Bühnen(ver-)kleidung abgestreift war, stand mir ein Bubi mit all den typischen verspielten, unbedarften, neugierigen, draufgängerischen, herzlichen, lieben, aber auch launischen Wesenszügen gegenüber, der Spaß haben wollte. Dazu gehörte ein gerüttelt Maß an Drogenaffinität zur Euphoriesteigerung. Rückte Falco dann ins Rampenlicht, betätigte er virtuos die Tonleiter der gegelten, arroganten, dekadenten, weltmännischen Unnahbarkeit.

Zweimal unternahmen wir – das war noch vor der *Rock Me Amadeus*-Phase – einen gemeinsamen nächtlichen Streifzug. Das erste Mal verabredeten wir uns dazu in München. Zur abgesprochenen Zeit betrat ich das Hotel, in welches Falco eingecheckt hatte, ging zum Empfang und ließ mein Erscheinen telefonisch durchgeben. Kurz darauf glitt der Falke, schon ganz in seiner Rolle, aus dem Fahrstuhl, und wir suchten die Hotelbar auf. Dort brachten wir beiden uns mit der Formel »Kaffee, Cognac, Nase« – wobei die Portion Koks natürlich unter Ausschluss der Öffentlichkeit auf der Toilette den nasalen Gang der Glückseligkeit nahm – erst einmal auf Betriebstemperatur und in Partylaune. Den freudespendenden Schnee allererster Güte hatte ich zuvor in einschlägigen Kreisen besorgt.

Nach ungefähr einer Stunde waren wir ausgehfertig, bereit, die dunkle Zeit des Tages in Empfang zu nehmen, bestellten ein Taxi und ließen uns gegen Mitternacht in einen Szeneclub bringen. Ohne Beanstandung passierten Falco und ich die Türsteherschleuse. Im Gegenteil, man hieß uns aufgrund unseres Promistatus und der damit verbundenen Werbewirkung sehr willkommen. Unser Weg führte unter Nichtbeachtung sämtlicher Sitzgruppen geradewegs zur Theke, wo wir uns setzen und die Stimmung des Clubs auf uns wirken ließen. Andere Gäste, die entweder Falco oder mich oder gar uns beide kannten, begrüßten uns herzlich, und oft luden sie uns auf ein Getränk ein.

Untereinander fand kein Gespräch statt, es wurde kein Thema angerissen, auch wenn kein Dritter zugegen war, was aber nicht unangenehm war. Falco und ich verstanden uns auch ohne Konversation, genossen einfach in herrlich gleichbleibender euphorisierter, entspannter Gemütsverfassung die Atmosphäre, ohne aktiv zu werden, und verspürten nicht im Geringsten das Verlangen, die Situation durch Worte zu unterbrechen. Sicherlich trug der regelmäßige Klogang sein Übriges dazu bei, weil dort neben dem Ablassen körpereigener Ausscheidungen der Kokshaushalt aufgefrischt wurde. Das allenthalben wahrnehmbare charakteristische Portionierungsklappern in der ein oder anderen Abortkabine wies darauf hin, dass Falco und ich uns in bester Gesellschaft befanden. Sportler, Schauspieler etc. gingen derselben Vorliebe nach. Alle in dem Laden, so meine Überzeugung, wussten um den Konsum, aber er wurde stillschweigend akzeptiert.

Während der Aufenthalte in verschiedenen Clubs legte ich um die vier Mal das weiße Pulver nach, was ungefähr einem Verbrauch von einem Gramm entsprach, eskortiert von allerlei Drinks, wobei der bereits erwähnte Cognac einen wichtigen Bestandteil der flüssigen Versorgung darstellte. Obwohl ich mir einiges genehmigte, konnte ich einen Absturz meines Wissens vermeiden, wofür mir die Artistenausbildung zugute kam. Sie hatte mich gelehrt, allgemein rechtzeitig meine Grenzen zu erkennen, diese nicht zu überschreiten und dadurch eine Bloßstellung zu umgehen.

Nichtsdestotrotz machten sich die Ausschweifungen bemerkbar, bei Falco (total breit) schlimmer als bei mir (halb breit), weshalb wir zwei bei der letzten Station in einem der Clubs unsicher oben an der ein bis anderthalb Stockwerke hohen Treppe standen, versehen mit der schwankenden Gewissheit, ob wir den Weg nach unten unfallfrei schaffen würden. Um möglichst dem Spott der Menschenmenge und der Presse zu entgehen, welcher bei pannenreichem Abstieg über Falco und mich ausgeschüttet worden wäre, fasste ich meinen Kompagnon kurz entschlossen an der Hand. Falco schien zunächst sehr verunsichert, schließlich passte es nicht zu seinem öffentlich gepflegten Image des machomäßigen Womanizers, sich in den Ruch schwuler Neigungen zu begeben. Aber nach einigen Augenblicken nahm er mein Angebot, das Publikum zu irritieren, an. Der Falke mochte mich auch deswegen, weil ich auf eine ganz andere Art berühmt war als er. Es muss auf die Leute wirklich einen komischen Eindruck gemacht haben, ein solches Pärchen die Treppe hinuntergehen zu sehen. Auf der einen Seite die menschliche Anmaßung, Coolness im Mantel des Weltmännischen bei ihm, und auf der anderen Seite der volksnahe, verletzlich und angreifbar wirkende, naive Knuddelbär, ich. Unbeschadet steuerten wir uns gegenseitig Richtung Ausgang, wobei ich stärker führte, und gelangten wohlbehalten gegen fünf Uhr morgens zum Taxi.

Mit Beendigung des Nachtflugs durch verschiedene Lokale und Bars trennte sich auch die Zweisamkeit, das heißt, wir mieden es, uns katerbegleitet am darauffolgenden Vormittag nach einem gemeinsamen Frühstück langatmig voneinander zu verabschieden. Auf diese Weise konnte ich ganz individuell meinen Brummschädel und die mentale Leere behandeln. Oftmals setzte ich zur Linderung genau dort an, wo ich nächtens aufgehört hatte, was unheilvoll die Furche der Gewohnheit immer tiefer zog.

Beim Gegenbesuch in Wien wurden die Rollen vertauscht. Dieses Mal holte Falco mich ab, hatte für ein ausreichendes Kontingent an weißem Pulver gesorgt und sich grob eine Route für die bevorstehenden Vergnügungen überlegt. Wir zogen zunächst durch diverse Heurigen der Viertel, in denen Falco aufgewachsen war oder momentan verkehrte.

Vieles im Ablauf des nächtlichen Treibens glich jenem in München, bis auf eine Tatsache. Im Gegensatz zur bayerischen Hauptstadt zeigten die Wienerinnen und Wiener keine Berührungsängste. Auch wenn sie Falco nicht persönlich kannten, stiegen sie bereitwillig in eine ungezwungene Plauderei mit uns ein. Die Aura ihres Stars störte sie dabei nicht im Geringsten.

Immer aber meinte ich zu spüren, wie auch beim abschließenden Betreten eines schwer angesagten Clubs, dass mein Begleiter keinen guten Ruf besaß. Ich glaubte, von den Wirten unausgesprochen Botschaften wie »Ach, der schon wieder, der Verräter, der Idiot« zu vernehmen, was mein Gefühl der Behaglichkeit zunichte machte. In deren Augen hatte ihr nationales Pop-Aushängeschild anscheinend das unverzeihliche Sakrileg begangen, sich bei den Piefkes anzubiedern.

Die Wege von Falco und mir kreuzten sich nach den beiden Treffen nie wieder, und es blieb somit bei einer netten Bekanntschaft. Mit *Rock Me Amadeus* wurde er zum internationalen Star, fand aber 1998 ein trauriges Ende, als er bei einem Autounfall in der Dominikanischen Republik ums Leben kam. Man munkelt, dass er während des Crashs unter Drogeneinfluss stand, was mich alles andere als wundern würde. Schließlich hatte ich damals seinen Hang zur leichtsinnigen Unbedarftheit miterlebt.

Der »Kommissar« verwies mehrmals in seiner Karriere in seinen Texten auf Drogen. Vor seinen Solopfaden bei der Gruppe

Drahdiwaberl sprach er im Song *Ganz Wien* von »Kokain und Kodein, Heroin und Mozambin machen uns hin, hin, hin« und im Refrain von »Ganz Wien – ist heut auf Heroin, ganz Wien – träuft mit Mozambin, ganz Wien – greift auch zu Kokain, ganz Wien – ist so herrlich hin«. Im ersten Hit als Kunstfigur Falco *Der Kommissar* dichtete er »Der Schnee, auf dem wir alle talwärts fahren«, und auch 1995 thematisierte der Falke unter dem Pseudonym T>>MA Kokain im Lied *Mutter, der Mann mit dem Koks ist da.*

Es mag widersprüchlich erscheinen, dass ein und dieselbe Person einerseits die Probleme des Kokainkonsums deutlich erkennt, aber andererseits den gleichen Stoff in Mengen durch die Nase zieht, als sei es unbedenkliches Naschwerk. Ich erklärte mir das Phänomen so, dass der ursprüngliche Charakter Johann Hölzel sehr wohl um die Gefahren des Drogenkonsums wusste und darauf in den Lyrics einging, währenddessen das Alter Ego dem Gesungenen kaum Bedeutung beimaß. Nach der Devise »Was schert mich mein Geschwätz von gerade?« schniefte es weiter, dass es nur so staubte. Mir war in der damaligen Phase die Seite des bösen Mr. Hyde von Falco lieber, weil ich mit ihm um die Häuser ziehen wollte. Sie versprach Lebensfreude, Abenteuerlust, Sorglosigkeit … also alles das, was auch mich jenseits des pflichtschuldigen Arbeitspensums antrieb.

22

TURALURALURA…MIR, ICH MACH, WAS ICH WILL, UND WAS MACHT IHR?

Unser Erfolg machte es unmöglich, neue Songideen zu entwickeln und gleichzeitig in Großenkneten zu wohnen, denn die Geister, die wir gerufen hatten, holten uns ein. Der Fanauflauf am Haus der Regenter Straße 10 a nahm Ausmaße an, die ein kontinuierlich kreatives Klima völlig verhinderten, von einem Rückzugsort der Entspannung ganz zu schweigen. Also packten wir das Kellerstudio ein und begaben uns Anfang 1983 in die Einöde der Schweizer Berge nach Gais in den Kanton Appenzell, um dort in einem abgeschiedenen Haus an frischem Material zu proben. Am liebsten hätte ich nach wenigen Tagen den Ort wieder verlassen, denn als Flachlandtiroler behagten mir die Berge überhaupt nicht. Eingekesselt von 2.000er- bis 3.000er- Anhöhen, schränkte sich für meinen Geschmack der Horizont zu stark ein. Der vertraute weite Blick fehlte mir, und Beklemmungen stiegen auf.

Als wollte das Schicksal mir Übles, weckte mich darüber hinaus regelmäßig frühmorgens ohrenbetäubendes Explosionsgrollen, welches durch mehrfaches Echo zu einem Crescendo anwuchs. »Das ist das heimische Militär«, klärten uns Sachkundige beruhigend auf. »Die werfen täglich um die gleiche Zeit per Hubschrauber Detonationskörper auf lawinengefährdete Hänge, damit sie abrutschen. Das dient dem Schutz der Touristen, die kurz darauf die Skipisten berennen. Das dauert höchstens eine halbe Stunde, dann ist der Spuk wieder vorbei.«

Zum Glück sah das Schweizer Bombenkommando den Rest des Tages von der martialischen Art der Schneeräumung ab, weswegen unsere Aufnahmen davon ungestört durchgeführt werden konnten. Das freute uns wirklich, denn ein Nachfolgealbum zu *TRIO* war überfällig. Auch deshalb sperrte ich meinen innerlichen Widerwillen gegenüber der Landschaft in eine Kammer ein und schloss ab.

Nur manchmal, wenn für mich keine Aufgaben anstanden, weil Heino de Witt, Remmler und Klaus Voormann – der kam sporadisch vorbei und hörte sich das Eingespielte an – das Material abmischten, verdrückte ich mich wochenweise von Zürich über Bremen nach Südoldenburg. Dort wurde der Motivationstank bis zum nächsten notwendigen Zwischenstopp wieder aufgefüllt.

Kralle blieb dem Soundschleifen am Pult ebenfalls fern, aber im Gegensatz zu mir fühlte er sich in den Bergen wohl. Er genoss es zum Beispiel, auf einem Motorschlitten wie ein Irrer durch den Schnee zu heizen, ein Faible, welches im Video zu *Turaluraluralu* verewigt werden sollte.

Während der Diskussionen über das Songmaterial merkte ich, dass die Einstellungen über die Gestaltung zukünftiger Stücke mittlerweile deutlich von der ursprünglich gleichen gemeinsamen Gesinnung abdrifteten. Einigkeit herrschte nur darüber, in der musikalischen Umsetzung den Fokus aufzuziehen, sodass unter anderem der Bass, aber auch andere Instrumente Einzug hielten. Konträr waren die Ansichten jedoch im Hinblick auf das künstlerische Gesamtkonzept.

Remmler bemühte sich, in Richtung Schlager zu gehen. Für Kralle und mich vollkommen undenkbar. Die abnehmende Einhelligkeit wurde jedoch nie in einer expliziten Aussprache thematisiert. Nun muss man bedenken, dass Stephan ursprünglich aus der Schunkelecke gekommen war, und erst sein Misserfolg unter dem Pseudonym Rex Carter mit den beiden Flops *I Know It's Over* (1971) und *Ich liebe die Sonne* (1971) hatten ihn aus dem honigsüßen Schmalzrefugium hinausgeschossen, nicht ohne allerdings dicke Schmauchspuren auf den Geschmacksknospen seines Musikempfindens zu hinterlassen.

Die zahlenmäßige Überlegenheit innerhalb der Band traf jetzt auf die gewichtige Rolle unseres Sängers hinsichtlich der Produktion und des Arrangements von Songs. Ehrlicherweise muss ich Stephan Remmler zugestehen, dass er der Kopf von TRIO war, ohne ihn hätte es keine Band dieses Namens und dieses Erfolges gegeben, da beißt die Maus keinen Faden ab. Entsprechend fiel sein Hang aus, zunehmend alles an sich zu ziehen. In seinen Bereich fiel nicht nur der Part, die Texte zu schreiben, sondern – und das darf man keinesfalls unterschätzen – bei ihm liefen auch die Drähte zwischen der Plattenfirma und uns zusammen. Er handelte im Alleingang die Verträge aus.

Auf Abstand gehend, gewann ich den Eindruck, und mit mir Kralle, dass unser Frontmann von Beginn an TRIO nüchtern, rational, ökonomisch, clever betrachtet hatte und dabei immer strikt seinen eigenen Interessen gefolgt war. Solch planerisches Vorgehen widersprach dem Naturell von Kralle und mir. Wir wollten vordergründig unsere Musik machen, sorglos leben und Spaß haben.

Die Überlegung, in eine grundsätzlich neue Richtung zu gehen, gab es bei uns nicht. Rock 'n' Roller haben keine Basis für Diskussionen. Entweder man macht es, oder man macht es nicht. Ich gebe Keith Richards von The Rolling Stones absolut recht, wenn er sagt: »Rock 'n' Roller verständigen sich über die Musik, nicht über die Sprache.« Jahrelang hatten Kralle und ich in ranzigen Kellern geprobt, uns zum Teil in verrauchten, biergeschwängerten Festzelten, düsteren Clubs, feuchten Kaschemmen durchgeschlagen und waren in alten, engen, reparaturbedürftigen Transportern oder Kleinbussen, in denen wir auch manchmal unbequeme Nächte verbrachten, von Gig zu Gig gefahren. Alles nur, um über die Runden zu kommen und mit der Aussicht liebäugelnd, dass irgendwann der Durchbruch kommen würde.

Nun hatte das Darben ein Ende. Der plötzliche Erfolg öffnete unglaublich viele Türen, wodurch Geld und Vergnügen das Dasein bestimmten. Diesen Zustand samt den damit verbundenen Privilegien genossen wir beide in vollen Zügen und ließen uns wie Quallen in den Wogen des Luxus treiben, ohne zielgerichtete Gedanken an die Zukunft zu verschwenden.

Der Umgang mit der über Nacht gekommenen Popularität, die Realisierung dessen, was sich sprunghaft änderte, beschäftigte und forderte das Aufnahmevermögen von Kralle und mir derart intensiv, dass wir zu Beginn des Ringens um die zukünftige musikalische Ausrichtung leichte Beute für die Schlagerambitionen von Remmler wurden. Sie gefielen uns zwar nicht, aber die Aversion gegenüber dem Geschäftlichen gepaart mit fehlender Eigeninitiative brachten uns dazu, muligleich am Seil hinterherzutrotten. So kamen wir um die zahlreichen *Hitparade*-Besuche nicht herum, obwohl die Sendung – bis auf den bereits erwähnten Premiereauftritt – nicht im Geringsten den Plattformen entsprach, auf denen Kralle und ich uns präsentieren wollten. Das war Remmlers Geschichte, in die wir uns – wieder passt der Muli-Vergleich – hineinziehen ließen. Konzept und Durchführung der Sendung standen für den spießigen Muff bürgerlicher Wohnstuben, in denen gürkchenverzierte Schnittchenteller darauf warteten, begleitet von von Bata Illic, Karel Gott oder Mary Roos verseuchtem Liedgut, verzehrt zu werden. Bands wie Ideal hatten die drohende Anwesenheit mit ihrer Single *Keine Heimat* dort sogar als Aufhänger für ihre Auflösung genutzt.

Eine Spitze der Polarisierung bei TRIO stellte der komplett aus Remmlers Feder stammende Song *Turaluraluralu – ich mach BuBu was machst du* dar, für den später Abgaben entrichtet werden mussten, weil ein gewisser Jim Reeves – nie vorher gehört und nachher auch nicht mehr – angeblich mit seinem Song *Welcome to My World* die Vorlage geliefert hatte. Es gehörte schon einiges an Fantasie dazu, Parallelen zu entdecken oder gar dahinter Absicht zu vermuten.

Das in Noten gegossene süßlich-verklebte Zuckerwerk, welches eindeutig auf das Weihnachtsgeschäft abzielte, jedoch im Sommer geschrieben worden war, besaß kein Fitzelchen an Schnittmenge mehr mit der ursprünglichen TRIO-Vorgabe. Die radikale Abkehr vom anfänglich trockenen, punktgenaueren, klaren, anarchischen, unabhängigen (Punkrock-)Muster vollzog sich mit der kommerziellen Erfolgsabsicht der Christmas-Schmonzette so stark, dass beim instrumentversierten Teil der Band zum ersten Mal deutlich Unmut aufkam, allerdings nicht offen ausgetragen. Eine heftigere Auseinandersetzung wurde auch dadurch umgangen, dass von einer Veröffentlichung als Single zunächst abgesehen wurde.

Das lag jedoch nicht am Einspruch von Kralle und mir, sondern einzig und allein an dem verspäteten Vertriebsbeginn. Es wurde schlicht und ergreifend der richtige Moment versäumt, mit der kommerziellen Ausschlachtung von *Turaluraluralu* zu beginnen. Zum ersten Mal brachten wir den Song einem großen Publikum Anfang Dezember 1982 bei *Thommys Pop-Show* dar. Auf Platte eingespielt wurde er Heiligabend 1982 in den berühmten Paramount Studios in Hollywood, in denen auch Bing Crosby 1947 *White Christmas* auf Vinyl – oder war es noch auf Schellack? – gesungen hatte. Remmler behauptete, dass sich der besondere weihnachtliche Spirit der Aufnahme auf die Lokalität gründe. Vielleicht sollte man aber auch erwähnen, dass ein äußerst gut geschulter Chor zusammen mit professionellem Orchester das unersetzliche Übrige dazu beigetragen hat, denn Spirit allein macht kein Lied. Ich als Schlaghandwerker muss das wissen.

Die Produktion des Videos entzweite TRIO noch zusätzlich, denn sie setzte sich aus drei Teilen zusammen, die anschließend zusammengeschnitten wurden. Kralle verfrachtete man samt Dackel in die Schweizer Berge nach St. Gallen, wo er ungeschickt in den Schnee fallen, auf einem Schneemobil durch die weiße Landschaft heizen oder Gemütlichkeit verbreiten sollte, indem er eine reich ornamentierte Kerze anzündete.

Mich verschlug es zwei Tage in einen Zirkus, der irgendwo in Norddeutschland rastete, wo ich rücklings von einem Stuhl fiel, ungefährliche Tiere streichelte, sie fütterte und mich vor einer hölzernen Scheibe den Geschossen eines Messerwerfers – von mir selbst verkörpert – stellte, ohne mit der Wimper zu zucken.

Während Krawinkel und ich also vergleichsweise mit Magerkost in kühler bis kalter Region bedient wurden, jettete Remmler, sicherlich außerhalb der Grottenklasse, ins sonnige Los Angeles, besuchte geschichtsträchtiges Terrain, hielt ab und zu sein Gesicht in die Filmkamera und ließ ansonsten hauptsächlich Chor und Orchester arbeiten. Zusammengefasst ergab sich also folgende Situation: Ein Drittel der Band hatte sich bei der Titelkomposition durchgesetzt, die bei den anderen zwei Dritteln – gelinde formuliert – mehr als einen pelzigen Geschmack auf der Zunge erzeugte. Und damit nicht genug, profitierte Remmler von Annehmlichkeiten des Luxus, die Kralle und mir vorenthalten wurden. Ein plausibleres Beispiel für das Sprichwort »Der Teufel scheißt immer auf den größten Haufen« hätte man kaum finden können. Kralles burschikose Reaktion lautete dann auch – zumindest sinngemäß: »Ey, watt soll datt denn!? So'n Scheiß mach ich nicht mehr mit! Lass den Remmler laufen!«, und ich hatte vollstes Verständnis für die Entrüstung.

Neben dem Zugeständnis, an Stelle von kleinen Clubs auch größere Bühnen zu bespielen, bildete die Unstimmigkeit über die zukünftige Ausrichtung von TRIO und das Resultat daraus einen weiteren Mosaikstein, vielleicht gar einen Mosaikblock, auf dem Weg der Entfernung von den gemeinsamen Wurzeln.

Leider verschlimmerte die Sprachlosigkeit die Lage. An offenen Worten mangelte es, schon allein deshalb, weil niemals umfassende Diskussionstreffen stattfanden. Nur ein einziges Mal 1983 bat ich Remmler und Kralle inklusive des TRIO-Managers zu einem Gespräch in ein Züricher Hotel, weil wir gerade in der Schweiz zu tun hatten.

Pünktlich zum vereinbarten Termin versammelten wir uns im Foyer. Ich steuerte unter Auslassen großen Vorgeplänkels direkt den Kern meines Anliegens an und konfrontierte meine Kompagnons mit der Frage, ob sie sich vorstellen könnten, mich rückwirkend an den Rechten der entwickelten TRIO-Lieder zu beteiligen. Schließlich fiel das Arrangement von Songs wie *Da Da Da* zu einem guten Teil auch in meine Verantwortung. Nur hatte die GEMA diesen Bereich seit 1982 aus der Auflistung der finanziell zu berücksichtigenden Personen herausgenommen, weshalb ich nun leer ausging. Remmler ploppte sofort ein »Nä!« heraus, während Krawinkel Unschlüssigkeit zeigte. Schlussendlich hielt er aber zu Remmler. Wahrscheinlich war die größere Vertrautheit aufgrund der langen gemeinsam verbrachten Lebenswege dafür verantwortlich. Die lediglich fünf Minuten dauernde Unterredung paarte eine eiskalte Dusche mit großer Enttäuschung für mich, welche richtig schmerzte. Aber es änderte nichts. Aus die Maus. Ende Gelände. Vertan, sprach der Hahn.

Ich denke, sagen zu können, dass das Gesamtbild von TRIO innere und äußere Risse bekam. Trotzdem fiel dieser Makel noch nicht verheerend aus, weil wir uns zusammenrauften in dem Sinne, dass jeder sich auf dem kommenden Longplayer individuell wiederfinden sollte. Bei allem Streben nach einer Weiterentwicklung war es gleichzeitig das Ziel, dem Wiedererkennungswert der Band genügend Platz einzuräumen.

Das Ergebnis bestand aus einer ausgewogenen Trackzusammenstellung und einer Produktion, die glatter, ausgefeilter und Chart-kompatibler ausfiel als der rohe, energiegeladenere Vorgänger. Dennoch besaß es immer noch den Charme der Einfachheit, ohne ins Alberne und Lächerliche zu verfallen.

Man einigte sich bei dem Album, welches übrigens im Studio der Krautrocklegende Can in Weilerswist aufgenommen wurde, auf *Bye Bye* als Titel, der lautmalerisch doppeldeutig interpretiert werden konnte. Neben der englischen Verabschiedungsfloskel bestand auch die Möglichkeit, ihn als Kaufaufforderung »Buy, buy« – also »Kaufe, kaufe« – aufzufassen. Und die bezog sich keineswegs nur auf den Erwerb der LP, oh nein. Die Außenhülle unterteilte sich in eine Anzahl flächengleicher Segmente, die Interessenten gegen Zahlung von 10.000 DM zu Werbezwecken buchen konnten. Das dadurch eingenommene Geld spendeten wir an Greenpeace.

Für mich gilt der Titel *Bye Bye* aus heutiger Sicht als Vorbote der Bandauflösung. Wir spulten zwar weiterhin routiniert das Promotionprogramm ab, verzeichneten auch ordentliche Erfolgszahlen, inklusive der elendigen Singleauskopplung *Turaluraluralu*, die den Gabentisch des Weihnachtsgeschäfts 1983 füllte und gut lief, weil sie sich dabei der alljährlich wiederkehrenden Sentimentalität der Menschen bediente und ihnen auf diese Weise das Geld aus der Geldbörse leierte. Aber die Luft war raus.

Kurz vor dem Entschluss, folgerichtig eine schöpferische Pause einzulegen, um Abstand zu gewinnen, starteten Kralle, Remmler und ich Anfang November 1983 mit nicht allzu großen Ambitionen zu einer kurzen Tournee durch Nordamerika. Auch dort hatten wir, vor allem in der kanadische Hitliste, Ende 1982 ordentlich für Furore gesorgt. Allein der Jubel in Städten wie Toronto, Montreal oder Ottawa überraschte uns in seiner Wucht schon. Wir hefteten ihn jedoch unter der Kategorie Charterfolgsgeschichte ab.

Als dann aber auch noch die Auftritte in Los Angeles und im weltbekannten New Yorker Rockclub Ritz einschlugen wie eine Bombe, ohne dass TRIOs Kreativergüsse vorher sonderlich große Beachtung bekommen hatten, überwältigte mich ein unglaublich wohliges Gefühl. Wieder einmal erlebte ich alles wie in einem – positiven – Schockzustand. Es rauschte an mir vorbei, ohne dass ich es wirklich realisierte. Vor allem den in L.A. den Hauptbestandteil des Publikums ausmachenden Schwarzen gefiel unsere Musik richtig gut, und sie gingen darauf ab wie Tarzan auf Jane. Im Dunkeln sah ich nur deren Augen, ein irgendwie unheimliches Bild, das ich nie vergessen werde. Und dieser Zuspruch prasselte auf uns hernieder, obwohl vor dem Gig Remmlers Stimme versagte, die nur notdürftig durch einen von Klaus Voormann besorgten Arzt funktionstüchtig gespritzt und medikamentiert worden war.

Mediale Platzhirsche lobten unsere Show in höchsten Tönen, etwa das *Rolling Stone*-Magazin (»Rockfans sollten rennen, nicht laufen, um sich diese Platte zu kaufen«) oder die *New York Times* (»Die Mischung aus ausgefeilter Technik, simplen Instrumenten, hintergründigem Humor und unverfälschter Rock-Power machte diesen Auftritt zu einem der amüsantesten dadaistischen Rockereignisse des Jahres«). Dabei hatten wir an den Songs selbst nichts geändert, lediglich die Ansagen machte Remmler auf Englisch, das er dank einer langjährigen Beziehung zu einer US-Amerikanerin glänzend sprach. Welch ein Balsam für mich nach dem Ärger über das Presseecho in der Heimat. Unter der Rudelführung der täglich erscheinenden Boulevardzeitung mit den vier großen Buchstaben – Tipp: DILB ist es nicht – hatte es uns vornehmlich in die Schublade »die Blödelband aus Ostfriesland« einsortiert. Ein Großteil der Schriftlandschaft, bestückt mit angeblich intellektuell versierten Köpfen, hatte das Konzept TRIO schlichtweg nicht kapiert.

Wir gerieten bei den US-Konzerten in das Blickfeld einiger alteingesessener internationaler Prominenter wie Jackson Browne *(Running on Empty, Take It Easy)*. Randy Newman *(Mama Told Me Not to Come, I Think It's Going to Rain Today, You Can Leave Your Hat on)* verblüffte vor allem, wie wir es trotz der sparsamen, reduzierten Ausstattung schafften, den Raum akustisch und personell vollends zu füllen. Joe Jackson *(Is She Really Going out with Him?, Steppin' out)* zeigte sich gegenüber Klaus Voormann derart angetan, dass er uns unbedingt mit auf eine halbjährige US-Tour nehmen wollte. Remmler lehnte das Angebot, obwohl geschmeichelt, sofort ab, weil bereits in seinem Hinterkopf – so meine Vermutung – Soloambitionen in Deutschland schwirrten, wohingegen Kralle sofort bereitwillig die Sachen packen wollte, um aufzubrechen. Für ihn war es selbstverständlich, die Chance zu nutzen. Mit Jackson als etabliertem, äußerst fähigem Rockgrößen-Zugpferd wären wir in den Genuss gekommen, internationale Erfahrungen zu sammeln, was eine enorme Bereicherung und Erweiterung des eigenen Horizontes bedeutet hätte.

Mir oblag es nun, die Waage der Entscheidung in Richtung US-Tour oder Rückflug ausschlagen zu lassen. Nun muss man wissen, dass ich in jenen Tagen gerade im siebten Himmel der Beziehung zu Uschi Borsche schwebte. Außerdem schwante mir Böses, falls Kralle und ich auf das Bleiben gepocht und uns zusammen gegen Remmler gestellt hätten. Ich glaubte, damit das Ende von TRIO heraufzubeschwören, das zu verhindern mir am

Herzen lag. Daher begab ich mich auf die Seite von Remmler. Aus heutiger Sicht ein Fehler.

Die Lennon-Witwe Yoko Ono lernten wir in den USA sogar persönlich kennen, die mit ihrem Sohn Sean vorbeischaute. Der Kontakt zu ihr war bereits zuvor von Klaus Voormann hergestellt worden, und auf der *Bye Bye*-Platte befand sich die TRIO-Interpretation ihres Songs *Wake up*, bei dessen Videoclip in Weilerswist wir einen heimatlichen Männerchor ins Abschlussbild aufnahmen, der inbrünstig die letzten Passagen sang. Zu meinem Glück übernahmen andere die Konversationen, wenn es ins Englische überging. Obgleich dem Samen eines GIs entsprungen, war mein Vermögen im Umgang mit dieser Sprache auf dem Level einer Katastrophe, und den Zustand halte ich bis dato.

In der unwirklich erscheinenden, weltmännisch aufgeladenen Atmosphäre der US-Konzerte, in der man mir unaufhörlich das Shirt hochschob, um mir den Bauch zu pinseln, und mich dann unter die warme Brause andauernder Lobhudelei stellte, platzte nach dem New Yorker Gig völlig unerwartet der enthusiasmierte Drummer der inzwischen aufgelösten Hamburger Rockformation Frumpy, Carsten Bohn, in die Garderobe. Ihm gelang es, mich langsam wieder auf den Boden der Tatsachen zu bringen.

Klaus Voormann ist bis heute der Ansicht, dass die US-Promoter der Phonogram seinerzeit schlampig und unprofessionell gearbeitet beziehungsweise Arbeitsverweigerung betrieben haben. Ansonsten wäre TRIO der Durchbruch im »Land of the free« gelungen. Dieser Meinung kann ich mich nach den Erfahrungen in New York und Los Angeles nur anschließen.

Zurück in Deutschland, legten Remmler, Kralle und ich 1984 die bereits anvisierte schöpferische Pause ein. Jeder nutzte die Gelegenheit, sich den persönlichen Vorlieben zu widmen, die das TRIO-Korsett bislang verhindert hatte. Ich sammelte in dieser Zeit bereits im Vorfeld Erfahrungen auf einem Gebiet, welches im Zentrum der nächsten Phase der Band stehen sollte …

23

»DREI GEGEN DREI« – EICHINGER – »DER NAME DER ROSE«

Aaaaaahhhhh! Welch ein herrliches Gefühl! Kein Auftritt, keine Menschenbelagerung, keine Werbeochsentour, keine nervenden Fragen. Einfach nur sein! Die Ruhe genießen und mir vieles gönnen, was zum, neudeutsch ausgedrückt, »Chillen« gehörte. Das war 1984 für sechs Wochen die, zugegeben sehr komprimiert dargestellte, Situation für mich.

Ich ließ es mir auf der First-Class-Hauptinsel der Seychellen Mahé – Urlaubsziel der oberen Zehntausend – richtig gut gehen und frönte ausgiebig meiner zweifelhaften Fähigkeit, Geld zu verprassen. Meine damalige Freundin Uschi Borsche, ehemalige Schwiegertochter des den Älteren noch bekannten renommierten Filmschauspielers Dieter Borsche (zum Beispiel Edgar-Wallace- oder *Dr. Mabuse*-Verfilmungen), begleitete mich auf das Traumeiland.

Küsste uns sanft der Tag wach, kam er erst durch eine ordentliche Portion Sex so richtig ins Rollen. Anschließend frühstückten wir, fuhren Boot oder segelten. Windsurfen gehört seitdem zum Vorrat meines Erlernten. Spätnachmittags übten Uschi und ich uns wieder in der Disziplin intensiven Beischlafs, um abends zum gemütlichen Ausklang gemäß »Heidewitzka, was kost' der Kapitän« ausgiebig die Bar durchzuprobieren.

Uschi verzichtete stets darauf, mir den übermäßigen Alkoholgebrauch madig zu machen, was unsere Partnerschaft deutlich begünstigte. Alle anderen vorhergehenden und auch nachfolgenden Freundinnen verfielen irgendwann in einen bemutternden, gängelnden Singsang, woraus früher oder später, gleich einer hängenden Platte, sinngemäß folgender Dialog entsprang:

»Peter, musst du so viel trinken? Das ist nicht gut für dich.«

»Lass das mal meine Sorge sein.«

»Wenn das so weitergeht, dann muss ich mich von dir trennen.«

»Ja, dann mach dat doch.«

Und siehe da, bald darauf kehrte wieder Ruhe vor dem Tresen ein. Die Leber bekam weiterhin Beschäftigung, wohingegen meinen Ohren der Geifer der zeternden Nervensägen erspart blieb.

Aus dem gemeinsamen Haus in Großenkneten war ich Anfang des Jahres ausgezogen, unter anderem wegen der Querelen über die finanzielle Gewinnbeteiligung. Außerdem musste – so sah ich es zumindest – der Entschluss, Abstand voneinander zu gewinnen, neben der persönlichen in einer räumlichen Distanz gipfeln.

Der Stadtteil Solln in München war nun die neue Wahlheimat, wo ich mit Uschi zusammenzog. Kennengelernt hatten wir uns 1983 bei einer Fotosession namens »Neue Deutsche Welle – Neue Deutsche Pelle«, bei der ich mich aufgrund meiner Fotografenausbildung gerne aktiv an der Inszenierung der TRIO-Bilder beteiligt hatte. Dadurch waren wir zwei in engeren Kontakt gekommen.

Uschi war mit diplomatischem Fingerspitzengefühl in der Lage gewesen, mich von meiner Weigerung, andere Klamotten zu tragen als mein TRIO-Outfit, abrücken zu lassen. Was zunächst als zartes Pflänzchen der gegenseitigen Zuneigung begonnen hatte, war zu einer Größe und Stabilität angewachsen, die es uns wagen ließ, engere Bande zu knüpfen.

Zu meinem Wohlgefallen hatte Uschi sich innig um mich gekümmert. Ich war wohl ihr Typ gewesen, und sie hatte viele gemeinsame Unternehmungen vorgeschlagen. Mir haftete zu jener Phase Manipulierbarkeit an – sprich: man konnte mit mir nahezu alles machen –, weil mich der Erfolg immer noch wie unter einer Käseglocke vor dem direkten, unmittelbaren, fühlbaren Kontakt mit der Außenwelt abschirmte. Sofern man mir Respekt für meine Musik zollte und meine Trink- beziehungsweise Saufgewohnheiten akzeptierte, zählte ich zu den zufriedensten und friedlichsten Menschen des Erdballs.

Uschi brachte mich in die für mich sehr interessante Welt des Films hinein, womit ich mich im restlichen Abschnitt des Pausenjahres beschäftigte, eine sehr inspirierende Episode. So wirkte ich in der Verfilmung von Ernst Glaesers Buch *Der letzte Zivilist* mit Max von Sydow in der Hauptrolle genauso mit wie im künstlerisch anspruchsvollen Film *1000 Augen* mit einer imposanten Besetzung, unter anderem bestehend aus Barbara Rudnik, Armin Mueller-Stahl, Peter Kraus, Karin Baal, Gudrun Landgrebe, Vera Tschechowa und Hannelore Hoger.

Für letztere Produktion spürte mich der Regisseur Hans-Christoph Blumenberg deswegen auf, weil er TRIO in verschiedenen Videos gesehen hatte. Neben dem Bekanntheitsgrad sprach ihn mein Mienenspiel an, was dem Kunstanspruch eines Autorenfilms, und in diesem Metier wandelte Blumenberg, entsprach. Besonders mein in den Augen liegendes verschmitztes Lächeln faszinierte ihn, welches einige Male in Großaufnahme gezeigt wurde. Das passte sehr gut zu meiner Rolle als wortkarger Killer, der im Auftrag seines Chefs – gespielt von Armin Mueller-Stahl – Fahnder umbrachte, die gegen Raubkopierer vorgingen.

Habe ich eben den Begriff »wortkarg« benutzt? »Wortlos« trifft es genau. Auf mein Betreiben hin wurden sämtliche ursprünglich vorhandenen Sprachanteile gestrichen, da ich der Meinung anhing, dass mein in der Öffentlichkeit bekanntes Wesen kein verbales Mitteilungsbedürfnis vertrug.

Aus diesen Dreharbeiten ist mir vor allem die leider schon verstorbene Barbara Rudnik in Erinnerung geblieben. Manchmal saßen wir stundenlang im Foyer des Teamhotels beim Streichholzspiel »Zippeln«, ganz heiß darauf, dem anderen den Gewinneinsatz in Form einer Flasche Wein abzuluchsen.

Bei der Premiere zu *1000 Augen* erschien sogar die Boxlegende Muhammad Ali. Das war ein beeindruckendes Erlebnis, einen Mann seines Kalibers in der Nähe zu wissen und sagen zu können, dass dieser einem Ereignis beiwohnte, zu dessen Zustandekommen ich beigetragen hatte.

Stark vom Anspruchsvollen abweichend, aber keineswegs weniger erfahrungsintensiv war die Komödie *André schafft sie alle* mit Franco Nero und Ingrid Steeger als Hauptakteure, wobei der Trailer mich wenig verheißungsvoll mit »TRIO-Trommler Peter Behrens als der jodelnde Kamikaze aus Südtirol« ankündigte.

In diesem Zusammenhang hat sich mir die wohl längste Wartezeit meiner Karriere unauslöschlich ins Gedächtnis eingebrannt. Für einen Take berief mich die Regie morgens um sechs Uhr zum Drehort, wo ich gepudert und geschminkt in filmadäquate Kleidung gesteckt wurde und der Dinge harrte, die da kommen sollten. Sie kamen aber nicht, sondern verlangten von mir zunächst ein Gläschen Geduld, dann eine Tasse Geduld, dann einen Pott Geduld ... einen Eimer Geduld ... Waschwanne Geduld ... Tanklastzug ... Um 20 Uhr, der Sonnenuntergang verströmte vergeblich versöhnliches, beruhigendes rotes Licht auf mein Gemüt, schaute ich immer noch in die Röhre. Der Schutzmechanismus der Bewusstseinstrübung hat mich vergessen lassen, ob es an jenem Tag überhaupt noch zu meinem Einsatz gekommen ist.

Während meiner Münchener Wohnphase logierte vorübergehend René Weller bei uns im Haus, den ich etwa ein halbes Jahr zuvor bei Alfred Biolek kennen- und schätzen gelernt hatte. Er bereitete sich hier auf den Boxeuropameisterschaftskampf im Leichtgewicht in Frankfurt am Main vor (den er am 9. März 1984 gegen den italienischen Titelverteidiger Lucio Cusma gewann), und ich leistete quasi Sparring zu Fuß, indem wir einige Male die 2,5 Kilometer lange Strecke um den Tierpark Hellabrunn, der ganz in der Nähe lag, gemeinsam absolvierten. Das widersprach eklatant meiner sonstigen Gewohnheit, meinen Körper vor sportlichem Stress zu bewahren. Um sofort einem Missverständnis vorzubeugen: Während ich meine Strecke machte, überrundete mich Weller mehrmals. Ich hatte keine Chance, auch nur im Ansatz Paroli bieten zu können.

Wie bei vielen Prominenten unterschied sich Renés privates Verhalten von seinem Auftreten, sobald Kameras surrten, Mikrofone seine Stimme transportierten oder Journalistengriffel selektierend, sezierend protokollierten. Mir gegenüber ein Kumpel der Extraklasse, zog er auf der anderen Seite einen Schutzschild aus Arroganz und Unnahbarkeit gegenüber unliebsamen, schwer einzuschätzenden Personen hoch. Ein gutes Versteck für emotionale Verletzlichkeit.

Beim Kampf um die Eurotrophäe trafen Uschi Borsche und ich auch den Schlagersänger Christian Anders, der beruflich damals auf dem absteigenden Ast war, sich aber noch des Besitzes eines schicken Sportwagens Marke Excalibur rühmen konnte. Darin lud er uns beide zu einer Spritztour durch die Bankenmetropole ein. Anders war ein netter Kollege, der sich kurz darauf nach Los Angeles verabschiedete, wo er als spiritueller Führer namens Lanoo sein Heil suchte, wobei ihm das Verfassen des 3000-seitigen (!) Werkes *Buch des Lichts* half.

Remmler und Kralle trieben sich weiter im musikalischen Umfeld herum. Krawinkel heuerte bei Marius Müller-Westernhagen an, übernahm auf dem Album *Die Sonne so rot* die Leadgitarre und ging mit auf Deutschlandtour. Remmler verfolgte kontinuierlich seine Soloambitionen und brachte mit einem Mädchen namens Nina die Single *Feuerwerk* heraus, einen mittelschweren Hit. Bereits zu diesem Zeitpunkt dachte ich: Peter, pass auf, der Remmler driftet weg. Der löst sich von TRIO. Eine Meinung, die übrigens auch Kralle vertrat.

Zu Beginn des Jahres 1984 – die Ruhephase war beendet und TRIO standen wieder in den Startlöchern – nahm der permanent zwischen München und Los Angeles pendelnde Filmproduzent Bernd Eichinger parallel Kontakt zu uns und unserem Management auf. Wir verabredeten einen Termin in einem Hotel am Frankfurter Flughafen. Eichinger hatte sich bereits mit *Christiane F. – Wir Kinder vom Bahnhof Zoo* oder *Die unendliche Geschichte* einen Namen gemacht. Als Reaktion auf den NDW-Streifen *Gib Gas ich will Spaß* – 1983 der erfolgreichste deutschsprachige Film – war er der Überzeugung, mit Hilfe von TRIO weiter auf diesen Trend setzen zu können. Schließlich seien wir im Vergleich zu *Nur geträumt*-Nena und *Ich will Spaß*-Markus, die im Mittelpunkt des

Klamaukprodukts standen, viel bekannter und tiefer, weil altersübergreifend in der bundesdeutschen Volksseele verankert.

Ich glaube, es ging ihm in erster Linie um bloße Geldabschöpfung bei einem schnell verebbenden Trend. Denn parallel beteiligte er sich an *Der Formel Eins Film*, der ebenso den vermuteten Publikumsgeschmack – dynamisch pulsierende populäre Musik, lose verkettet mit einem möglichst kurzweiligen Handlungsfaden (von Strang konnte keine Rede sein) – bediente.

Uns kam das Angebot sehr gelegen, weil wir orientierungslos dahinplätscherten, also nach konkreten Entwicklungsrichtungen suchten. Es bedurfte somit keiner Überredungskunst, machte uns jedoch leicht zu Opfern potenziell negativer Beeinflussung. Eichingers Engagement versprach das Betreten eines neuen, spannenden Terrains und schmeichelte dem Ego von Kralle, Remmler und mir. Immerhin umgarnte uns die Filmbranche, und zwar nicht irgendein drittes Programm, sondern die große Kinowelt klopfte an die Tür!

Für das Projekt mit dem Titel *Drei gegen Drei* wurde der unter anderem mit dem Bayerischen Filmpreis dekorierte Dominik Graf als Regisseur gewonnen, und bekannte Schauspieler wie Sunnyi Melles, Ute Lemper, Ralf Wolter und Peer Augustinski sagten ihre Teilnahme zu. Das Konzept der Story wirkte ebenfalls okay. Eigentlich waren die Rahmenbedingungen bei Drehbeginn im Mai 1984 also vielversprechend. Aus meiner Sicht begingen die Verantwortlichen aber leider den folgenschweren Fehler, den Trend der 1980er-Jahre, einen Film in Videoclipmanier zu drehen – viele schnelle Schnitte, rasantes Tempo –, TRIO aufzudrücken. Die Modeerscheinung war, wie so vieles, aus den USA eingeschleppt worden, klebte also quasi an den Klamotten von Eichinger, wobei ich ihm keinesfalls einen Vorwurf machte. Unter Dauerberieselung assimiliert man solche äußeren Einflüsse zwangsläufig, da sich die kritische Distanz verabschiedet.

Das Konzept passte für TRIO allerdings überhaupt nicht. Bei uns wäre eine schnittlose, langsame Einführung und Darstellung sowie eine ebensolche Entwicklung nötig gewesen. Das war auch die Überzeugung von Dominik Graf, die aber ebenjener des rasanzliebenden Eichingers entgegenstand. Man munkelt, dass es über diese unterschiedlichen Auffassungen zwischen Eichinger und Graf sogar zu einem Zerwürfnis gekommen ist, da der Produzent die Abschlussversion des Regisseurs auf eigenes Betreiben nochmals neu schnitt. Zweifellos lagen außerdem, zumindest im Falle von Remmler und Krawinkel, kaum schauspielerische Kenntnisse vor, was solche Blüten trieb, dass die Stimme von Kralle nachsynchronisiert werden musste.

Der zu großen Teilen von TRIO gestaltete Soundtrack passte sich der mangelnden Qualität nebst geringer Glaubwürdigkeit an. Abrupte Wechsel, aufgeblasenes 1980er-Jahre-Synthesizer-Tamtam liefen dem ursprünglichen Wesen der Band schroff zuwider. Das alles nahmen uns die Menschen nicht ab, weshalb das Gesamtpaket, trotz verheißungsvollen Beginns auf ganzer Linie, zum Rohrkrepierer mutierte. Kralle hatte schon vorab in prophetischer Manier prognostiziert: »Das wird 'n Flop.«

Ganze 102.621 Besucher verirrten sich nach der Premiere von *Drei gegen Drei* am 25. September 1985 in die Kinosäle der damaligen BRD. Damit belegten wir in den Jahrescharts einen wenig ehrwürdigen Platz 95, bei einer finanziellen Investition von fünf Millionen DM. Zum Vergleich: Platz eins, *Otto – Der Film*, verzeichnete etwa 86-mal so viele Zuschauer.

Ein Gutes hatte das gemeinsame Filmabenteuer aber doch, denn Kralle lernte bei den Dreharbeiten die von mir bis heute sehr geschätzte Monika Kölling kennen. Eros holte zwei Pfeile aus dem Köcher, zielte genau und sorgte dafür, dass es zwischen den Getroffenen funkte. Die zwei Turteltäubchen sind bis heute ein Paar, und so wie es aussieht, wird sich dieser Zustand auch nicht mehr ändern. Die Glücklichen.

Der filmische und musikalische Misserfolg verstärkte die Einsicht, dass TRIO vor dem – zumindest temporären – Aus standen. Dabei dienten nicht allein die vergleichsweise spärlichen Umsatzzahlen als Indikator für den schlechten Bandzustand, auch weitere externe und interne Umstände entzweiten uns …

24

»ALLES HAT EIN ENDE NUR DIE WURST HAT ZWEI«

»Das war's dann wohl.« Immer öfter wandelte der Gedanke durch meine Hirnwindungen. Zaghaft hatte dieser Prozess der Auflösung mit den Auftritten auf großen Festivalbühnen begonnen. Damit waren wir dem Prinzip des intensiven Publikumskontakts untreu geworden, was den Charme, die anarchische Note unserer spartanischen, aber nichtsdestotrotz effektvollen unterhaltsamen Bühnenshow ausgezeichnet hatte.

Im weiteren Verlauf verwässerte zudem der unverwechselbare TRIO-Sound im Bestreben, sich zu entwickeln und gleichzeitig allen zu gerecht werden, insbesondere dem angeblich vorherrschenden breiten Konsumgeschmack. Remmler zog es immer mehr in die Schlagerecke, und wäre es nach ihm gegangen, dann hätte die weihnachtliche *Turaluraluralu*-Schaukel die Schaltposition Dauerbetrieb erhalten, was aus meiner Sicht von der Plattenfirma dankend unterstützt worden wäre. Schließlich führte er die konzeptionellen Verhandlungen mit ihnen, wovon Kralle und ich – da müssen wir beide uns kritisch an die eigene Nase fassen – konsequent Abstand nahmen.

Auf diese Weise sicherte Remmler sich gleichzeitig die Option, dass im Falle des Auseinanderbrechens von TRIO die Phonogram auf ihn setzen würde, denn bei ihm wussten sie, was geliefert wurde: eine bekannte Marke, die sich öffentlich redegewandt, sympathisch in Szene setzen konnte und beim Publikum willkommen war. Er umging es, die Menschen mit unliebsamen Meinungen vor den Kopf zu stoßen, und wirkte nicht kompromittierend.

Seine hittauglichen Fähigkeiten hatte er ohnehin unter Beweis gestellt, wobei ihm selbst auf Solopfaden mit *Feuerwerk* ein veritabler Treffer gelungen war. Alles in allem stellte es für die Plattenfirma ein kalkulierbares Risiko dar, Remmler als One-Man-Show zu pushen mit dem vielleicht attraktiven Vorteil, dass er als Solist eine Kostenersparnis bedeutete. Zum einen musste nur ein Mann bezahlt werden, und zum Zweiten war eine Neupositionierung auf dem Markt wegen des zu tragenden Wagnisses für einen Künstler zunächst mit geldlichen Abschlägen behaftet.

Irgendwie werde ich rückblickend das Gefühl nicht los, dass das Label schon frühzeitig mit dem Aus unserer Truppe gerechnet hatte. Ebenso war den führenden Köpfen zeitig klar, wer auf der Besetzungskarte übrig bleiben würde. Mir ist bis heute völlig unbekannt, ob der Vertrag mit der Phonogram auslief, storniert wurde oder man sich anderweitig gütlich einigte.

Meiner Meinung nach spielte die Gesamtentwicklung in die Karten unseres Frontmannes. Die erfolglosen Versuche, als Schlagerstar Rex Carter Fuß zu fassen, hatten ihn mit uns nur zeitweise andere musikalische Wege beschreiten lassen. Letztlich wollte Remmler unverändert auf der Schnulzenterrasse ausgiebige Sonnenbäder nehmen.

Das ganze Treiben, nach anfänglichen Bedenken konsequent die *Hitparade* zu besuchen, die aus seiner Feder geflossenen tonalen Schmachtlappen *Sabine Sabine Sabine, Turaluraluralu, Herz ist Trumpf* oder auch die letzte TRIO-Single *My Sweet Angel* zeugten in Auszügen davon, wie stringent Remmler eine Etappe nach der anderen ansteuerte auf dem Weg, letztlich allein weiterzumachen. Dabei wurde er aber nie aufdringlich-fordernd, mit Ausnahme vielleicht der *Turaluraluralu*-Episode. Überspitzt formuliert, wage ich zu behaupten, dass Kralle und ich tonangebend unserem Handwerk nachgingen, während der Dritte im Bunde nur sang und zunehmend weit weg von uns seine Runden drehte.

Trotzdem: Aus keinem wäre ohne die anderen beiden etwas geworden. Manche nennen so etwas Schicksal, Gottes Fügung. Wir passten einfach zueinander wie die Faust aufs Auge. Ehrlicherweise muss ich mein eigenes Verschulden am Niedergang von TRIO mit in die Waagschale werfen und rede es auch nicht klein.

Wie bereits erwähnt, fühlte ich mich hinsichtlich der finanziellen Vergütung der Bandmitglieder deutlich benachteiligt, was mich demotivierte. Klar, Remmler und Kralle haben die Songs und Texte geschrieben, woran sie nachhaltig verdienten und immer noch verdienen. Ich wollte und will ihnen das wirklich nicht neiden. Aber es gänzlich außer Acht zu lassen, dass ich auf das äußere Erscheinungsbild der Truppe, die Bühnenshow und auch den Umgang mit dem Publikum und zum Teil den Medien entscheidenden Einfluss genommen hatte, hielt und halte ich schlichtweg für ungerecht.

Bei Künstlern wie Roland Kaiser, Lena Valaitis, Herbert Grönemeyer, Peter Maffay etc. war solch ein Augenmerk auf die Darstellung vielleicht nicht so wichtig, weil sie kein geplanter Bestandteil ihrer Präsenz war. TRIO jedoch lebten sehr stark von einem Gesamtkonzept, innerhalb dessen die Außenwirkung einen erheblichen Teil des Erfolgs ausmachte. Sie garantierte dauerhaft eine große Aufmerksamkeit bei gleichzeitiger Volksnähe.

Einen weiteren Beitrag zur EntTRIOnisierung leistete ich, indem die Aufnahmen zum letzten Album *What's the Password* ohne mein Zutun stattfanden. Allerdings tat meine Abwesenheit dem Prozess des Einspielens keinen Abbruch, denn Curt Cress übernahm den mir angestammten Part, um den Veröffentlichungstermin der Platte einzuhalten. Zweifellos gehörte Cress zu den besten Drummern Deutschlands, aber Kralle war wenig zufrieden mit ihm, was mir einleuchtete. Curt förderte Hektik. Ohne dass ich das negativ meine – jedoch auch nicht positiv –, verkörpert er einen waschechten Geschäftsschlagzeuger. Ihn beseelte die Absicht, die Sticks nach »Hausmarke Curt Cress« auf den Fellen rotieren zu lassen, damit jeder sofort wusste, wer sich hinter dem Gebotenen verbarg. Dabei spielte der harmonische Gleichklang eher die zweite Geige.

Zwar war und ist das Vorgehen, sich der Hilfe professioneller Studiomusiker zu bedienen, hinter den Kulissen gängige Praxis – siehe nur das Retorten-Duo Milli Vanilli im Jahre 1990 oder das Volksmusikflaggschiff Kastelruther Spatzen 2012 –, aber ich empfand es als Sinnbild des schwindenden Einigkeitsgefühls. Immerhin war ich Gründungsmitglied und wichtige, da beliebte Identifikationsfigur bei den Fans.

Warum ich nicht selbst die Schlagzeugfelle massierte? Nun, dafür zeichnete eigene Dummheit verantwortlich. 1980 bis 1981 hatte ich mich innerhalb von zwölf Monaten dreimal – wieder einmal die Zahl drei – unter Alkoholeinfluss mit 1,4 Promille, 1,6 Promille und 1,5 Promille am Steuer erwischen lassen. Jahrelang war diese Unart, bis auf den Führerscheinentzug, wovon einer in der Vor-TRIO-Zeit lag, ungesühnt geblieben. Aus diesem Grund betrug für mich die Wahrscheinlichkeit, innerhalb einer derart kurzen Zeit so oft in eine Kontrolle zu geraten, null. In meinem Inneren hatte die vernünftige Seite auf die Aufforderung »Lass die Finger davon« von der Gegenseite immer die Antwort »Das bin ich nicht. Ich probiere es. Ich will's jetzt wissen!« erhalten. Schön blöd! Dank eines Strafverteidigers aus der Starkanzlei Bossi, der gutes Geld gekostet hatte, war ich bei der Urteilsverkündung im Herbst 1984 mit glimpflichen fünf Monaten und 20 Tagen Arrest davongekommen, abzusitzen in Rottenburg am Neckar ab Mitte November.

Ein Glücksfall, denn im Rahmen von Resozialisierungsmaßnahmen durfte ich die Strafe als Freigänger absolvieren, weil mir meine frischgebackene Exfreundin Uschi Borsche eine Arbeit bei einem befreundeten Fotografen, Fachgebiet Mercedes-Trucks … überhaupt Autos, besorgt hatte. Der hatte bekundet, eine ausgebildete Fachkraft zu brauchen. Meinem Anwalt war es schließlich gelungen, das Gericht vom Sinn dieser Tätigkeit als Etappe zur Rückkehr ins gesellschaftliche Leben zu überzeugen. Somit ging ich tagsüber zur Beschäftigung – dabei war ich kaum im Labor, habe bis auf einige Kopien nichts gemacht – und rückte abends in den Verschluss ein, der mich am Wochenende ohne Ausgang in den Klauen hielt. An den Plattenaufnahmen, die Anfang 1985 stattfanden und auch nicht umgelegt werden konnten – die Studios unter anderem in Weilerwist, München und Berlin waren bereits fest gebucht und die Terminvorgaben sahen das

Erscheinen eines neuen Longplayers parallel zum Film zwingend vor –, konnte ich mich daher nicht beteiligen, die Entfernungen waren einfach zu weit.

Grund für die lange Zeitspanne zwischen Delikt und Verurteilung waren einerseits die langsam mahlenden Mühlen der deutschen Justiz, andererseits die Fähigkeit des Verteidigers, den Prozesstermin immer wieder hinauszuzögern. Ein günstiger Verlauf, denn auf diese Weise entging ich einer Strafverbüßung in der JVA Nordenham, in deren Einzugsgebiet ich die Taten begangen hatte, wo ich mittlerweile aber nicht mehr wohnte. Dort hätte sich mir die Chance des Freigangs nicht geboten, und die Tür wäre zu gewesen.

Den Gefängnisaufenthalt empfand ich trotz des Privilegs, tagsüber verschlossenen Räumen entronnen zu sein, als sehr bedrückend, weshalb mich der unerwartete Besuch, den René Weller mir eines Tages abstattete, sehr freute. Kurzerhand entschlossen wir uns, ein wenig durch die Gegend zu fahren, kehrten irgendwo ein, aßen schön zu Mittag, hatten einfach eine kurze schöne Zeit miteinander. So viel zum angeblich eingebildeten René … Von wegen! Ich war ihm sehr dankbar. Solch ein Verhalten zeigen nur echte Kumpel und Sportler.

Seit jenen Tagen besitze ich keinen Führerschein mehr und habe auch nie wieder versucht, ihn zurückzubekommen. Mir ist meine dauerhafte Gefährdung bewusst, erneut in alte Muster zu verfallen, sobald die Fahrerlaubnis in meiner Tasche lümmelt. Also verzichte ich auf die Versuchung.

Es ist bemerkenswert, dass unsere Entdreiung sich nahtlos in die Kette jener Trios einfügte, denen in vielen, wenn nicht gar den meisten Fällen aus den verschiedensten Gründen ebenfalls nur eine relativ kurze Existenz beschieden war. Cream (1966 bis 1968; *White Room*), The Jimi Hendrix Experience (1966 bis 1969; *Hey Joe, Vodoo Child, All Along the Watchtower*), Emerson, Lake & Palmer (1970 bis 1978; *Lucky Man Fanfare for the Common Man, I Believe in Father Christmas*), The Police (1977 bis 1986; *Roxanne, Can't Stand Losing You, Message in a Bottle, Every Breathe You*

Take), Nirvana (1987 bis 1994; *Smells Like Teen Spirit, Come as You Are*) und nicht zuletzt Die Ärzte (1982 bis zur vorübergehenden Trennung 1989; *Westerland, Radio brennt, Zu spät*) sind nur einige Beispiele für das Phänomen.

Es war und ist einfach eine ungünstige Konstellation, denn es besteht fortwährend die Gefahr einer Zwei-zu-eins-Situation, wobei die Rolle des Isolierten munter hin und her wechseln kann, was auf lange Sicht zermürbt. Final darf bei der Suche nach den Gründen für die Auflösung nicht außer Acht gelassen werden, dass sich Ende 1985, Anfang 1986 der Geschmack des Publikums gedreht hatte. Die technischen Möglichkeiten samt der damit verbundenen Klangvielfalt waren enorm gestiegen, wodurch alles einen sehr synthetischen, sterilen Anstrich bekam.

Wir versagten beim Spagat zwischen TRIO-typischer Ausrichtung einerseits und gesellschaftlich gefordertem Anspruch andererseits. Eventuell verweigerten wir uns instinktiv dem Gelingen der Turnübung sogar. Sicherlich war das Minimalkonzept ausgereizt, wir traten demnach auf der Stelle, aber durch den vermehrten Einsatz anderer Instrumente und elektronischer Klangspielereien verabschiedete sich der knackige Sound hin zu einem beliebigen zeitgemäßen Kommerzprodukt, was letztlich keinem von uns richtig gefiel.

Der Pflicht gehorchend, erfüllten wir weiterhin die Promotiontermine, unter anderem bei *Wetten, dass..?* Ende 1985, wo sich auch der frisch gekürte jüngste Wimbledonsieger aller Zeiten Boris Becker die Ehre gab. Ich war in Schwarz gekleidet und bediente sitzend ein komplettes Schlagzeug, für mich ein Zeichen der Distanzierung zum Songmaterial, welches mich kaltließ. Schließlich war es ohne meinen Beitrag entwickelt worden, wodurch mir jeglicher emotionale Zugang fehlte. Warum sollte ich mich äußerlich damit identifizieren? Dann doch lieber nonverbal ausdrücken: »Macht, was ihr wollt! Ich bin nicht so richtig dabei.«

Eine Fernsehtour durch die Schweiz und Österreich schloss sich noch an, alles unter dem Zeichen des bloßen Ableistens eines Arbeitspensums. Viel Reiserei, wenig Spaß. TRIO befuhren mittlerweile komplett konträre Motivationskanäle im Vergleich zu den Anfangstagen. Der Zauber des Aufbruchs gehörte zur vertilgten Beute der Vergangenheit. Traurig, aber wahr.

Als am 19. März 1986 in der Sendung *Dingsda* der letzte Ton zur Flop-Single *My Sweet Angel* verklungen war, verschlug es Stephan, Kralle und mich übereinstimmend in verschiedene Himmelsrichtungen, um ein halbes Jahr Pause voneinander einzulegen.

Dass diese Verabschiedung einer Bandtrennung gleichkam, ahnte ich zwar, denn derlei Dinge spürt man zum Beispiel an der Lustlosigkeit und sie müssen nicht explizit angesprochen werden, machte mir jedoch darüber – wie so oft – keine intensiveren Gedanken. Ziellos, unproduktiv, zugedröhnt schlingerte ich durch die Tage. Innerlich pulsierte die Zuversicht, mir würde ohne Anstrengung etwas Sinnvolles an Beschäftigung über den Weg laufen. Natürlich ein Irrglaube. Lächerlich.

So richtig realisiert habe ich den endgültigen TRIO-Schluss eigentlich erst, als bereits ein halbes Jahr später – somit gleichzeitig mit dem zunächst geplanten Ende der Bandpause – Remmlers Debütsoloalbum samt erfolgreicher Singleauskopplung *Keine Sterne in Athen* auf den Markt kam. Dem folgte sechs Monate darauf, zu Karneval 1987, der Partykracher *Alles hat ein Ende nur die Wurst hat zwei*, was sinnbildlicher für den TRIO-Zustand nicht hätte sein können.

Diese rasante Abfolge von Pause, Platte, Singleauskopplung bestärkte mich in der Meinung, dass Remmler schon direkt nach der Beendigung von *Drei gegen Drei* in den Startlöchern für seine Solopfade saß in dem Wissen, an einer gemeinsamen Zukunft nicht interessiert zu sein – oder in dem Glauben, der Weg zu dritt führe in eine ausweglose Sackgasse.

Mich brachten die Ereignisse keineswegs aus der Fassung, besaß ich doch noch eine Menge Kohle und ein gerüttelt Maß an Berühmtheit. Nur fehlte jetzt natürlich die organisatorische Hand in meinem Leben, die mir Orientierung und Taktung gab, was mich dazu trieb, in den Tag hineinzuleben und zu tingeln …

25

STEPHAN REMMLER – DER STRATEGISCHE ENTERTAINER

Aus Bremerhaven stammend, war Stephan aus meiner Sicht stets auf der Suche danach gewesen, musikalisch erfolgreich Fuß zu fassen, wobei er neben aller Leidenschaft strategisch vorging und immer Gedanken an Absicherung mit einfließen ließ. Die Devise »Hopp oder top« suchte man vergebens in seinem Verhalten. Eher die vom legendären Fußballtrainer Otto Rehhagel propagierte »kontrollierte Offensive« passte zu ihm.

Kaum verwunderlich also, dass Remmler sich nach den leidlich gewinnbringenden Just-us-Tagen und den weniger erfolgreichen Schlagerbemühungen als Rex Carter eine ökonomisch solide Basis als Lehrer verschaffte. Solch ein zielgerichtetes, nüchternes, vorsichtiges Vorgehen geht nicht selten Hand in Hand mit einer kühlen Unnahbarkeit, so auch bei Stephan. Ich bin ihm menschlich leider nie wirklich nahe gekommen, er blieb mir fortwährend fremd, und nach einigen Ansätzen verwehrten mir die introvertierten Signale der Gegenseite, auf einen intensiveren Austausch gerne verzichten zu wollen, weitere Versuche. Nonverbal einigten wir uns auf einen vergleichsweise geringen Kontaktnenner und gaben uns damit zufrieden.

Diese ureigene Distanziertheit wahrte Remmler auch gegenüber dem Publikum und den Fans, was seine glänzenden Qualitäten als Unterhalter aber keineswegs schmälerte. Es war nur so, dass die Menschen in ihm nicht die Geborgenheit fanden, die man gemeinhin bei Stars sucht und die einem das wohlige Gefühl geben, sich irgendwie auch im Glanze des Ruhms zu befinden.

Mich störte am Verhalten unseres Frontmanns neben der mich nervenden Launenhaftigkeit allerdings etwas ganz anderes. Stets vermittelte er mir – im Gegensatz zu Kralle, dem er auf Augenhöhe gegenübertrat – das Gefühl, mich entsprechend seiner beruflichen Vergangenheit pädagogischen Finessen unterwerfen zu müssen, sodass seine exponierte Stellung klar war, während ich in der Geltungshierarchie unten mein Dasein zu fristen hatte. Lächerlich erzieherisch anmutende Maßnahmen prägten manchmal einseitig unseren Umgang. Hatte ich es zum Beispiel nicht geschafft, rechtzeitig zu einer Probe anzureisen, und darum gebeten, abgeholt zu werden, damit zumindest der Rest der Session zu dritt stattfinden konnte, dann hieß es aus Remmlers Mund lapidar »Nö«, sofern er am Telefon war. Ebenso verhielt es sich, wenn ich peinlichst berührt danach fragte, ob er Kleinigkeiten wie eine Taxifahrt für mich übernehmen könne, weil ich mein Geld vergessen hatte.

Im ersten Moment schien es unverschämt zu sein, mich derart hängen zu lassen beziehungsweise an den Pranger zu stellen. Ich empfand es als brüskierende Order, gehorsam zu sein, und schob Stephan in den unmittelbaren Einzugsbereich eines Arschloches. Zieht man jedoch den Fokus auf, dann kommt als Triebfeder für dieses Betragen außerhalb von Rücksichtslosigkeit auch die Möglichkeit der prophetischen Gabe in Betracht. Vielleicht erahnte Remmler bereits seinerzeit die Gefahr, dass mir aufgrund von fehlender Disziplin und Struktur auf lange Sicht ein Absturz bevorstehen würde, worauf er mich auf seine provozierende Art hinwies. Heute gebe ich einsichtig zu, manchmal Tritte in den Allerwertesten zu brauchen, um für den Alltagsablauf motiviert zu sein. Eine derartige prophetische Ader zu vermuten entsprang keineswegs der Welt mystischer Fantasie.

Stephan war es, der in mir das unterhaltende Moment gesehen hatte, was der Band eine unverwechselbare, attraktive, außenwirksame Note verlieh, demgegenüber Kralle ausschließlich der musikalische Aspekt wichtig gewesen war. Stephan und seinem Weitblick war es zu verdanken, dass ich TRIO-Mitglied wurde. Davor ziehe ich den Hut, auch wenn Remmler es weit weniger der menschlichen Nähe halber denn aus Funktionalitätserwägungen entschieden hatte.

Ich nahm die als solche empfundene Forderung nach Unterordnung aus Verbundenheit dafür, in die Band aufgenommen worden zu sein, bereitwillig an. Auf diese Weise war ich erfolgreich meinem Instinkt gefolgt, der mir vorgegeben hatte, unbedingt in die Oldenburger Szene eindringen zu müssen, wollte ich vorankommen. Dort passierte mehr, paarte sich eher geistreicher Intellekt mit Kreativität, als es im einfacher gehaltenen, manchmal plumpen ostfriesischen Tanzbandmilieu der Fall gewesen war.

Nun erhält das Bild unseres Sängers durch meine Erzählung viele dunkle, negative Kleckse: besserwisserisch, belehrend, egoistisch, kühl, unnahbar, mitleidlos, rigoros …, aber – verdammt noch mal – ohne ihn hätte es TRIO nicht nur nicht gegeben, sondern die Gruppe hätte es noch nicht einmal im Ansatz so weit gebracht, wie wir es letztlich erleben durften.

Allein seinem organisatorischen, strukturliebenden und auch geschäftstüchtigen Talent war es zuzuschreiben, dass zunächst Unterstützungsgelder flossen, dass dann der Vertrieb unseres Schaffens in Gang kam (unter anderem das Anschreiben zahlreicher Plattenfirmen), dass im Verlaufe der Karriere finanziell attraktive Verträge ausgehandelt wurden, und vieles, vieles andere mehr. Das verdient – ohne jede Ironie! – sehr hohe Anerkennung und Respekt, denn viel zu viele Musiker versacken schon am Anfang ihrer Karriere, sei es durch schlechte Verträge oder durch mangelnde Disziplin.

Stephans Genius ist es zu verdanken, dass uns all das erspart blieb. Deshalb bekunden Kralle und ich so manches Mal unisono, wenn wir uns sprechen: »Wo wären wir jetzt ohne Remmler?«, »Ohne Remmler hätten wir das alles – Erfolg, Geld, Luxus, Abenteuer – nicht erlebt!«, »Remmler hatte den richtigen Riecher« oder »Der Remmler ist ein schlauer Fuchs gewesen«. Und, ja, ich wünsche mir, etwas mehr von seinem organisatorischen, strukturliebenden und auch geschäftstüchtigen Talent zu haben.

Aus gutem Grund schließe ich somit meine Ausführungen, obwohl ich aus genannten Gründen in der Nach-TRIO-Zeit

Abstand vom direkten Kontakt mit ihm genommen habe, voller Überzeugung und Inbrust – hoffentlich auch ein wenig versöhnlich: VIELEN DANK, STEPHAN!!

26

… UND WIE GEHT'S WEITER? TINGELTANGEL

Emotional purzelte ich durch das Ende von TRIO von Tempo 100 direkt auf null. Ein Außenstehender wird so ein Wellental der Gefühle auch mit viel Mühe kaum nachvollziehen können. Vorher war ich in Watte gepackt worden, jede lästige Bürgerpflicht hatte ein Mitarbeiter der Phonogram oder des jeweiligen Veranstalters übernommen, um ja keinen kostbaren Tropfen meiner ach so wichtigen Kreativität zu vergeuden.

Umso schmerzlicher wurde mir nun vor Augen geführt, wie ungeheuer einnehmend und mit Orientierungsschwierigkeiten behaftet der normale Alltag war, wenn man sich selbst um Dinge wie Einkaufen, (Renten-)Versicherungs- und Behördenangelegenheiten kümmern musste. Dabei stand ich noch nicht einmal in Lohn und Brot, sondern profitierte noch von einem finanziellen Polster, das allerdings rasch zur Neige ging.

Selbst als die Sollseite des Kontos stark anschwoll, vermied es die Bank, mich damit zu konfrontieren, eventuell in der Annahme, dass durch TRIO-Einnahmen die finanzielle Talfahrt bald zum Stillstand gebracht würde. Gleichzeitig wuchsen meine Verbindlichkeiten beim Finanzamt, da ich keinerlei Ahnung davon hatte, welche Steuern in welcher Höhe ich als Freischaffender entrichten musste.

Mir wäre es sehr lieb gewesen, jemanden an meiner Seite gewusst zu haben, der mir energisch auf die Finger geklopft hätte mit den Worten: »Peter, pass auf dein Geld auf! Und was ist mit dem Finanzamt?«

Starrsinn und Eigenwilligkeit hätten wahrscheinlich dazu geführt, dass ich mich zunächst in mein Schneckenhaus zurückgezogen hätte, aber zumindest wäre der Gedanke der Vorsicht bei mir eingepflanzt worden.

Zu allem Überfluss war plötzlich auch keiner mehr da, der mich von A nach B chauffierte, mir Unterkünfte besorgte oder Termine der verschiedensten Arten abmachte. Und warum? Weil niemand mehr gesteigerten Wert auf meine Darbietung als Clownschlagzeuger einer Minimalistenrockformation legte. Ich war einfach weg vom Fenster, ein vom Tisch des Promibusiness gefallener Krümel, der das Licht der Aufmerksamkeit verlassen hatte.

Mir hatte es Spaß gemacht, berühmt zu sein, ich hatte mich geschmeichelt gefühlt, ins Blickfeld vieler Menschen zu geraten, auch wenn es bedeutete, das Gefühl für sich selbst zu verlieren. Die Rückbesinnung darauf, mir selbst zu genügen, mir meiner eigenen Fähigkeiten bewusst zu werden, um damit alternative Perspektiven auszuleuchten, misslang. So etwas wie Ehrgeiz, mich aus eigenem Antrieb aus dieser Lage zu befreien, besaß ich nicht, hatte ich nie besessen. Für mich war die Devise maßgeblich: »Was kommen soll, das kommt.« Das Blöde war nur, es kam nichts, es bahnte sich noch nicht einmal etwas an.

Ein Versuch der Zusammenarbeit mit Kralle als Rumpfteam der Originalbesetzung von TRIO kam nicht in Betracht, da ich vom Erfolg in dieser Zusammenstellung satt war. Der Ausblick, wieder in die Mühlen des Reisens, des hohlen Phrasendreschens in Interviews und bei Auftritten zu geraten, und das alles unter den gleichen Vorzeichen, die ich seit Jahren gewohnt war … nein, daran hatte ich die Lust verloren. Zudem herrschte zwischen Kralle und mir nach all den gemeinsamen Jahren – man beachte: der als lebenslänglich versprochene Bund vieler Ehen fällt kürzer aus – einträchtige Sprachlosigkeit.

Es war eine geile Zeit gewesen, aber sie war vorbei. Als Ausdruck der inneren Einstellung, den Bruch als Tatsache akzeptiert zu haben, verschenkte ich alle in meinem Besitz befindlichen TRIO-Auszeichnungen wie Silberne, Goldene, Platin-Schallplatten usw. Die sich wiederholenden 24-Stunden-Schleifen füllte ich nun mit Muße, ließ den Herrgott einen guten Mann sein und verschleuderte das verdiente Geld. Drogen halfen zu vergessen, was einmal gewesen war und nun abseits meines Alltages stattfand. Anstelle von *Da Da Da* schallte jetzt zum Beispiel *Geil* von Bruce & Bongo, *Ohne dich* von der Münchener Freiheit oder wahlweise *The Final Countdown* von Europe über den Äther.

An meiner Wohlsituiertheit ließ ich so manchen teilhaben, habe gerne anderen Geld gegeben, obwohl mir dieses nicht immer wiedergegeben wurde. Deswegen enttäuscht zu sein erschien mir kleinkariert. Mir ging es gut, warum sollte ich das den Menschen in meiner unmittelbaren Umgebung verwehren? Nur verdeckte diese Lebensführung auf Dauer kaum die immanente Sinnleere des Alltags, die mich in triste, feste Umklammerung zu nehmen drohte. Deshalb folgte ich dankbar Leuten, die versuchten, mit mir eine Karriere aufzubauen.

Durch die Ähnlichkeit mit Remmlers Stimmlage lag es nahe, zunächst auf den Zug der Gesangskarriere zu springen, was in den Singles *Stunden der Einsamkeit* (1987, von Klaus Voormann produziert) – die Nummer finde ich unverändert schön –, *Das Tor* (1988), *Sie kam Australien* und *Dep de dö dep (Tom's Diner)* (beides 1990), *Der Lila-Lederhosen Lambada* (1991) und *Immer nur Love* (1992) mündete, allesamt jedoch wirtschaftliche Blindgänger.

Alternativ versuchte ich, im Film-, Funk- und Fernsehbereich über Mittelsmänner engagiert zu werden, was mehr oder weniger von Erfolg gekrönt war. So trat ich zum Beispiel in Fernsehsendungen wie dem *ZDF-Fernsehgarten* (1990) oder der *Hitparade* (1991) auf, beteiligte mich am TV-Dokumentationsspielfilm *Reichshauptstadt – privat* (1987) und übernahm eine kleine Rolle in *Manta – Der Film* (1991). Zum erwähnten Doku-Drama gab es eine begleitende musikalische *Reichshauptstadt Revue* in der ARD. Erst hier griff ich aktiv ins Geschehen ein (Lied *Flat Foot Floogie* mit Walter Thielsch und Gustav Peter Wöhler) und mit mir Persönlichkeiten wie Udo Lindenberg, Christoph Waltz oder Peter Gabriel – ein netter Kerl –, der Kurt-Weill-Texte vertonte. Die zu Grunde liegende Handlung verband verschiedene Charaktere in Nazideutschland, die heimlich verbotene Musik weitergaben respektive US-Schlager in abgeschotteten Lokalitäten sangen.

Die ganzen Beschäftigungen waren nett, aber sie stimmten mich nicht zufrieden. Aus mir unerklärlichen Gründen wehrte sich mein Innerstes gegen derlei Engagements. Selbst die Tätigkeit für RTL Plus im Musikmagazin *Rock T.L.* (1988), im Rahmen derer ich als freier Autor Berichte über Marius Müller-Westernhagen oder Holger Czukay (ehemals Mitglied der wegweisenden Krautrockband Can) anfertigen sollte, verhalf mir zu keinem freien Blick auf persönliche Erfüllung.

Meines Wissens sind die mir zugedachten, vorbereiteten Reportagen übrigens nie produziert worden. Ich denke, die Ursache lag wohl darin, dass *Rock T.L.* schon weit oben auf der Absetzungsliste stand, bevor erste Schritte zur Umsetzung in Angriff genommen werden konnten. Das gleiche Schicksal teilte die »Tote Hose« Campino, der ebenfalls als freier Mitarbeiter eingeplant war. Er für den Bereich Berlin, ich für das Einzugsgebiet Köln. Nur ein einziges Mal hatten wir telefoniert, um organisatorische Angelegenheiten abzusprechen. Darüber hinaus blieb der Kontakt leider auf Sparflamme, um nicht zu sagen nahezu erloschener Flamme.

Auch der freudige Moment, als mein alter Bundeswehrkamerad, Stubennachbar und Scorpions-Frontmann Klaus Meine sich nach langer Abstinenz meldete, schuf keine Abhilfe in puncto Motivationslosigkeit. Er hatte von dem auf der Frankfurter Buchmesse publikumswirksam verbreiteten RTL-Plus-eigenen Rockkalender erfahren. Bei dessen Erstellung war aus meiner Feder ein unterhaltsamer Artikel darüber geflossen, welcher Typ Musiker zu welchem Instrument greift. Die Gelegenheit packte Meine beim Schopfe, um mich über den Verlag ausfindig zu machen. Es war wirklich schön, ihn wiederzusehen. Und kostengünstig dazu, sofern man mit mir ein Konzert seiner Hardrocktruppe sehen wollte, weil Klaus auf mein Bitten anstandslos zuständige Stellen instruierte, Karten zurückzulegen.

Am liebsten war es mir, meine Dienste in Bandprojekte wie das Hamburger Rock Orchester (1989) zu stecken. Insgesamt sah ich mich jedoch in dieser Zeit als menschliches Treibholz, das einerseits äußere Einflüsse nahezu klaglos den eigenen Weg bestimmen ließ, andererseits ebendieses Gängeln verabscheute. Die ganze Tingelei, das ganze Geplänkel war alles andere als ausfüllend, weshalb Frustration und Langeweile grundlegend meinen Alltag bestimmten. Davon versuchte ich mich abzulenken, besser noch, dem ganz zu entkommen, wofür mir die Einnahme von Drogen erfolgversprechend erschien. Passend zu den neuen Umständen, die mich umgaben, ergänzte ich dabei mein Einnahmesortiment unheilvoll …

27

… UND ES GEHT AB(WÄRTS) ODER DA FLIEGT MIR DOCH DAS BLECH … ZU

Die Beziehung mit Uschi Borsche hielt von 1983 bis 1985, dann war Schluss. Wir hatten eine wirklich schöne, lustige Zeit in München samt zugehöriger kuscheliger Wohnung, aber parallel zu TRIO war auch bei uns der Kitzel mehr und mehr verschwunden. Das Begehren hatte sich verflüchtigt, und bevor wir anfingen, uns gegenseitig etwas vorzumachen respektive uns zu langweilen, zogen wir auf der Suche nach Neuem lieber einen Schlussstrich.

In Erinnerung blieben verschiedene Anekdoten wie jene, als Uschi und ich in einem italienischen Restaurant in München saßen, um dort zu essen. Plötzlich waren vor der Fensterfront des Lokals zwei Limousinen vorgefahren, deren Innenraum personenschutzeskortiert der damalige bayerische Finanzminister Max Streibl entstieg, der unweit von uns Platz nahm.

In meiner manchmal spontanen Naivität hatte ich beschlossen: »Mensch, Peter, dem drückst du jetzt eine von unseren frisch gedruckten weihnachtlichen Autogrammkarten in die Hand«, und begab mich flugs in Richtung der politischen Größe. Bereits beim Aufstehen hatte ich im Augenwinkel gemeint, wahrnehmen zu können, wie aus der Abordnung des Fuhrparks vom Land Bayern mehrere Personen rasend schnell ausstiegen. Dem hatte ich aber keine Bedeutung beigemessen. Erst als ich Herrn Streibl fast erreicht hatte und dieser mit Blick über meine Schultern beschwichtigend Handzeichen gab, begann mir zu dämmern, dass der Aktionismus durch mich heraufbeschworen worden war, was sich bestätigte, als ich eine 180-Grad-Drehung vollzog.

Da standen mindestens vier atmende Wandschränke mit ernstem Blick, jeder in der Lage, mich mit dem kleinen Finger an die Wand zu dübeln. Eingeschüchtert überreichte ich kleinlaut und unterwürfig die Autogrammkarte, die vom Minister freundlich entgegengenommen wurde, und tippelte mit mulmigem Gefühl zurück zu meinem Zivilistentisch.

Es war mit Uschi eine bemerkenswert lange Zeit der Partnerschaft, wenn man berücksichtigt, dass ich mich eigentlich für unfähig halte, echte Liebe zu empfinden. Das mag in meinem Schicksal als Adoptivkind begründet liegen. Nicht dass ich es bei meinen Aufzieheltern schlecht gehabt hätte. Im Gegenteil, ich bin ihnen bis heute sehr dankbar für ihre Leistung, mich unbeschadet großgezogen zu haben. Vielleicht hätte ich ansonsten die Zeit des Heranwachsens ausschließlich unter dem Dach des Waisenhauses verbracht.

Bezeichnenderweise war mir schon vor der Eröffnung in meinem 14. Lebensjahr ziemlich klar, dass ich nicht der leibliche Sohn meiner Versorger war. Für mich brach durch die gesicherte Erkenntnis, das Dasein eines Kuckuckseis zu führen, keine Welt zusammen. Zu der Vermutung, abseits ihrer körperlichen Verschmelzung entstanden zu sein, hatte mich bewogen, dass bei mir, trotz aller Bemühungen seitens der Eltern, nie das Gefühl einer wirklich innigen Geborgenheit einkehren wollte. Immer war eine Distanz da gewesen.

Wie sollte ich also selbst Liebe entwickeln? Ohne Kenntnis dieser Emotion war es wiederum undenkbar, mich ganz auf eine Frau einzulassen. Demnach türmten sich vor mir fortgesetzt Schwierigkeiten auf, wenn das Thema Beziehung zum schönen Geschlecht akut wurde. Kein Wunder also, dass ich bis jetzt nur zwei bis drei feste Freundinnen hatte und mich lediglich vereinzelt auf One-Night-Stands einließ. Nichtsdestotrotz ist es mir vergönnt, Vater zweier Kinder zu sein.

Meinen Sohn, sein Alter rankt um die 41, zeugte ich mit einer Varlerin während der Silberbart-Zeit. Zur Gruppe der Groupies hatte sie nicht gehört, obwohl es durchaus als erstrebenswert galt, gerade in dieser ansonsten öden Kleinstadt mit einem Musiker zusammen zu sein, dessen künstlerisches Wirken bereits auf eine LP gebannt worden war. Auf diesem Wege zweigte man Popularität für sich ab, die andere Jugendliche nicht vorweisen konnten.

Die Mutter meines Sohnes und ich hatten uns in der einzigen Disko des Ortes Deutsche Eiche – wo auch sonst – kennengelernt. Beiden war klar gewesen, dass unser Liebesabenteuer ausschließlich dem Ausleben des Spaß- und Spieltriebes dienen sollte. Dass daraus die Geburt eines Kindes resultieren könnte, befand sich zwar auf dem Risikobeiblatt, wurde von uns aber geflissentlich kleingeredet. Zum Glück rutschte meine Bekanntschaft just während der Begattungsphase in die Volljährigkeit – damals 21 Jahre –, weshalb ich mit meinen 24 oder 25 Lenzen den Untiefen rechtlich unangenehmer Paragrafen entwischen konnte. Nach der Geburt habe ich die Mutter, ihr Name ist mir entfallen, kaum noch getroffen. Man kann sogar sagen, dass seitdem keinerlei Kontakt mehr bestand.

Bei meinem zwischenzeitlich von seinem Stiefvater adoptierten Sohn verhielt es sich genauso. Ich weiß nur, dass er mittlerweile als Lebensmittelchemiker arbeitet und unter anderem dafür zuständig ist, Schwarzbrot durch Zusätze für längere Transporte zum Beispiel nach China oder Japan haltbar zu machen. Darauf kommen meine Gedanken insbesondere dann, wenn ich Kralle in Andalusien besuche und wir in einer der dortigen ALDI-Filialen das Regal passieren, das jenes Produkt feilbietet.

Mit meiner vor 19 Jahren geborenen Tochter Morlin habe ich gelegentlichen Kontakt, zum Beispiel beim Geburtstag der Oma, des Opas oder zu Festtagen wie Weihnachten. Der Name ist schwedischen Ursprungs, womit sie das internationale Flair ein wenig weitertrug. Denn ihre aus Wilhelmshaven stammende Mutter, die leider 2012 im Alter von 40 Jahren an einem angeborenen Herzfehler starb, hieß Indra, ein indischer Vorname. Die ebenfalls aus Wilhelmshaven kommende Oma hegte eine Vorliebe für den asiatischen Subkontinent – die Schwester bekam den Vornamen Sahira verpasst –, obwohl sie ihn nie bereist hatte.

Indra hatte sich Anfang der Neunziger an mich herangemacht, und wir führten zwei bis drei Jahre eine ehelose Stop-and-go-Beziehung, inklusive Zeugung – mit anschließender Betreuung unserer Tochter und gemeinsamer Wohnung. Auf Dauer wäre dem aber kein Glück beschieden gewesen, weil meine Beziehungsunverträglichkeit diesen Weg verbarrikadierte. Deshalb zog ich nach dem Ende der Beziehung, abgesegnet und sogar unterstützt von Indra, nach Hamburg.

Drei oder vier Jahre später heiratete sie, allerdings sah der Stiefvater von einer Adoption Morlins ab, was finanziell gesehen die richtige Entscheidung für ihn war. Auf diese Weise stand ich in der berechtigten Pflicht, Alimente zu zahlen, was ich immer tat, wenn es mir möglich war. Alternativ bezahlte die staatliche Kindergeldvorschusskasse, welche das Geld jedoch wieder einforderte, sobald ich über finanzielle Mittel oberhalb des Existenzminimums verfügte.

Sporadisch arbeitete ich an der Vater-Tochter-Beziehung, wogegen die Mutter und der Stiefvater nichts einwandten, aber die Bande, die wir knüpften, überstiegen nie Fadenstärke. Kein Wunder also, dass wir uns auseinanderlebten. Morlin wohnt mittlerweile in Wiesmoor, ist ausgestattet mit Abitur, will an einer pädagogischen Hochschule Lehramt studieren und hat mich bereits zum Opa gemacht. Bei ihr verspüre ich eine engere Bindung, weil ich mich zum Teil in ihr wiederentdecke. Manchmal kommt in mir der Gedanke auf: Das bin ich! Sowohl die Augenpartie als auch die künstlerische Ader – sie wimdet sich dem Ballett in Form des Modern Dance –, die Sturheit und eine gewisse Lethargie könnte sie von mir haben.

Das beständige und nie anders kennengelernte Wahren persönlichen Abstands mache ich dafür verantwortlich, dass ich kein Familienmensch, insbesondere kein Vater war. Mir lag die Rolle nicht, und ich wollte sie auch nicht aus selbst auferlegtem Pflichtbewusstsein ausfüllen.

Damit habe ich sicherlich die Erwartungen meiner damaligen Partnerinnen, Längerfristiges, Solides aufzubauen, schwer ent-

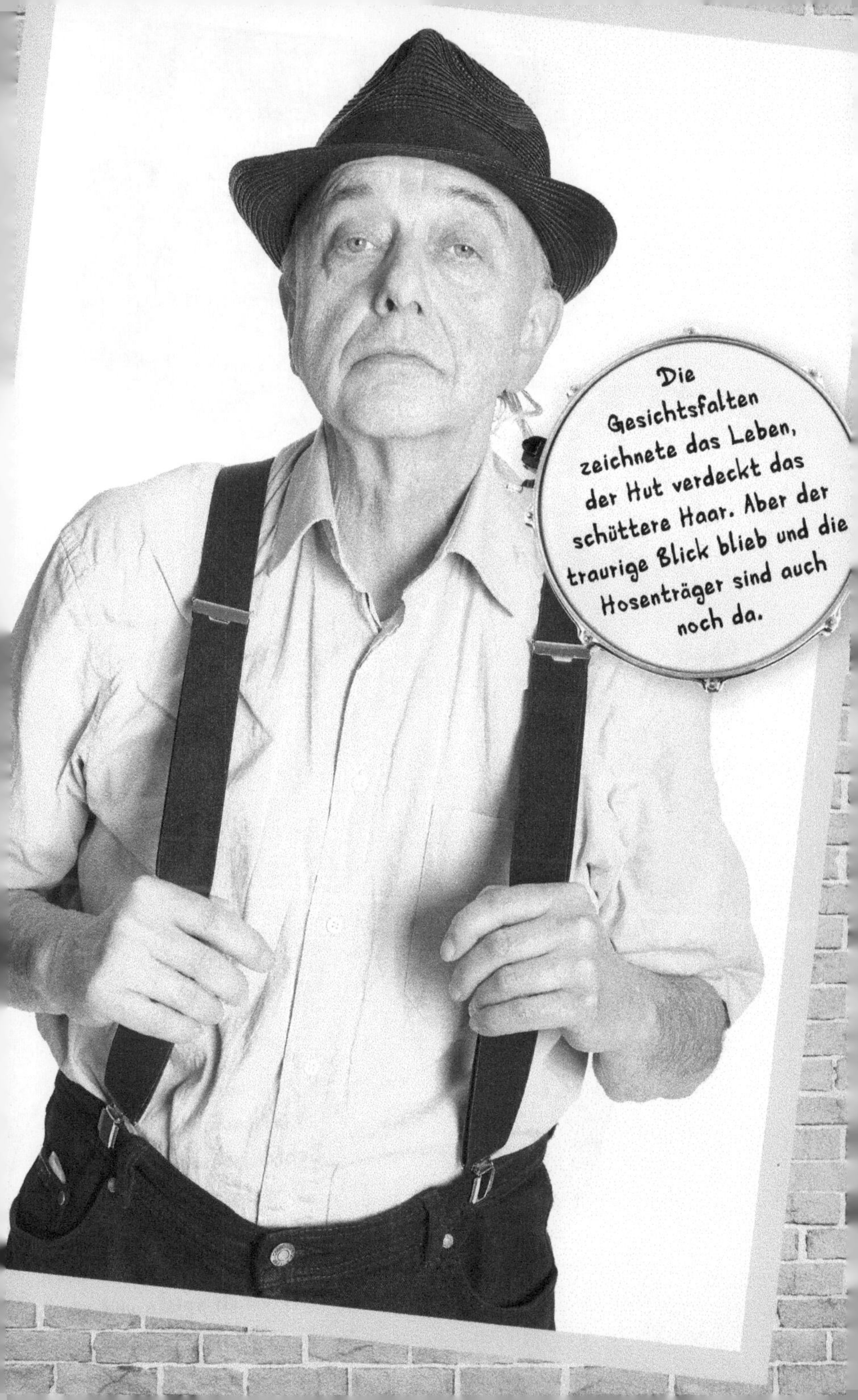
Die Gesichtsfalten zeichnete das Leben, der Hut verdeckt das schüttere Haar. Aber der traurige Blick blieb und die Hosenträger sind auch noch da.

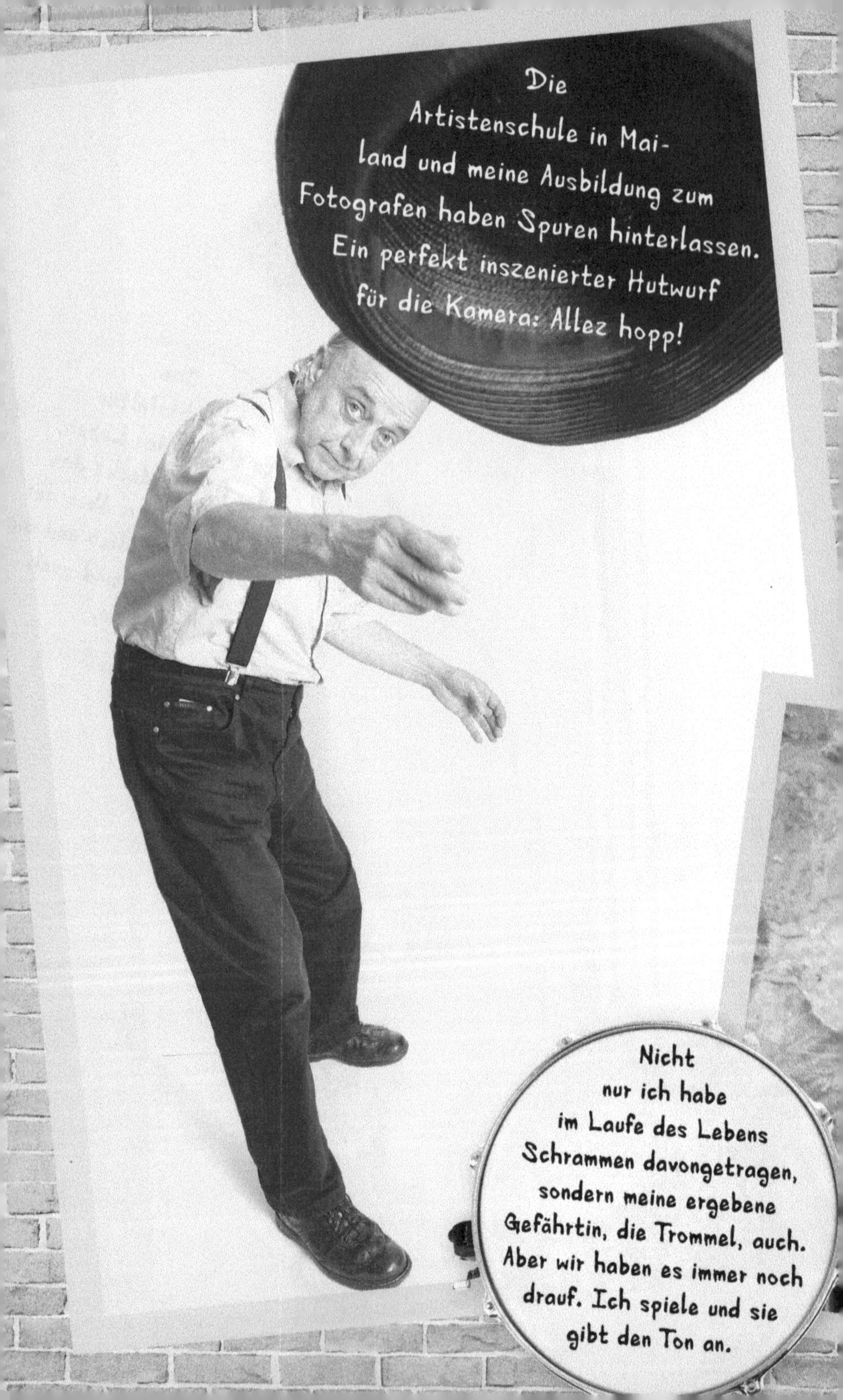
Die Artistenschule in Mailand und meine Ausbildung zum Fotografen haben Spuren hinterlassen. Ein perfekt inszenierter Hutwurf für die Kamera: Allez hopp!
Nicht nur ich habe im Laufe des Lebens Schrammen davongetragen, sondern meine ergebene Gefährtin, die Trommel, auch. Aber wir haben es immer noch drauf. Ich spiele und sie gibt den Ton an.

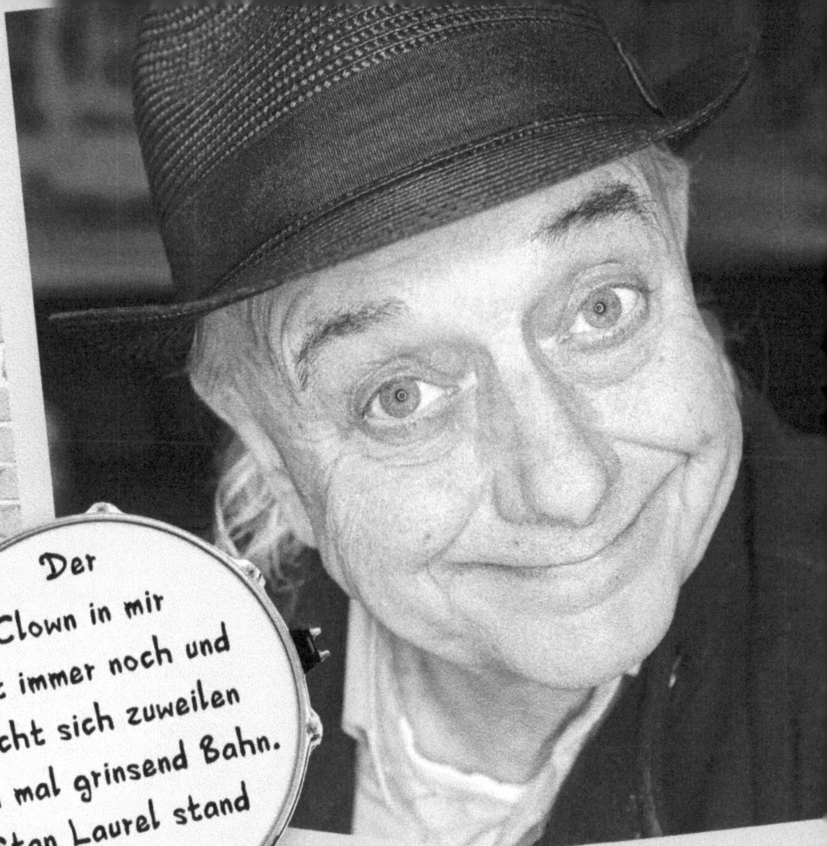

Der
Clown in mir
lebt immer noch und
bricht sich zuweilen
auch mal grinsend Bahn.
Stan Laurel stand
Pate.

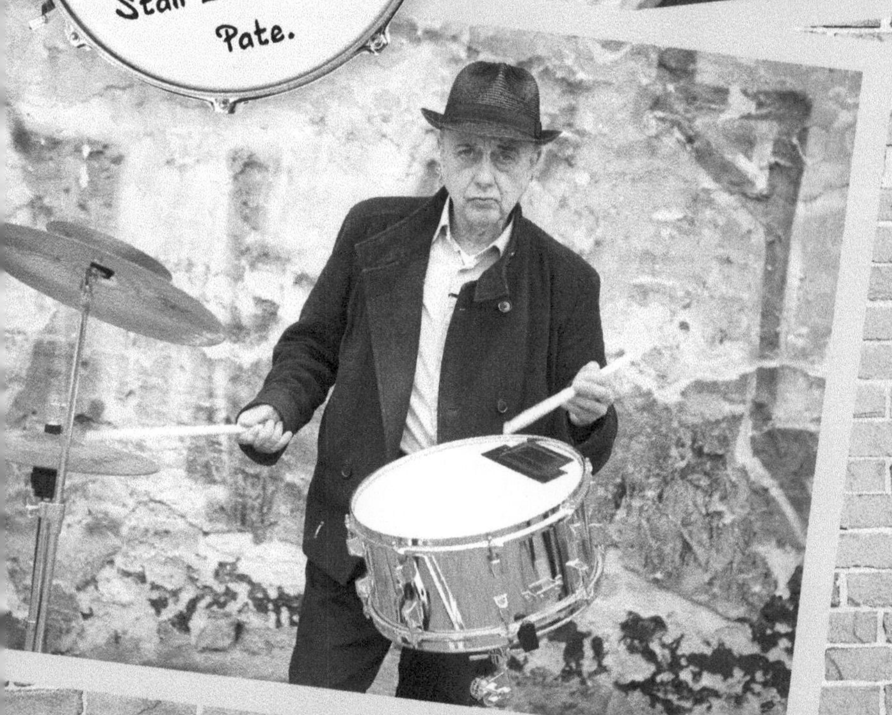

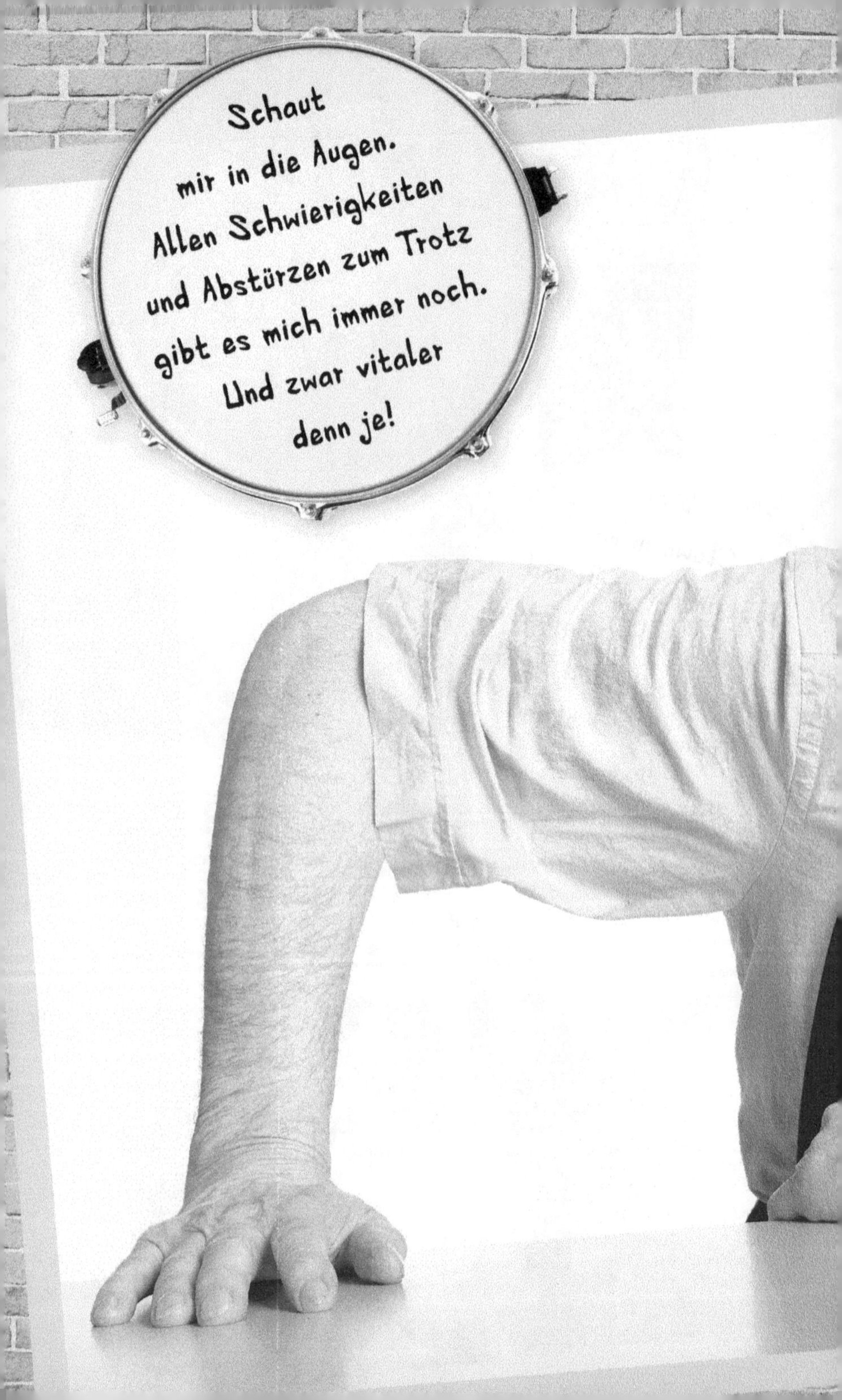
Schaut
mir in die Augen.
Allen Schwierigkeiten
und Abstürzen zum Trotz
gibt es mich immer noch.
Und zwar vitaler
denn je!

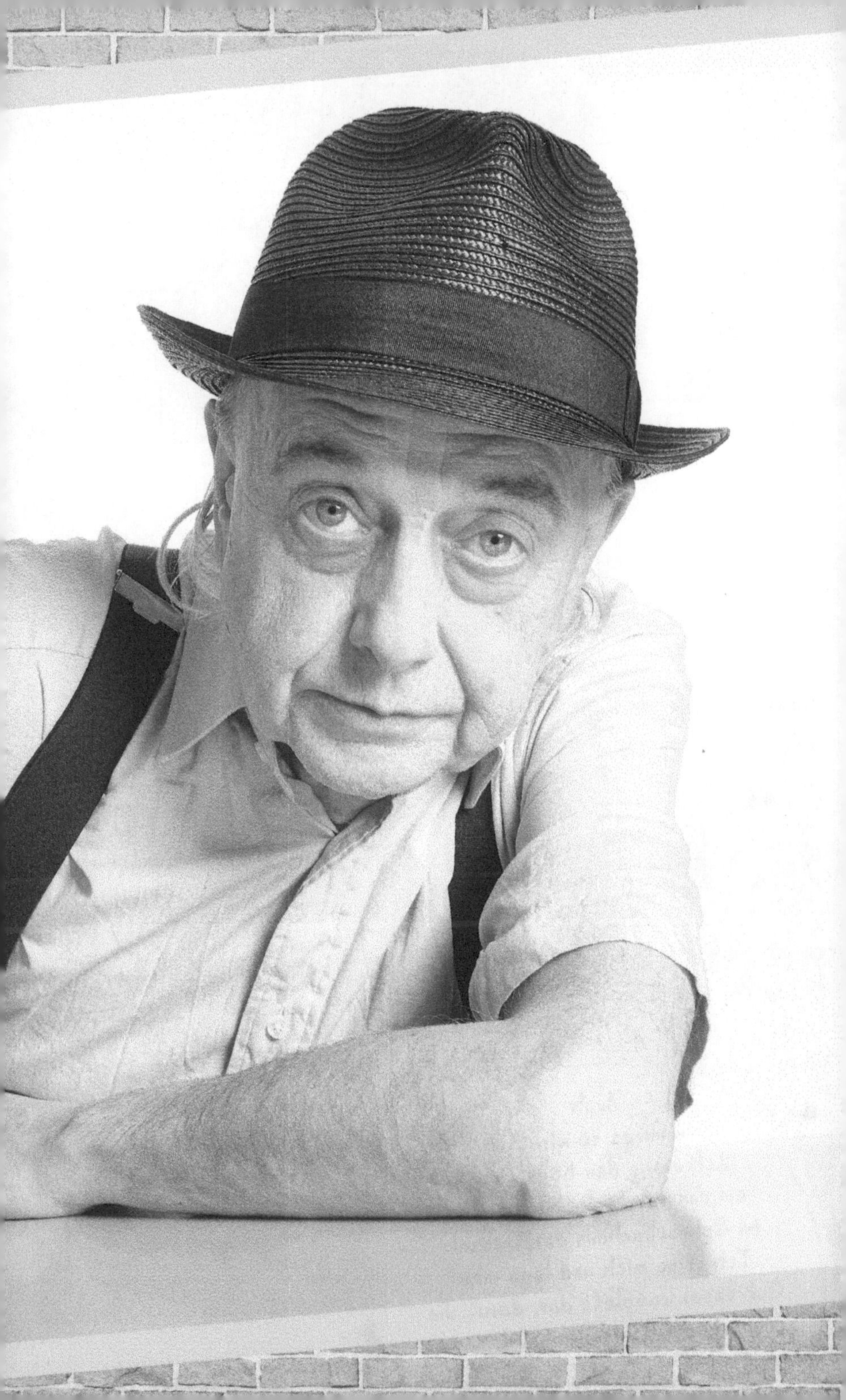

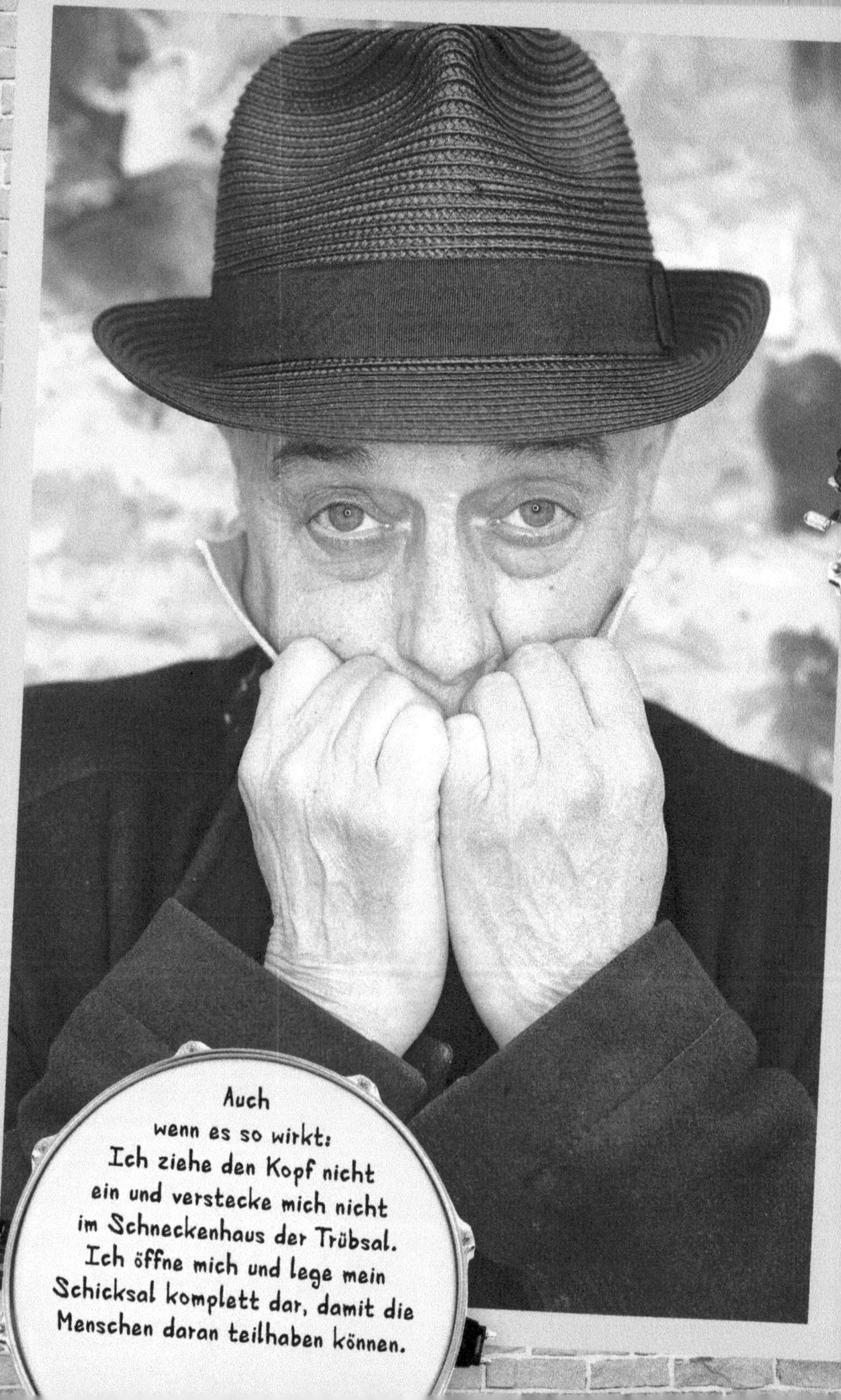
Auch
wenn es so wirkt:
Ich ziehe den Kopf nicht
ein und verstecke mich nicht
im Schneckenhaus der Trübsal.
Ich öffne mich und lege mein
Schicksal komplett dar, damit die
Menschen daran teilhaben können.

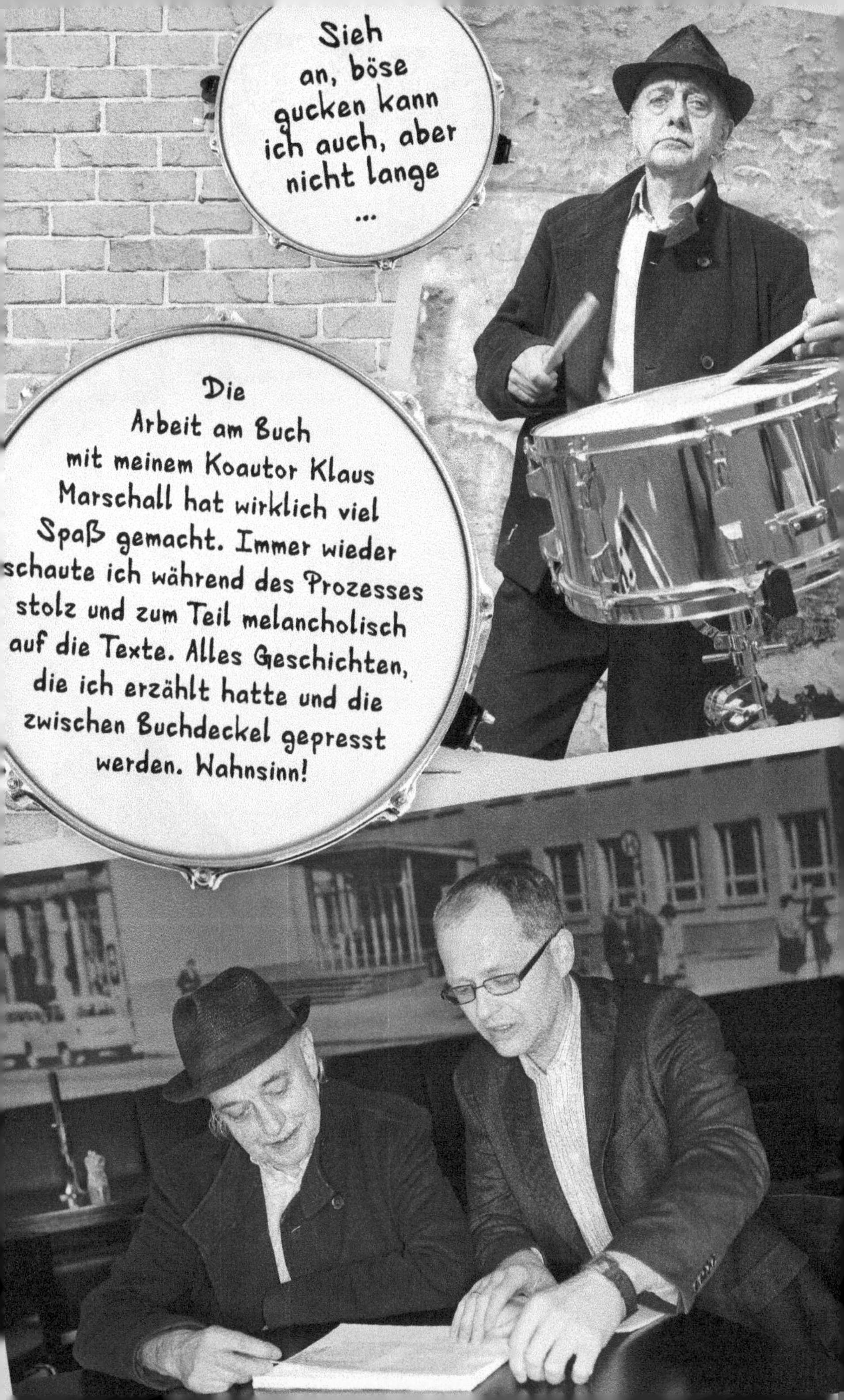
Sieh an, böse gucken kann ich auch, aber nicht lange ...
Die Arbeit am Buch mit meinem Koautor Klaus Marschall hat wirklich viel Spaß gemacht. Immer wieder schaute ich während des Prozesses stolz und zum Teil melancholisch auf die Texte. Alles Geschichten, die ich erzählt hatte und die zwischen Buchdeckel gepresst werden. Wahnsinn!

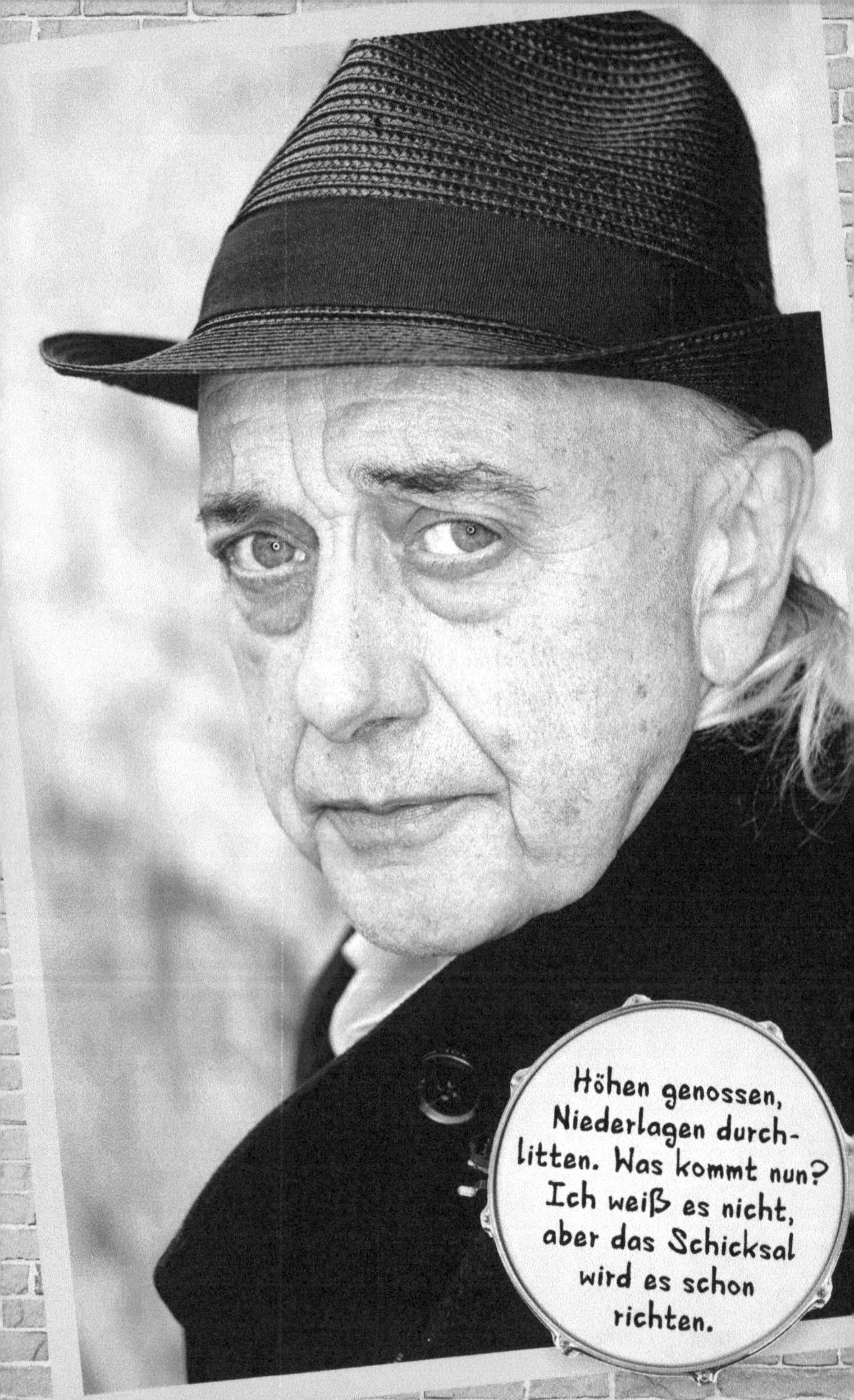
Höhen genossen, Niederlagen durchlitten. Was kommt nun? Ich weiß es nicht, aber das Schicksal wird es schon richten.

täuscht. Ich scheute mich davor, Erziehungsverantwortung zu übernehmen. Mir war es auch bis hin zur allergischen Reaktion lästig, Diskussionen über eine Beziehungsberatung zum Wohle des Kindes zu führen. Bei Versöhnungsansätzen der Kategorie »Meinst du nicht, wir sollten es noch einmal versuchen? Es gibt doch die Möglichkeit, die Hilfe von Experten in Anspruch zu nehmen« hatte ich impulsartig gekontert mit: »Wozu? Das is' nicht mein Ding. Es is' nun mal so gelaufen«, abgeschlossen mit einem Wort, welches viele Situationen meines Lebensweges kennzeichnet: »BASTA!«

Nachdem Uschi und ich 1985 also getrennte Wege gingen, verschlug es mich an den Wochenenden, während derer die Dreharbeiten zum Film *Drei gegen Drei* ruhten, häufig nach Großenkneten. Dort schlüpfte ich bei Kralle in der guten alten Regenter Straße 10 a unter, sofern der Hausherr abkömmlich war, was vielfach davon abhing, ob er mit seiner Freundin Monika Kölling in Berlin etwas vorhatte.

Gemeinsam klapperten wir dann in Oldenburg die einschlägigen Kneipen, Bars und Yuppie-Diskotheken ab, wo mir die hübsche Engländerin Ruth-May Johnson über den Weg lief, die in irgendeinem dieser Etablissements arbeitete. Wir gefielen einander und fanden zueinander, was ziemlich schnell darin gipfelte, dass wir in Sandkrug nahe Oldenburg Tisch, Stuhl und vor allem Bett teilten in der Wohnung, die sich im Haus von Ruths wohlhabender Mutter nebst Stiefvater befand. Bald darauf absolvierte sie in Stuttgart eine Ausbildung zur Cutterin, die in einer freien Mitarbeit für den SWR Baden-Baden mündete. Grund genug, 1985 dort gemeinsam unsere Zelte aufzuschlagen.

Konform meiner Gewohnheit lief das Verfallsdatum der Zweisamkeit ziemlich zügig ab, weil meine kleine, verrückte Engländerin unberechenbar war, wenn sie zu viel Alkohol getrunken hatte. Das bedeutete zu viel Stress, war eine Last für mich, und dem wollte ich mich entziehen. Außerdem hatte ich genug mit mir selbst zu tun, denn auch im Casino-Städtchen schlug meine Suche nach Seelenfrieden und Ausgeglichenheit fehl.

In dieser Situation ging ich 1987 auf den Vorschlag eines Bekannten aus vergangenen Tagen ein, der mich bei einem Besuch mit der Idee infizierte, mich nach circa zehnjähriger Abwesenheit auf dem jährlich ausgetragenen Jadefest, dem Wochenende an der Jade, in Wilhelmshaven auszutoben. Einem verlorenen Sohn gleich prasselten bei der Rückkehr die Impressionen Norddeutschlands ungewöhnlich intensiv auf meine Sinne ein, ließen mich die vertraute würzige Brise schnuppern, boten meinem Blick die ersehnte Weite, umspülten mir mit dem Muhen der grasenden Kühe und dem Blöken der Schafe akustisch die Ohren. Da wusste ich: Peter, hier gehörst du hin. Dieser Meinung folgend, siedelte ich über die Zwischenstationen Oldenburg-Sandkrug und einer Pension im Zentrum von Oldenburg, die 20 DM pro Tag kostete, wieder nach Wilhelmshaven über.

Die Unrast blieb, und gleichzeitig wuchs die Eintönigkeit. Es fiel mir in steigendem Maße außerordentlich schwer, die Situation der fehlenden Beschäftigung und der stark geschrumpften Bedeutung zu akzeptieren. Die Welt drehte sich tatsächlich ohne meinen regelmäßigen Beitrag via Musik, Radio, TV, Film oder Bühne weiter, und zwar problemlos. Diese Erkenntnis fand in meinem Kopf keinen Unterschlupf und kreiste deshalb pausenlos herum.

Zu allem Überfluss schlitterte ich in Kreise, die mir besser erspart geblieben wären, in denen Heroin als willkommener Geselle den Geisteszustand der Menschen berauschte. Da ich mich vor lauter Desillusionierung, Apathie und mangelnden Zukunftsaussichten nahe immerwährender lethargischer Traurigkeit sah, probierte ich das Teufelszeug aus in der Hoffnung, mein Gemüt ein wenig aufhellen zu können. Das Pulver verflüssigte ich mittels einer Flamme auf einem Blech und inhalierte die Dämpfe, weshalb mir bei den Vorbereitungen häufig die Textzeile »Da fliegt mir doch das Blech weg« des Spliff-Klassikers *Das Blech* durch den Kopf schoss.

Pumpen, also die intravenöse Verabreichung per Spritze, stand nie zur Diskussion. Zumindest diesem Grundsatz blieb ich treu: »In meine Adern kommt nur der Arzt«. Die Einnahme von Heroin verfehlte die erhoffte Wirkung deutlich. Zwar surfte ich nach der Verabreichung einer frischen Ladung ein paar Stunden in euphorischen Sphären. Nur machte dieses Hochgefühl plötzlich einer großen Dumpfheit Platz. Der Bezug zur eigenen Person löste sich auf, und ein endlos scheinendes Vegetieren ergriff Besitz von mir. Die Gefahr bestand nun darin, den erlebten Glückmomenten hinterherzuhetzen, womit das Hamsterrad der Befriedigung betrieben wurde. Konsequenz: Ich blieb am Ball beziehungsweise am Blech.

Die Gage vom TRIO-Film *Drei gegen Drei* in Höhe von 100.000 DM erlaubte mir zunächst den regelmäßigen Bezug der Droge, aber selbst solch ein Polster neigt sich bei fehlendem Nachschub irgendwann dem Ende zu. Sowohl Heroin als auch Kokain kosteten 300 DM pro Gramm, und ich benötigte ein Gramm täglich, was sich im Vergleich zu jenen, deren Gewohnheit drei Gramm vorschrieb, noch sparsam ausnahm.

Die Bilanz meiner damaligen Lage fiel verheerend aus: Die Zukunft gähnte mich zahnlos, stinkend und hoffnungslos an, der finanzielle Sturz stand bei gleichbleibendem Lebenswandel kurz vor dem terrestrischen Aufprall und das Einzige, was ich hinzugewonnen hatte, war eine weitere Drogenabhängigkeit. Die Sucht hatte mich im Würgegriff, und vieles im Tagesablauf richtete sich danach aus, neuen Stoff zu bekommen. Mein bester Freund Wolle Willig, stadtbekannte Größe in Wilhelmshaven und Betreiber der historischen Schankgaststätte Bavaria Krug direkt an der Kaiser-Wilhelm-Brücke und der ehemaligen Szenekneipe Rizz, bewahrte mich vor der endgültigen Endstation Gosse. Er redete mir zum Beispiel unaufhörlich vehement zu, die Finger von den Drogen zu lassen, oder fuhr mich gegebenenfalls zum Arzt. Leider hatten die Bemühungen nur aufschiebende Wirkung. Der Sprung über die Klippe vom bereits abschüssigen Gelände festen Untergrunds ins Bodenlose rückte unvermeidlich näher.

Zum Glück besaß ich mit dem »Schlagzeugpapst« Zabba Lindner noch gute musikalische Kontakte nach Hamburg. Der initiierte 1988 die Erstausgabe des Schlagzeugprojektes *Vollbedienung* inklusive kleiner Drei-Länder-Tournee durch Deutschland, Österreich und die Schweiz, in welches er mich einband. Illustre Persönlichkeiten wie Rolf Brendel (Schlagzeuger von Nena, der leider nach zwei Vorstellungen aufgrund eines Gehörsturzes passen musste), George Kranz (Hitsingle *Din Daa Daa* oder *Trommeltanz*), Axel Dill (Schlagzeuger der Punkband Abwärts) und neben Zabba und mir noch fünf weitere Könner ihres Faches fügten ihre Schaffenskraft im Sinne eines Gesamtkonzerts zusammen.

Die Personen der versammelten Mannschaft merkten an meinem permanenten Schwitzen und meinem auffallend aufgedrehten, unkonzentrierten, albernen Verhalten die Heroinabhängigkeit und beschlossen, mir rabiat, unkonventionell und alternativlos zu helfen. Eines Tages rauschten sie mit einem Mercedes-Van bei mir in Wilhelmshaven vorbei, herrschten mich an, dass sie mir eine halbe Stunde gäben, um mit ihrer Hilfe meine Habseligkeiten in den Laderaum zu verstauen. Anschließend nähmen sie mich mit nach Hamburg, um sich dort meiner anzunehmen und mich besser im Auge zu haben. Würde ich das Angebot ablehnen, hieße es: »Bye-bye, das wars.«

Da ging mir ein Licht auf. Erst jetzt begriff ich meine Sucht, die mir bis dato gar nicht aufgefallen war, beziehungsweise die ich mir nicht eingestanden hatte. Meine Perspektive war völlig darauf ausgerichtet gewesen, die Sucht der Umwelt vorenthalten – oder zumindest überspielen – zu können. Ein Trugschluss.

Unterschwellig musste die Erkenntnis der Abhängigkeit aber schon länger an der Pforte des Einsehens gekratzt haben, denn sonst hätte der dramatische Auftritt meiner Musikerkumpane bei mir nicht eine derart schnelle Zustimmung erfahren. Mir war sofort klar, dass ich dieses Unterstützungsangebot annehmen musste, wollte ich den Komplettabsturz ins Bodenlose vermeiden.

Und so verfrachtete man mich nach Hamburg – ich kam vorübergehend bei Zabba unter – und verpasste mir einen sehr eigenwilligen Entzug. Anstelle von Methadon oder der »Cold Turkey«-Methode konsumierte ich ein Jahr lang unter privater

Aufsicht Kokain und Meskalin per Tequila, wenn Entzugserscheinungen auftraten. Und siehe da, es funktionierte tatsächlich ... zumindest reduzierte sich das größere Übel auf zwei kleinere, die ich sowieso zu tragen hatte.

Das Heroin ließ nicht nur mich gesundheitlich und sozial abgleiten. In der Szene gab es weitere Beispiele wie jenes von Kai Havaii, dem Sänger von Extrabreit, der das auch in seinem autobiografischen Roman *Hart wie Marmelade* thematisiert. Heroin ist eine unfassbar gefährliche Droge, und es ist kaum möglich, davon zu lassen. Jeder weiß das, aber ausgerechnet ich musste es ja selbst ausprobieren.

Aus heutiger Sicht muss ich feststellen, dass mir über die ganzen Jahre hinweg das Vermögen fehlte, in der Nach-TRIO-Ära vom einstigen Hochgefühl herunterzukommen. Geistig schwebte ich noch in populären Sphären, die längst der Realität in keiner Weise mehr standhielten, und dieser Konfrontation mit der Wahrheit verweigerte ich mich unbewusst, wo ich nur konnte. Das Beste wäre gewesen, nach dem Bruch sofort vorübergehend das Weite zu suchen, sich abzuseilen ... drei Jahre Hawaii oder Polynesien, was weiß ich, Hauptsache, lange weg und die bewegte Zeit sacken lassen.

Obwohl ich mehr oder minder beschäftigungslos beziehungsweise erfolglos herumstreunte, zeigten einige Kolleginnen und Kollegen im Musikgeschäft Interesse an meinem Werdegang und richteten nicht den Blick in eine Richtung, die ihnen die Ausrede ermöglichte, sie hätten mich übersehen ...

28

DIE LIEBEN KOLLEG(INN)EN NACH DEN HÖHEN

Im Musikbusiness fanden meine Schlagzeugfähigkeiten inklusive des musikalischen Vermächtnisses, welches TRIO zusammen mit mir hinterlassen hatten, auch nach Jahren immer noch Anerkennung. Das spiegelte sich in mehrerlei Hinsicht wider.

Da gab es die Tatsache, dass ich immer wieder von Gitarristen angehalten wurde, Kralle schöne Grüße zu bestellen, wenn ich ihn sähe. Vor seiner Art des Umgangs mit der heißgeliebten Fender Stratocaster hatten viele Saitenvirtuosen immer noch Hochachtung. Insbesondere das von ihm 1993 bei Ariola eingespielte Album *Kralle* fand in Kennerkreisen einen sehr positiven Widerhall … war leider aber kommerziell gesehen kein Erfolg. Dabei wirkte auf dem Longplayer beim Song *'n Zentimeter Liebe* Nena mit, und bei sechs Texten hatte der – traurigerweise mittlerweile verstorbene – »König von Deutschland« Rio Reiser seine Finger im Spiel.

Überhaupt waren Kralle und Rio gut befreundet gewesen, und der Sänger von Ton Steine Scherben hatte ihn einige Male in Großenkneten besucht. Schließlich wohnte Rio in erreichbarer Entfernung im nordfriesischen Fresenhagen nahe Flensburg. Erst 1989 endete diese liebe Gewohnheit der beiden, als Kralle sich dagegen entschied, nach Ablauf des zehnjährigen Pachtvertrages das Haus in Großenkneten für einen Restbetrag von 18.000 DM zu übernehmen. Er zog aus und siedelte zu Monika Kölling nach Berlin über.

Den mir gegenüber erwiesenen Respekt angesichts meines Umgangs mit dem Schlagzeug machte ich daran fest, dass ich in der Szene keine Person als »Arschgeige« bezeichnen musste. Meinen Leistungen in puncto Fertigkeit und Innovation begegnen die Fachleute immer noch mit einem zungeschnalzenden »Chapeau«, weil die autodidaktisch angeeignete Linie, einen Rhythmus exakt beizubehalten, mochte das Muster noch so kompliziert und anspruchvoll sein, beeindruckte. Jeder ambitionierte Schlagzeuger weiß, was gemeint ist, wenn man von ihm verlangt: »Spiel mal so wie Peter Behrens«, in meinen Augen die höchstmögliche Professionsweihe. Bezeichnenderweise erkundigte sich der Schlagzeuger von Die Toten Hosen nach mir, als er mit einem Projekt außerhalb der Düsseldorfer Punkrockband Wilhelmshaven die Ehre gab. Leider war ich zu dem Zeitpunkt unterwegs.

Mancher Kollege reagiert sich am Schlagzeug bloß ab, nutzt es als musikalischen Sandsack, auf den es lediglich einzudreschen gilt. Andere wiederum gefallen sich darin, experimentierfreudig den Fellen, Becken etc. Töne zu entlocken, und übersehen beziehungsweise überhören dabei, dass sie im Grunde genommen nur herumdüdeln. Mir war es stets wichtig, mein Handwerk zu beherrschen, wozu üben, üben, üben gehörte, lernwillig zu bleiben und das Neue verlässlich im Fähigkeitskoffer einzupacken.

Es lag mir fern, die mir gegenüber erwiesene Wertschätzung abzuwiegeln, denn sie stand mir meiner Meinung nach zu. Außerdem half sie mir, meine Unzufriedenheit zu dämpfen. Schließlich bestand mein Alltag darin, beruflich gestrandet zu sein beziehungsweise sich in einer Sackgasse zu befinden.

Die scheinheiligen Fluchthelfer namens Drogen halfen, wenn überhaupt, nur vorübergehend. Zudem fraßen sie in ungeheurer Geschwindigkeit viel Geld und förderten lediglich meine ohnehin lethargische Anlage. Zu allem Überfluss wusste ich ganz genau, dass ich an der prekären Lage etwas ändern musste, nur hatte ich es nie gelernt, initiativ etwas produktiv und strukturiert über einen längeren Zeitraum in die Hand zu nehmen und durchzuziehen. Durch diese Einsicht kam ich mir noch hilfloser und verlorener vor. Der Maßkrug an Enttäuschung war randvoll! Wie wohltuend massierten mich dann anerkennende Worte, ich lechzte geradezu nach ihnen, weshalb kein Tropfen mit unnötigen Beschwichtigungen vergeudet werden sollte.

Der Respekt von außen vergönnte es mir, während und nach der Talfahrt mit teilweise sehr bekannten und im Rampenlicht stehenden Künstlern verbunden zu sein. Beispielhaft sei hier nochmals Klaus Meine genannt. Wie bereits an früherer Stelle erwähnt, hatten wir uns während der Bundeswehrzeit kennengelernt, und seitdem ließ er immer Karten an der Kasse zurücklegen, wenn ich darum bat. Das war natürlich nur dann sinnvoll, wenn die Scorpions im erreichbaren Umfeld wie zum Beispiel Bremen, Hamburg, Hannover oder Münster spielten. Die Zeiten, in denen ich ebenfalls an Orten wie New York, Toronto, Rio etc. mein Unwesen trieb, lagen ja nun definitiv hinter mir.

Besonders schätzte ich die Aufrichtigkeit und Kritikfähigkeit von Meine. Er nahm mir meine Ehrlichkeit nicht krumm, die so manchen – gerade im Künstlermetier – sich in einen Schmollwinkel zurückziehen ließ. So lud mich Klaus einmal, es muss so um 1991 gewesen sein, nach einem aufwendig choreografierten, musikalisch bombastisch gestalteten, technisch unglaublich ausgefeilten Konzertspektakel in der Oldenburger Weser-Ems-Halle backstage ein und fragte mich im Brustton des Stolzes: »Na, Peter, wie fandest du unsere Show?«

Ich konnte ihm ansehen, dass er sich durchaus ein zusammenfassendes »Geil!« mit anschließender ausführlicher Lobhudelei erhoffte. Das konnte ich ihm aber nicht bieten, denn zum einen gefiel mir die Musik der Scorpions nie richtig gut – wobei mir die Menschen der Truppe allesamt wirklich sympathisch waren –, und zum anderen sortierte ich das Rahmenprogramm in die Rubrik Effekthascherei ein. Nun stand mir nicht der Sinn danach, unnötig zu beleidigen, aber unaufrichtige Speichelleckerei wollte ich auch nicht betreiben. Im Wechselspiel dieser beiden Strömungen wählte ich das knappe Urteil: »Schön bunt!«

Das saß! Ich glaube, vernichtender hätte ein Statement kaum ausfallen können. Der Stachel besaß das Gift der Bosheit im Mantel der Freundlichkeit und des hilflosen Lobs. Ich konnte es einfach nicht über die Lippen bringen zu sagen, dieses Lied war toll oder jenes … das ging überhaupt nicht! Die Gesichtszüge von Klaus wandelten sich in Sekundenbruchteilen von einer erwartungsvollen Miene in eine ungläubig, verstimmt, grollend dreinschauende Maske, während die Zimmertemperatur in Gefrierpunktnähe zu gleiten schien. Das Treffen dauerte nicht mehr lang und noch kürzer fiel die eher frostige Verabschiedung aus.

Mir wurde in dem Moment eklatant deutlich vor Augen geführt, wie man mit Höflichkeit grausam verletzen kann. Ich glaube, der liebe Klaus hatte noch lange an dem Statement zu knacken. Umso stärker ist seine Größe und Souveränität hervorzuheben, mit der Kritik umzugehen, denn bis heute haben wir uns ein kollegiales Verhältnis bewahrt. Klasse!

Manchmal verliefen meine Bemühungen, hinter die Kulissen zu Bekannten der Szene zu gelangen, eher schleppend, weil die Security glaubte, der kleine Mann vor ihnen versuchte, wie viele, unter abgenutzten Vorwänden Zutritt zum Allerheiligsten zu bekommen. So auch bei Nina Hagen. Es war nur der Promoterin zu verdanken, dass ich 1988 zur »Godmother of German Punk« vorgelassen wurde, um ihr einfach Guten Tag zu sagen.

Neben einigen wenigen anderen hält mir Kai Havaii von den immer noch aktiven Extrabreit vereinzelt noch die Stange. Er lud mich verschiedentlich telefonisch zum Silvestergig in die Hamburger Markthalle ein. Zwar liegt mir die Musik nicht, aber die Geste fand ich sehr nett, und wenn es terminlich einmal gepasst hätte, wäre das so oft angetragene Angebot von mir mit einem Besuch dankend gewürdigt worden. Ich denke, neben der gegenseitigen Sympathie einte uns sicherlich die Rauschgiftvergangenheit, die bei uns beiden im Heroin gipfelte. Wenn wir zwei uns austauschten, herrschte eine Vertrautheit, die auch keine noch so gut aufgestellte Hilfseinrichtung hätte leisten können.

Keinesfalls verschweigen will ich die Tatsache von Liaisons, die mehr oder weniger lediglich dem gemeinsamen Drogenkonsum dienten. Dazu zählte jene mit dem ehemaligen Spider-Murphy-Gang-Schlagzeuger – ein verdammt guter Vertreter der Zunft –

Franz Trojan, der bis 1992 dem Besetzungskader der Band angehörte. Ihn traf ich 1998 in München bei der SAT.1-Talk-Sendung *Sonja* zum Thema »Gestern war ich noch ein großer Star«, wo sich zudem meine Wege mit denen der Redaktionsmitarbeiterin Susanne Petz kreuzten, welche fortan lose einen gemeinsamen Kurs nahmen. Somit bereicherte ich für einen Zeitraum von circa zwei Jahren häufiger marginal das Stadtbild der bayerischen Landeshauptstadt, und die Vorliebe, Alkohol zu trinken, bewirkte einige Treffen mit Franz. Unsere Geldbörsen beherbergten zum großen Teil nur noch gähnende Leere, weshalb Kokain nahe der Gier, aber fern jeder Erreichbarkeit lag. Bei den Zusammenkünften schmiedeten wir auch Pläne für Projekte, die jedoch letztlich der Bezeichnung »Luftschlösser« genügten, was unter anderem der chronischen Unzuverlässigkeit meines Bruders im Geiste zugeschrieben werden musste. Alles in allem war das aber nicht schlimm, denn trotzdem sprangen einige vergnügliche Stunden heraus, in denen die Gaudi die Hauptrolle spielte.

Irgendwann verloren wir uns wieder komplett aus den Augen, und erst als ich Franz 2012 in einem RTL-Ranking über gestürzte Stars wiederentdeckte, in dem er unter anderem davon berichtete, dass er während seiner intensivsten Phase bis zu 300.000 DM pro Jahr für Koks ausgegeben hatte, sah ich ihn zum ersten Mal seit Jahren wieder. Oh Gott, oh Gott! Was ist denn mit dem passiert?, dachte ich, und meine für die Bildverarbeitung zuständigen Synapsen verglichen den Trojan von damals mit jener Person, die sich via Bildschirm meinem Blick präsentierte … mit dem Ergebnis, dass die beiden Abbilder nur rudimentäre Ähnlichkeit besaßen.

Ich fühlte mich beim Anblick des Schicksals meines ehemaligen Schniefkumpans gespiegelt. Zwar nahmen sich die Ausprägung des Niedergangs und die Illusionslosigkeit bei mir schwächer aus, aber die Entwicklungsrichtung bei uns beiden stimmte tendenziell überein, was alles anderem als einem angenehmen Selbsteingeständnis gleichkam.

Stephan Remmler spielte seit der eingelegten Pause von TRIO – man beachte, dass die Band sich offiziell nie getrennt hat – keine

Rolle mehr in meinem Leben, und darüber war ich auch ganz froh. Ebenso verhielt es sich mit Kralle bis Anfang der Nullerjahre, abgesehen von einigen kleinen Ausnahmen. Eine davon ereignete sich im Jahre 1987 zum 40. Geburtstag unseres Gitarrenheros, den er in Großenkneten feierte. Ich ließ es mir nicht nehmen, den Ort des Geschehens durch meine Anwesenheit zu beglücken, in Begleitung einer reich verzierten, wunderschönen, 40 DM teuren Torte mit Marzipangitarre obenauf, was das Ambiente der Veranstaltung zusätzlich festlich schmücken sollte. Geduld ließ mich einen günstigen Moment abwarten, in dem der Gastgeber und mit ihm der Großteil der anwesenden Gäste – unter ihnen auch der ehemalige Ideal-Gitarrist Eff Jott Krüger – mir die Aufmerksamkeit schenkte. Nach einigen Glückwunschfloskeln, Herzlichkeiten und Präsentation des Mitbringsels drückte ich dem verdutzten Krawinkel das Werk konditorischer Kunst mit wohliger Wonne ins Antlitz, auf gut Deutsch: Ich klatschte ihm die Torte voll in die Fresse.

Wie heißt es so schön? Rache ist süß. Irgendwann musste ich schließlich die Retourkutsche für den Gewehrschuss fahren, den Kralle circa fünf Jahre zuvor beim Wäscheaufhängen in meine Richtung abgegeben hatte. Es muss lobend hervorgehoben werden, dass mir der Gastgeber das gewöhnungsbedürftige Mitbringsel nicht krummnahm. Im Gegenteil, er fiel gequält süß-sauer, von Einsicht gezügelt in das Lachen der Gäste mit ein, und die Kosten der Anzugreinigung beglich er ebenfalls selbst.

Ich erinnere mich deshalb so gut an diese Episode, weil sie meine angespannte und zerrissene Einstellung gegenüber den anderen ehemaligen TRIO-Mitgliedern in darstellerische Form goss. Denn trotz der spielerischen, spaßigen, leichten Note des Vorgangs schwebte über der Szene die Ernsthaftigkeit einer nicht ausgeräumten, unterschwelligen Disharmonie. Ich fühlte mich von Stephan und Kralle immer noch finanziell über den Tisch gezogen …

29

GERT »KRALLE« KRAWINKEL – DAS KAUZIGE LANDEI

Der in Wilhelmshaven geborene und in Cuxhaven aufgewachsene Kralle verkörperte in seiner ganzen Wesensart den Rock 'n' Roller, wie er im Buche steht. Gitarrenverliebt lebte er das Streben nach Freiheit und Unabhängigkeit unter Verzicht auf allzu viele Statussymbole ausgiebig aus.

Mir war er bereits durch sein Mitwirken in der Band The Vampyrs und vor allem bei der Krautrockgruppe Cravinkel – für meinen Geschmack eine waschechte Kiffertruppe – ein Begriff. Cravinkel bewarben per intensivem Touren zeitgleich mit Silberbart ihre 1971er-LP *Garden of Loneliness*. Zu mehr als belanglosen »Moin Moin«-Treffen langte es zwar nie, jedoch bekam ich durchaus mit, dass Krawinkel einen guten Ruf besaß.

Nach den erfolglosen Versuchen, musikalisch Fuß zu fassen, das heißt, von dieser Passion gut leben zu können, stieg Kralle in die Lehrerlaufbahn ein. Das gab er aber bald wieder auf, weil sich dieser Weg einfach zu weit entfernt von dem Weg schlängelte, den er sich für sein eigenes Leben vorstellte. Dann doch lieber genügsam auf einem alten Bauerhof – bei Bekannten und Freunden auch »Schweinestall« genannt – in Hankhausen an eigenem Songmaterial feilen, an Autos herumschrauben und seinen Lebensunterhalt mit Bandauftritten verdienen.

Der Ortsteil Hankhausen der Gemeinde Rastede in der Nähe von Oldenburg befand sich acht Kilometer entfernt vom Etzhorner Krug, einem beliebten Wochenendtreffpunkt vieler Gleichgesinnter, in dem Kralle abgesehen vom reichhaltigen Genuss alkohollastiger Blutverdünner intensiv der Kickerleidenschaft nachging. Zum Teil ragte der Kampf um die Siegerlorbeeren bis in die Frühstückszeit des nächsten Tages hinein, sodass unser späterer TRIO-Gitarrist den Laden hinter sich abschließen musste. Hier kreuzten sich unsere Wege, nachdem wir uns lange Zeit aus den Augen verloren hatten, Ende der Siebziger wieder, ohne dass wir engeren Umgang miteinander pflegten. Deshalb fußte späterhin unser Kennenlernen in Großenkneten zwar auf einer standhaften Basis, die allerdings immer noch ein gegenseitiges Vorstellen erforderte.

Kralle umhüllte eine Aura der Arroganz – wahrscheinlich ein Schutzschild, wie ihn viele Künstler tragen –, was zunehmend in eine Kumpelhaftigkeit überging, je mehr man sich mit ihm auseinandersetzte. Zusammen mit seinem direkten, geradlinigen, manchmal auch vor den Kopf stoßenden Sprachstil gab er ein Bild ab, das ich mit »Rohes Landei mit einem guten Schliff« umschreibe, wobei ich mit »gutem Schliff« auf die ehrliche und authentische Art hinweisen möchte.

Am Schlagzeug mochte mich Kralle zunächst nicht und brachte mir eine gehörige Portion Skepsis entgegen. Zu Beginn der TRIO-Zeit forderte er mich oft heraus beziehungsweise probierte es, mich hereinzulegen, indem er die vereinbarte Abstimmung zwischen uns torpedierte. Wissentlich belegte Krawinkel den Einsatz seiner Gitarre als Reizpunkt umgekehrt zu jenem, den ich verwendete, um zu überprüfen, ob ich mich ihm unterordnete oder knallhart die ursprüngliche Abmachung durchzog. Wäre ich bei diesem Machtspielchen gekippt, hätte ich mich angebiedert, gezeigt, neudeutsch »keine Eier« zu haben, Arschleckerei betrieben, womit meine Stellung innerhalb der Band dem eines besseren Wasserträgers gleichgekommen wäre.

So aber bewies ich Rückgrat, weshalb Kralle nach der Phase des Abtastens sogar Vorschläge oder Anweisungen von mir akzeptierte. Die Idee zur Gitarrenbegleitung bei *Lady-O-Lady* entstand zum Beispiel dadurch, dass ich mich hinter Kralle stellte, er die Saiten griff und ich diese anschlug, um zu zeigen, dass mit Hilfe des Offbeats der Sound fetter gestaltet werden konnte, was umso dringender war, da wir ohne Bass arbeiteten.

Die anfänglich ernst gemeinte Herausforderung, sich gegenseitig die Handwerksfähigkeiten zu demonstrieren, geriet im Verlaufe der TRIO-Phase zu einer entspannten Kabbelei, innerhalb derer Kralle im spaßigen Ton immer wieder unterstrich: »Was willst du eigentlich? Dich wollte ich doch ursprünglich gar nicht haben.« Einen derlei gelösten Schlagabtausch hat es zwischen Kralle und Remmler nie gegeben.

Im Zuge der zunehmenden Beachtung von TRIO wurde Krawinkels Einstellung deutlich professioneller, denn er wusste im Vergleich zu vergangenen Tagen deutlich, wofür er Einsatz und Disziplin aufbringen musste. Die Wochenenden im Etzhorner Krug blieben zunächst nichtsdestotrotz im Köcher liebgewonnener Gewohnheiten.

Während der Zenitphase der Karriere und der darum liegenden Erfolgsplateaus änderte sich am Charakter unseres Saitenzupfers nahezu nichts, bis auf die Tatsache, dass die beinahe ständige Gegenwart der beiden anderen Mitglieder bedingt durch die permanenten Termine ihn zunehmend nervte. Kein Wunder, bei Stephan und mir war es ja genauso. Zusätzlich leistete die Enttäuschung darüber, dass wir ihm die Chance genommen hatten, mit Joe Jackson durch die USA zu touren - ein musikalischer Traum von ihm -, keine förderlichen Dienste, sich weiterhin solidarisch mit uns zu erklären. Trotzdem hielt er zur Band. Er hatte es einfach verinnerlicht, Teil eines Ganzen zu sein, und kehrte in diesem Zusammenhang die ganz große individuelle Stärke hervor, nicht nachtragend zu sein. Ein Wesenszug, der mir verschiedentlich zugutekam.

Betätigte ich wieder einmal die alte Leier, finanziell benachteiligt zu sein, obwohl der Sachverhalt aus Kralles Perspektive doch längst geklärt war, drehte er sich kommentarlos weg, ging mir aber bei nächster Gelegenheit auch nicht feige aus dem Wege. Meinen öffentlich gewordenen Beschimpfungen gegenüber den Exkollegen in der Post-TRIO-Ära begegnete er souverän damit, mich mehrwöchig zu sich nach Hause einzuladen, ohne auch nur den Hauch erkennen zu lassen, mich zur Rede stellen zu wollen.

Die Drogeneskapaden und das damit verbundene soziale Abgleiten hielt er mir nie vor – wenn überhaupt, tauschten wir uns diesbezüglich über die Mimik, die Gestik oder den Tonfall aus –, und er schwang sich nie zum Moralapostel auf, sondern bot mir mehrmals als Gastgeber ohne das Ansinnen auf Gegenleistung eine wunderschöne Zeit in Spanien. Was soll man dazu anderes sagen, als: Das war und ist ganz groß!!

Gegen Ende der Bandzusammengehörigkeit schlichen sich auch bei Kralle kreative Ermüdungserscheinungen ein. Das Konzept war ausgereizt. Bis 1989 wohnte er noch im beschaulichen Idyll Großenknetens, wo ich ihn manchmal am Wochenende besuchte und wir gemeinsam das Nachtleben des Umlandes inhalierten. Mir taten seine Ehrlichkeit, Bodenständigkeit und Verlässlichkeit gut. Ich bedauerte es, als er seine Zelte abbrach, in die Enklave Berlin übersiedelte und wir uns aus den Augen verloren. Von dort aus setzte er nach dem Mauerfall bald nach Spanien über, weil das Leben in der Bundeshauptstadt zu hektische Formen annahm. Ruhe bedeutete ihm viel, und diese verschwand in dem Topf des dynamischen Aktionismus, der hier versprüht wurde.

An Kralles charakterlichen Grundzügen hat sich bis dato nichts geändert. Lediglich die Schwerpunktsetzung sieht heutzutage anders aus. Die rastlose musikalische Umtriebigkeit ist einer durchgehend gelebten Gelassenheit gewichen, wodurch die Fähigkeit die Oberhand gewinnt, das Leben in all seinen Facetten zu genießen. Erst diese Entspannung ermöglichte uns eine Annäherung, die zuvor entweder durch musikalische – oder nachfolgend fiskalische – Differenzen behindert worden war.

Warum mich das Schicksal in dieser Beziehung so kuschelig-gemütlich umarmt, kann ich nicht begründen. Es ist mir, ehrlich gesagt, auch egal. Für mich gilt: KRALLE, ES IST SEHR SCHÖN, DASS ES DICH GIBT UND ICH ZEIT MIT DIR VERBRINGEN DARF!

30

DAS COMEBACK ...
ODER DAS SCHEITERN VOR DEM BEGINN

Einen Überblick über meinen jeweiligen finanziellen Status habe ich mir nie verschafft, das wäre gegen mein Naturell gewesen, aber der Verdienst dürfte bei mir während der gesamten TRIO-Phase in der Größenordnung von insgesamt mindestens einer Million DM (bei einer Umrechnung von 1,96 DM = 1 Euro entspricht das 510.204,08 Euro) gewesen sein. Trotz der zu entrichtenden Steuer blieb somit ein hübsches Sümmchen zum Ausgeben übrig. Und das tat ich auch. Mir war es nie wichtig, Geld zu sparen oder vorzusorgen, sondern ich ließ es mir einfach gut gehen und verschwendete die Moneten. Wofür? Keine Ahnung. Ich weiß nur, dass ein Großteil zur Befriedigung der Drogensucht diente.

Selbst die Floskel »das Geld zum Fenster hinauswerfen« hätte zu jener Zeit nicht ausreichend die Größe der Bedenkenlosigkeit erfasst. Überdimensionierte Scheunentore wären vielleicht der Mengen habhaft geworden. Auf mich traf sinngemäß das Zitat des ehemaligen englischen Fußballnationalspielers George Best zu, der auf die Frage nach dem Verbleib seiner finanziellen Mittel antwortete: »Ich habe viel von meinem Geld für Alkohol, Weiber und schnelle Autos ausgegeben … Den Rest habe ich einfach verprasst.«

Durch das Ende von TRIO ebbte die persönliche Einnahmequelle bis hin zum Trockendock ab, während sie bei Kralle und Remmler kontinuierlich weitersprudelte. Die beiden zeichneten für nahezu sämtliche Texte und Kompositionen der TRIO-Lieder verantwortlich – lediglich bei der Nummer *Drei Mann im Doppelbett* rührten meine Finger im Beteiligungstopf – und über die

GEMA floss in regelmäßigen Abständen der schnöde Mammon in erklecklicher Höhe in deren Säckel, der ihnen ein gesichertes, dauerhaftes Auskommen ermöglichte.

Man beachte: Allein von *Da Da Da* vergab die GEMA in 52 Ländern die Lizenz. Hinzu kamen Gebühren durch die Vergabe der Erlaubnis, den Song für Werbezwecke zu nutzen (zum Beispiel VW in den USA 1997, Hyundai, RWE 2008, Citroën, der österreichische Onlineshop Interspar etc.), was ebenfalls den Pegel des Ersparten meiner ehemaligen Bandkollegen merklich erhöht haben dürfte. Bei der RWE-Werbung kam ich ebenfalls in den Genuss finanzieller Zuwendungen, da neben den beiden anderen Bandmitgliedern auch mein Konterfei über das Bild hoppelte – das bedeutete: Kohle!

Vermeintlich schlauer geworden aus meinen schlechten Erlebnissen im Umgang mit Geld, beauftragte ich einen mir bekannten und vertrauten Agenturbesitzer aus Bad Essen damit, die Hälfte des 80.000-Euro-Erlöses – vor Abzug der Steuer entsprach das 150.000 Euro – gewinnbringend anzulegen und somit für mich arbeiten zu lassen. »Mensch, Peter, endlich bist du vernünftig geworden!«, lobte ich mich für das Vorgehen … bis mein Freund und Kupferstecher wegen Betrugs – unter anderem platzten Konzerte von den Prinzen und Adoro durch sein Verschulden, bei denen bereits Ticketeinnahmen geflossen waren – hinter schwedischen Gardinen verschwand und mit ihm unwiederbringlich meine Moneten. Vielleicht hatte er Schuldenverschiebung betrieben und mit meinem Geld in der Größenordnung von 40.000 Euro alte Verbindlichkeiten gedeckt. Immerhin blieb mir noch die andere Hälfte zur freien Verfügung, was sich nach ziemlich kurzer Spanne aber auch wieder erledigt hatte, ähnlich wie bei meiner 100.000-DM-Gage für *Drei gegen Drei*. Die war circa ein halbes Jahr später in mir im Nachhinein unbekannte Kanäle versickert.

Wie bereits mehrfach angeklungen, war mir die Finanzverteilung bei TRIO immer zutiefst ungerecht vorgekommen. Klar, einen Copyright-Anspruch konnte ich nie geltend machen, denn dazu waren meine Songanteile zu gering ausgefallen. Aber zumindest waren Umsetzungsideen von mir mit eingeflossen, die keinerlei Berücksichtigung in barer Münze fanden. Ganz zu schweigen von meiner entscheidenden Verantwortung beim Erscheinungsbild der Band, welches maßgeblich den hohen, positiven Wiedererkennungswert unserer Truppe bestimmt hatte. Denn wen erkannten die Leute auf der Straße, und zu wem fühlten sie sich hingezogen? Kralle? Kaum. Remmler? Schon eher. Allerdings galt mir ohne Frage die größte Aufmerksamkeit, weil ich in der Rolle als sprachloser, mimikversteifter, nicht ernst genommener, spaßtreibender Clown die Herzen der Fans berührt hatte. Ich war für die Medien am interessantesten – und somit für TRIO vermarktungsstrategisch sehr wichtig gewesen. Nicht vergessen werden darf das Einbringen meiner Erfahrungen und Kenntnisse im Umgang mit dem Publikum, die uns dreien sehr hilfreiche Dienste geleistet hatten, wenn es darum gegangen war, die Zuschauer in unserem Sinne zu beeinflussen. All diese Punkte hatten den Erfolg von TRIO nicht nur entscheidend vorangebracht, sondern ihn darüber hinaus lange andauern lassen.

Die Jahre trotteten ins Land und lösten ihr Dasein jeweils mit Ablauf von 365 oder 366 Tagen auf. Kralle und Remmler lebten mit den GEMA-Zahlungen gemütlich in Spanien vor sich hin, während ich inzwischen mit staatlicher Stütze mein Dasein fristete. Da bahnte sich für meine Lebenssituation ein Silberstreif am Horizont an. Auf Betreiben von George Glueck, damaliger Manager von Remmler und Nachbar von ihm auf Lanzarote, griffen erste Zahnräder ineinander, die das Comeback von TRIO antrieben.

Das klang in meinen Ohren sehr verheißungsvoll, weshalb ich gespannt und voller Vorfreude neben den zwei Vorabsongs *Let's Go to Elvis* und *Ich muss ins Krankenhaus* aus der Feder Remmlers einen Vorschuss über 5000 Euro in Empfang nahm, der meine »Stand by«-Position garantieren sollte. Mit der Zahlung erklärte ich mich, vorvertraglich abgesichert, einverstanden, gegebenenfalls andere Produktionen respektive Engagements abzulehnen.

Die schriftliche Abmachung garantierte Remmler, Kralle und mir generell auch die Übernahme sämtlicher Ausgaben, die wir für das Wiederaufleben von TRIO benötigten. Schlau und pflichtbewusst, wie er war, deckte Krawinkel sich auf Grundlage des Wortlauts neu mit teuren Ausstattungsgegenständen wie Verstärker, Gitarre usw. von namhaften Herstellern ein. Dagegen scheiterte meine Schwachstrombirne bei dem Versuch, die Hürde der Erkenntnis, dass ich mich für meinen Geldbeutel kostenlos mit einem Schlagzeug und sonstigem Equipement versorgen könnte, zu überwinden.

Ich harrte nun, Eckpfeiler der musikalischen Zusammenarbeit in den Klangboden rammen zu können, um darauf ein gemeinsames Projekthaus zu setzen. Allerdings stellte sich schon sehr bald heraus, dass sich das Rockcamp von Kralle und Remmlers Schlagerkarussell diametral und unvereinbar in verschiedenen Ecken des Geschmacks befanden. Ich schipperte mit meiner armseligen tonalen Luftmatratze zwischen den beiden und hätte sowohl zur einen als auch anderen Seite paddeln können. Mir wäre es möglich gewesen, mich zu arrangieren.

Später trug Kralle mir zu, dass Stephan eine wirkliche Zusammenarbeit gar nicht interessiert hatte. Davon konnte er sich überzeugen, als er nach dem Vorschlag von George Glueck hinsichtlich eines Comebackversuchs in Erinnerung vergangener Tage anrief, um in Jagger/Richards-Manier abzusprechen, wann, wo und wie die beiden gemeinsames Material entwickeln wollten, welches sie mir dann vorgestellt hätten. Solch eine Intimität lehnte Remmler jedoch ab. Seine Maßstäbe sahen vor, per unpersönlichem MP3-Dateienaustausch die Konversation zu betreiben, ein für Kralle völlig absurder Gedanke. Das geht doch nicht, so entsteht keine Rockmusik!, dachte er wohl im Stillen und zweifelte vom Start weg die Erfolgsaussichten eines derartigen Vorgehens an. Für Krawinkel war es unabdingbar, gemeinsam in einer geeigneten Umgebung, die das Flair von einst versprühte (zum Beispiel eine Garage), zu jammen und Lieder zu kreieren. Über eine freundschaftliche Annäherung würde die notwendige harmonische Basis gelegt, ohne die ein gutes Produkt ausgeschlossen wäre, so die Ansicht des Gitarreros.

Trotz aller Bedenken gab Kralle der Idee eine Chance. Also schob Remmler auf digitalem Wege von ihm erstellte Kompositionen hinüber, die dem Urteil des Adressaten zufolge vor allem ein Merkmal aufwiesen: mangelnde Qualität. Stücke wie *Frauen sind böse* bewertete er mit »Ein Song ohne Auflösung: Is' doch Kacke. So was spiele ich nicht!«, womit dieser Vorschlag sofort durchfiel. Skeptisch wählte Kralle die für ihn erträglichsten zwei Stücke aus, legte eine typische TRIO-Gitarre darüber, holte damit – so der Urheber – noch das Beste heraus und beförderte das Ergebnis auf dem gleichen Weg zurück, auf dem die Rohversionen gekommen waren.

Freunde, inklusive Klaus Voormann, zeigten sich begeistert, womit die Vorzeichen in Richtung endgültiger Start wiesen … wenn Stephan die Tür zum Weitermachen entriegelt hätte. Beflügelt von den ersten Reaktionen, reiste Krawinkel ohne Vorankündigung zu Remmler, um die Arbeit voranzutreiben. Auf Lanzarote angekommen, klingelte er erwartungsfroh an, worauf sinngemäß folgendes ernüchternde Gespräch stattfand:

Remmler: »Was machst du denn hier? Mir kommt keiner ins Haus.«

Kralle: »Was 'n nu los? Ich dachte, das läuft jetzt wie früher.«

Remmler: »Nee, nee, außerdem ist meine Frau gerade nicht zu Hause.«

Kralle: »Na is' doch umso besser …«

Einige ablehnende Verbaletappen später zog der Besuch perplex und wütend unverrichteter Dinge von dannen, begleitet von dem Eindruck der völligen Ausgrenzung. Remmler verlangte das Einhalten der von ihm festgelegten Regeln, die beinhalteten, dass ausschließlich seine unveränderten Stücke gespielt würden. Die nostalgische Idee hinter der Reunion spielte anscheinend für die Stimme von TRIO niemals eine Rolle.

Ich denke, es erübrigt sich zu erwähnen, dass Krawinkel angesichts dieser Kombination von schlageresker, TRIO-ferner Qualität gepaart mit dem Verhalten rigoros weitere Ambitionen kappte. Symptomatisch für Remmler war der komplette Verzicht auf

Worte des Bedauerns und auf den Versuch eines Vermittlungsgesprächs. Selbst George Glueck überrumpelte die eigentümliche Einstellung seines Nachbarn, hing er doch der Vorstellung an, beide Parteien sich mittig zwischen Andalucia und Lanzarote, zum Beispiel in einem Tonstudio in Valencia, unter Hinzunahme von mir treffen zu lassen, um dort nach ausgiebigem Jammen bei der Geburt eines neuen TRIO-Kindes behilflich zu sein.

Somit platzte zu meiner großen Enttäuschung ein Comeback von TRIO, bevor man dem Vorhaben überhaupt die Chance einer konkreten Umsetzung gegeben hatte. Vor allem nahm ich Kralle und Remmler die fehlende Solidarität beziehungsweise die mangelnde Rücksicht mir gegenüber krumm. Natürlich war es ihnen möglich, einer Reunion ohne mit der Wimper zu zucken die kalte Schulter zu zeigen, weil ihr Leben sorgenlos weiterlief. Aber bei dieser Absage völlig auszuklammern, dass mir enorm geholfen worden wäre und ich um eine Zusammenarbeit sehr bemüht war, ließ sie in einem schwachen Licht erscheinen, gerade weil sie um meine Situation wussten.

Kralle muss ich an dieser Stelle in Schutz nehmen, denn ihm tat das Ausbleiben des Zustandekommens letztlich wirklich leid. Er hatte schlicht und ergreifend zu hoch gepokert und nicht mit einem derartig schnellen Verzicht von Remmler gerechnet. Nur war ihm sehr daran gelegen gewesen, seine Vorstellungen berücksichtigt zu sehen. Dass der Deal dann schon nach den ersten Konfrontationen auf Eis lag, daran hätte er nicht im Traum gedacht.

Na ja, ein Gutes sprang bei dieser Episode dann doch noch für mich heraus. Vielleicht durch schlechtes Gewissen bedingt, wendete sich Kralle nach dem Fiasko wieder mehr meiner Person zu, und dieser Kontakt ist seitdem fester Bestandteil meines Lebens.

Nun bin ich ein wenig vorgeprescht und habe den chronologischen Faden ein wenig verlassen, den ich nun Ende der Achtziger/Anfang der Neunziger wieder aufgreifen möchte. Also spulen wir einmal zurück … zzzzzt … und los geht's …

31

KLING KLANG, HARTZ IV UND WARTEN DARAUF, DASS ETWAS PASSIERT

Tja, da saß ich nun Anfang der 1990er-Jahre und pendelte zwischen Wilhelmshaven und Hamburg. Finanziell nahezu abgebrannt, lediglich unterstützt durch Arbeitslosenhilfe, Gott sei Dank dem Heroin entronnen, aber anderen, leichteren Drogen – sofern erschwinglich – immer noch sehr zugetan, backte ich anstelle der großen Hilton-Hotel-Happen nun ganz kleine Brötchen. Sicher, bis heute würde ich lieber in Hamburg leben, aber wie soll das bei den horrenden Lebenshaltungskosten funktionieren? Ciao Traum.

Das kann doch mit Mitte 40 noch nicht alles gewesen sein!, dachte ich in der Stadt am Jadebusen entrüstet und melancholisch, wusste aber auch gleichzeitig, dass nur einer daran etwas ändern konnte, und das war ich selbst. Es sei denn, jemand würde mich packen und an Orte zerren, wo er mir sagte, was zu tun ist, und an denen die Kohle stimmte. Letzterer Alternative folgte ich nahezu ausschließlich, kam sie doch meinem Wesen entgegen, welches fordernde Schubser benötigte, um ihm Leistung und Tatendrang zu entlocken.

Natürlich war es von Nachteil, damit die Zügel aus der Hand zu geben, und außerdem zeichneten sich die Engagements zumeist durch Kurzfristigkeit aus und/oder sie waren wenig lohnend. Da gab es hier einmal ein Interview mit einer lokalen Zeitung oder dort eines mit dem *stern* (Ausgabe Nr. 37 vom 7. September 1995), in dem ich mich bitterlich über meine ehemaligen Bandkollegen beschwerte (»Diese Arschlöcher. Die haben mich über den Tisch gezogen. Ich hab' weniger Geld gekriegt, als mir meiner Meinung nach zusteht.«). Alternativ zeigte die *Bild* (8. September 2004) Interesse, bei denen ich Dampf über das lukrative, jedoch gescheiterte Comeback abließ (»Was für eine Sauerei! Ich fühle mich um meine Rente betrogen. Wir hatten doch schon Verträge unterschrieben und fünf Lieder produziert. Ich hätte endlich wieder Kohle und eine Aufgabe.«).

Im Fernsehen besuchte ich 1995 Stefan Raab – damals noch eine bloße freche Kodderschnauze mit kleiner Sendung namens *Vivasion* auf dem deutschen Musikvideoclipsender VIVA. In dieser konnte ich es so gerade noch verhindern, wie zur Schau gestelltes Schlachtvieh am Nasenring durchs Studio gezogen zu werden. Ein Schicksal, das so mancher (Ex-)Promi wie Rex Gildo erleiden musste. Dazu gesellten sich Auftritte in Talkshows wie bei *Hans Meiser* oder *Sonja* (1998) oder Kurzberichte in Boulevardfernsehformaten auf ProSieben, RTL, SAT.1 etc., in denen ich davon berichtete, wie es ist, einmal berühmt und reich gewesen zu sein, um dann komplett abzustürzen.

Solch ein Thema war immer beliebt, weil sich die Volksseele darin suhlen konnte in dem Bewusstsein, selbst diesem Schicksal entronnen zu sein und damit über der armen Kreatur zu stehen. Eigentlich gaukelten sich die Zuschauer damit aber nur ihre eigene kleine Welt schön. Mir war es einerlei, denn es brachte Geld, und das zählte. Filmisch trat ich in einer kleinen Sequenz im Streifen *Manta – Der Film* (1991) in Erscheinung.

In der dritten Sendung von *Die 80er Show* von RTL (April 2002) wärmte neben mir und dem raketensabbelnden, aber sehr netten Moderator Oliver Geissen der Ex-Profiboxer Axel Schulz das Promisofa. Der war so dauerhaft übertrieben aufgedreht, dass ich den Eindruck gewann, er wolle allen versäumten Spaß der Ostdeutschland-Vergangenheit mit einem Schlag auf Gedeih und Verderb nachholen. Das strengte aber seine unmittelbare Umgebung enorm an. Mir ist es bis heute ein Rätsel, warum eine Person, die genau genommen keinen ernsthaften Sieg errungen oder eine hervorstechend anerkennenswerte Leistung erbracht hat, außer dem Abonnement auf Platz zwei (und das auch nur bei einem Zweikampf), solch eine hohe Aufmerksamkeit bekam und zum Teil immer noch bekommt. Damit man mich richtig versteht: Es sei Axel Schulz die Zuneigung wirklich von Herzen gegönnt, ich kann es nur nicht nachvollziehen.

Außer uns dreien stand noch Verona Pooth Rede und Antwort. Eine Quasseltante, wie sie im Buche steht, aber mit einem guten Herzen, wie ich einige Male in der Unterhaltung feststellen konnte. Dauerkalauernd hangelte sie sich durch die Sendung und versuchte, mit Sprüchen unsäglichen Kalibers zu punkten. Mir erklärte sie vor laufender Kamera im Sinne eines schlüpfrigen Witzes und in Anlehnung an den erfolgreichen TRIO-Auftritt in Verona 1982: »Also ihr wart mit Sicherheit nicht in Verona, das wüsste ich.« Unterirdisch. Gemeinhin wird Pooth gerne als treudoof bezeichnet. Dem stemme ich mich entgegen. Aus meiner Perspektive scheint sie schlau zu sein.

Einmal erlag ich der Versuchung, der RTL-Spielshow *101 Wege aus der härtesten Show der Welt* (2010) meinen Teilnahmewillen zu bestätigen. Letztlich diente das Format lediglich dazu, B- und C-Prominente wie Schlagermeise Gaby Baginsky *(Der Rum von Barbados)*, die ruhmtrittbrettfahrende Mutter von Daniela Katzenberger Iris Klein, *Big Brother*-Insasse und Pornodarsteller »Mike the Machine« alias »Porno Klaus« Aichholzer oder Dauerverkäufer Walter Freiwald vorzuführen und bloßzustellen. Ein beliebtes Mittel, die Gunst des Publikums zu gewinnen. *Ich bin ein Star – Holt mich hier raus!* lässt grüßen. Auf diese Art wird beim Zuschauer Schadenfreude befriedigt, indem er Zeuge sein darf, wie andere sich vor seinen Augen zum Affen machen. Auch hier war mir die Zurschaustellung egal. Ich scherte mich nicht darum, was Umstehende von mir dachten, und äugte nur auf die Chance, 25.000 Euro zu gewinnen.

Einen Tag vor Beginn der Aufzeichnung – das gesamte Team lustwandelte schon im Aufzeichnungsort Buenos Aires – bootete man mich jedoch gezwungenermaßen aus, weil ich in der Badewanne ausgerutscht war und mich verletzt hatte. Damit verflüchtigte sich die Hoffnung auf geldliche Labsal wie eine Fata Morgana. Gern und mit großer Genugtuung las ich anschließend in der Kritik über die Sendung, die einem Totalverriss gleichkam, dass die Kandidatinnen und Kandidaten samt und sonders überflüssig und öde waren und man das Preisgeld eigentlich nur mir gegönnt hätte. Die Sympathie mir gegenüber existierte also immer noch in der Öffentlichkeit, und das stimmte mich froh. Nebenbei bemerkt: Ausgerechnet mein weiblicher Ersatz, das Nacktmodell Bettie Ballhaus, bekam den Jackpot.

Das alles waren Beschäftigungen, die noch etwas Öffentlichkeitslicht auf mir warfen, dessen Helligkeitsgrad jedoch eher in der Nähe einer Dunkelkammer als dem Scheinwerferglanz lag. Damit wollte ich mich nicht zufriedengeben. Wie gut traf es sich da, dass Bernhard Paul, Leiter des Circus Roncalli, mich 1995 engagierte. Sein Zirkus hatte in einer meiner Hamburger Wohnphasen dort Station gemacht, derweil ich bei der rumänisch-polnischen Band flying wood spielte, weil es in Wilhelmshaven keine Beschäftigung für mich gab.

Paul war ein großer Fan von TRIO gewesen, gerade auch von mir in meiner Clownrolle, weshalb er mir freien Aufenthalt auf dem Gelände gewährte, inklusive der Vorstellungen. Diese Gunst im Hinterkopf, verbunden mit dem Vorsatz, mich bedanken zu wollen, organisierte ich einen Besuch von Annette Humpe, der ehemaligen Sängerin von Ideal, eines weiteren musikalischen Favoriten des Zirkusbesitzers. Das Exmitglied von DÖF *(CODO … düse im Sauseschritt)*, Produzentin von Die Prinzen, 50 Prozent von Ich + Ich usw. hielt sich just in der Hansestadt auf, und mir war es gelungen, mit der Aussicht auf kostenlosen Eintritt und Logenplätze – das alles hat sie keineswegs gefordert! –, Annette in eine Vorstellung zu locken.

Humpe erschien dann auch wirklich mit zwei Kindern im Schlepptau, und die drei schauten sich die Show an. Bernhard Paul wandelte nahe der Glückseligkeit, während ich umherlief, denn ich kannte das Programm ja in- und auswendig. Gegen Ende der Verweildauer des Circus Roncalli in Hamburg konfrontierte ich den Zirkusleiter mit der Idee: »Sag mal, ich hätte Lust, mit dir auf Tour zu gehen. Gibt es da 'ne Möglichkeit?« Wir hockten uns zusammen, entwickelten Pläne, bewerteten diese und verwarfen manche wieder. So schloss sich ein Mitwirken als Clown in der Manege aus, da jenen Platz portugiesische, italienische und französische Vertreter der Zunft belegten. Trotzdem schien dieses Einsatzgebiet der Unterhaltung für mich wegen meiner Vorbildung am geeignetsten zu sein.

Nach vielerlei Abwägungen kamen wir überein, dass die Balance zwischen meinen Voraussetzungen einerseits gegenüber größtmöglichem Zirkusnutzen andererseits am ehesten stimmte, wenn ich die Rolle eines Empfangs- und Auslassclowns übernahm. In dieser Funktion vertrieb ich den Menschen, die manchmal in langen Schlangen anstanden, die Langeweile beziehungsweise lenkte von der Ungeduld ab. Ich versteckte Kinderwagen, wenn die zugehörigen Mütter in ihrem Hang, permanent zu quatschen, nicht auf ihr Neugeborenes achteten. Bevor jedoch nach der Entdeckung des Verlustes sich der Prozess der totalen Panikentfaltung von schreckensgeweiteten Augen über verwirrtes Umherirren zu abschließenden Schreiattacken entwickelte, stellte ich das Objekt der Begierde wieder zurück. Wahlweise entführte ich schwungvoll Kopfbedeckungen von Häuptern ihrer völlig unvorbereiteten Besitzer, und ich nutzte den Schub, um in einer fortgeführten Bewegung vorzugeben, den Hut wegzuschleudern. Natürlich blieb es nur beim Andeuten, in Wirklichkeit versteckte ich die Beute hinter meinem Rücken und händigte sie dem dankbaren Eigentümer nach Überwindung der Orientierungslosigkeit wieder aus.

Ende Mai verlagerte der gesamte Tross seinen Standort. Außerhalb der Arbeitsschritte Abbauen, Aufrollen, Zusammenlegen, Untersuchen, Einpacken, Verstauen, Verschließen, Befestigen, Verschnüren, Versorgen, Erledigen, fahrbereit machen usw. erhielt ich von Bernhard nur die Instruktion: »Komm nach Augsburg.«

Dort startete mein vorübergehendes Gauklerleben, und es war ein Job ganz nach meinem Geschmack. Neben dem geregelten Tagesablauf samt ebensolchem monatlichen Verdienst in Höhe von 1.500 DM mit freier Kost und Logis durfte ich endlich einmal wieder Manegenluft atmen. Zwar nicht als Bestandteil des Programms, aber Zirkus ist Zirkus. Zweimal täglich verrichtete ich um die Vorstellungen herum kostümiert meinen Dienst am Menschen und tauchte dabei in die parallele ungebunden scheinende Fantasiewelt der Artisten, Dompteure, Jongleure, Trapezvirtuosen, Spaßmacher, Messerwerfer ein.

Diese Passion hatte mich nie verlassen, und ich war glücklich wie ein kleines Kind, hier wieder etwas dazulernen zu dürfen, und zwar von einem ausgewiesenen Experten. Bernhard Paul wusste wie kein anderer um den reibungslosen Ablauf des Geschäfts. Im Winterquartier am Neurather Weg in Köln-Mülheim, in dem sich außer einer Reparaturwerkstatt für alte Wagen ein Museum befand, schmökerte ich in einem der tollen, imposanten Wohnwagen in Büchern und studierte eingehend die Kunst, Kniffe, Tricks der Clownerie, die mich faszinierten. In diesem Zusammenhang entwickelte sich eine Bewunderung für den Schweizer Clown Grock (Markenzeichen: Die vor Naivität strotzenden Ausrufe »Waruuuuuuuum?« und »Nit möööööööglich!«), und ich bin bis heute ein Fan von ihm.

Eine Saison lang tourte ich mit dem gesamten Ensemble durch Deutschland, erfüllte mir damit einen Traum und genoss es in vollen Zügen. Dann war der Hunger gestillt.

In diesem Zusammenhang fällt mir eine Geschichte ein, die mir als auftretender Künstler 1988 bei einem Fest am Hamburger Gänsemarkt widerfuhr. Dort machte ich wieder einmal die Erfahrung, wie leicht Emotionen und Meinungen in einer Menschenmasse erwirkt und manipuliert werden können. Im Clownkostüm und geigenkastenbepackt ging ich seinerzeit auf die Bühne, öffnete den Kasten betont langsam und holte, die Erwartung des Publikums brechend, eine Banane heraus. Lachender Applaus schwoll mir entgegen, obwohl ich eigentlich noch gar nichts Nennenswertes gezeigt hatte.

Es war also nichts passiert, dennoch war etwas passiert. Anschließend schälte ich in urgemütlichem Tempo das gelbe Affenkotelett und begann es zu essen. Absolute Ruhe kehrte ein, gespannte Stimmung herrschte und mein Können bestand nun darin, diese Pause auszuhalten. Mehr noch, sie auszunutzen, um dem sich anschließenden Teil einen besonderen Nachhall zu verleihen. Das Feld war bestellt … das Blöde war nur, die Maschinen für das Einholen der Ernte fehlten. Ich hatte mir schlicht und ergreifend keine Gedanken gemacht, was nun weiter geschehen sollte. Jetzt war Flexibilität gefragt, und aus irgendeinem Winkel meines Hirns holperte mir ein Zitat von Fidel Castro ins Bewusstsein, das sich hier vor langer Zeit eingenistet hatte. Und das auch noch auf Spanisch.

Ich schmetterte den verdutzten Leuten den Satz zwei- oder dreimal um die Ohren, unterbrach dann und wartete ab. Vielleicht zehn bis 15 Sekunden vergingen, dann wich die Irritation der Adressaten, und ganz sachte begannen einige, die Worte Fidel Castros zu wiederholen. Wie eine sich kreisförmig nach außenhin fortpflanzende Welle übernahmen die zunächst unmittelbar umgebenden Menschen die Idee und weiteten sie aus, indem sie einen Singsang beimengten. Das erfasste schließlich alle auf dem Festgelände, sodass der ganze Gänsemarkt – auf Deutsch übersetzt – rief: »Ich bin Fidel Castro, und meine Leute sind zu faul zum Arbeiten!«

Ich stand derweil auf der Bühne und dachte: Jeder einzelne beleidigt sich gerade selbst, zieht noch andere mit ins Boot, alle haben Spaß dabei und den größten habe ich selbst. Das nenn ich geil!

Dank der professionellen, geschickten Ausübung meines Schlaghandwerks ergab es sich immer mal wieder, über längere Spannen in einer Band eingebunden zu sein. Sonderlich einträglich waren die Beschäftigungen nie, aber sie holten mich zusammen mit dem gelegentlichen Touren aus der Eintönigkeit des Alltags heraus, lenkten mich ab und trugen dazu bei, dass ich frisch in der Birne blieb.

1996 half ich kurzzeitig bei der dreiköpfigen – da ist sie wieder, die Schicksalszahl Drei – Irish-Folk- und Rock-'n'-Roll-Gruppe

The Rhythm Kings aus, da sich ihr etatmäßiger Drummer ein Tattoo hatte stechen lassen. Mir vollkommen neu, aber wohl den Tatsachen entsprechend war er damit vorübergehend außer Gefecht gesetzt, da ein neu gesetztes Hautgemälde nichts anderes ist als eine bunte, gut aussehende Wunde. Die sollte man von Schmutz, insbesondere Schweiß, der nicht nur Entzündungsgefahr barg, sondern auch noch höllisch brannte, fernhalten. Und Schlagzeug spielen ohne Schweißbildung war ein Ding der Unmöglichkeit.

Ich erfüllte den Job, spulte also das Programm herunter, verabschiedete mich und ging wieder meiner Wege. Zwei Wochen später meldete sich die Band in Person des Gitarristen und Sängers Karl Wright erneut bei mir. Karl war eigentlich Ur-Frankfurter, wohnte jedoch schon seit 20 Jahren in Irland – deswegen wohl auch die Namensänderung –, weil sein Vater als Botschafter in Dublin seinen Dienst verrichtet hatte. »Hast du Zeit und Lust, uns auf unserem Irland-Pub-Trip zu begleiten?«, schallte es mir aus der Hörermuschel entgegen. Der Schlagzeuger der Band hatte wohl keine Lust mehr, außerdem hatten meine Schlagzeugfähigkeiten überzeugt.

Einzig das Problem der Reise blockierte meine Zusage, denn The Rhythm Kings waren zwischenzeitlich wieder ins heimatliche westirische Galway zurückgekehrt, und die Einkommensverhältnisse der Mitglieder nahmen sich derart bescheiden aus, dass jeder Gedanke an die Finanzierung meiner Überfahrt reine Illusion gewesen wäre. Der Himmel sei gepriesen, erklärte sich mein Kumpel Wolle Willig bereit, mir 500 DM zu geben, was mir den Weg auf die grüne Insel ebnete. In Galway wies mir die Band ein Cottage als Unterkunft zu, das ich ganz allein bewohnte, ohne Miete zahlen zu müssen, denn die wurde übernommen. Energiekosten fielen sehr niedrig aus, weil alles – selbst das Heizen – über Elektrizitätsversorgung lief, und Strom war spottbillig. Als Ergänzung zur Wärmeerzeugung stand auch noch ein Kamin zur Verfügung, dem Presstorf als Brennfutter gegeben wurde, was furchtbar stank. Mein Nachbar war ein gewisser Gordon Sumner, besser bekannt als Sting. Gesehen habe ich ihn jedoch nie, obwohl mein Weg oft genug an seinem Anwesen vorbeiführte.

Den Wechsel 1996/97 und auch das nächste halbe Jahr verlebte ich dann in Irland, und es schwemmte mich von einer Guinness/Ale-Kaschemme zur nächsten. Von den Gagen konnte kein Lebensunterhalt bestritten werden, auch ein USA-Engagement in Boston änderte daran nichts, weshalb ich, der EU sei gehuldigt, staatliche Stütze bezog. Die stand mir zu, weil ich meinen festen Wohnsitz hier anmelden musste, eine Verpflichtung, wenn man längere Zeit im Land arbeitete.

Während des Aufenthalts erfuhr ich fern der Heimat aus dem Kulturteil einer renommierten englischen Tageszeitung am 20. August 1996 vom Tod Rio Reisers, der mich wirklich sehr betrübte. Ich weiß es noch wie heute, wie empört ich war, lesen zu müssen, dass Rio angeblich Frontmann der Gruppe »Ton, Steine, *Sterben*« gewesen sei. Bei aller Vorliebe für freudsche Versprecher, aber dieser makabre Lapsus ging mir dann doch zu weit und stellte der anerkannten Gazette für meinen Geschmack ein Armutszeugnis aus.

Als die Zeichen in Richtung Abschied wiesen, setzte ich mich in den Bus, der mich in sechs Stunden nach Dublin karrte. Dort angekommen, gab mir das Schicksal links und rechts eine Backpfeife, indem man mich meines Geldes und meiner Ausweispapiere beraubte. Ratlos suchte ich Hilfe bei der Deutschen Botschaft, die mich in einem Hostel unterbrachte, derweil sie meine Identität überprüfte, um mich danach ausreichend für die Weiterreise zu versorgen. Und so saß ich zum Beispiel acht Stunden in London – einer der interessantesten Städte überhaupt – bis auf das Fahrtgeld mit leeren Taschen herum, ungeduldig darauf wartend, dass ich über Dover und Calais nach good old Germany gelangte.

In Köln waren die finanziellen Reserven komplett aufgebraucht, weshalb ich am Bahnhof offensiv dem für mich zuständigen Schaffner meine Lage schilderte. Der zeigte sich verständnisvoll, hilfsbereit und notierte sich meine Personalien mit dem Hinweis, dass mir die Rechnung des Zugtickets postalisch zukommen würde, was 14 Tage später auch geschah. Zurück in Wilhelmshaven, umgab mich im Grunde genommen sozialhilfegedämpfte Mittellosigkeit, die es mir immerhin erlaubte, über der regional bekannten, urgemütlichen Musikkneipe Kling Klang in einer Zwei-Zimmer-Küche-Bad-Wohnung die Zelte aufzuschlagen.

Die geldlich unverändert prekäre Lage verleitete mich, mit dem Feuer der öffentlichen Verkehrsmittel zu spielen. Wie jedermann weiß, besteht bei leichtsinnigem Verhalten die Gefahr, sich die Finger zu verbrennen. Das wiederum führt zu rußschwarzen Händen … und da schloss sich der Kreis: Ich fuhr schwarz … mehrmals … und drei Mal griff der Arm des Gesetzes in Hamburg in Person von unbestechlichen Kontrolleuren zu.

Man verurteilte mich 1998 zu einer Geldbuße von 800 DM, alternativ abzuleisten durch Sozialarbeit. Glücklicherweise kannte ich die Geschäftsführerin der Wilhelmshavener AIDS-Hilfe e.V., die gern meine angebotenen Dienste annahm. In der Folgezeit verteilte ich saubere Spritzen an bedürftige Junkies, gab ihnen Cremes, um die strapazierten Blutgefäße zu pflegen, und hörte mir ihre Sorgen und Nöte an. Büroangelegenheiten zählten ebenso zum Aufgabengebiet wie das Deponieren von Broschüren in dafür vorgesehenen Beratungsstellen, Ämtern, Praxen und Krankenhäusern oder das Unterhalten von Korrespondenzen zu Beratern anderer Aidsberatungsstellen. Nicht zuletzt informierte ich in verschiedenen Schulen die achten und neunten Klassen über die heimtückische Immunschwächekrankheit.

Zwei Jahre lang arbeitete ich meine Strafe ab und profilierte mich dabei wohl so gut, dass mir das Jugendamt Wilhelmshaven unmittelbar danach eine ABM anbot. Wieder über eine Spanne von zwei Jahren betreute ich im Jugendheim Wilhelmshaven die dortigen Heranwachsenden pädagogisch. Meine universitäre Vorbildung war in diesem Zusammenhang gern gesehen. Ich begleitete zum Beispiel Gruppen zu Fußballspielen, durchforstete Spielhallen nach Minderjährigen, überprüfte bei anstehenden Nachtdiensten in Diskotheken zusammen mit dem Chef vom

Jugendamt von 22 Uhr bis 0 Uhr die Pässe der Gäste und benachrichtigte gegebenenfalls die Eltern beziehungsweise die Polizei, mit der zusammen wir die Erfassten nach Hause brachten. Nach den ersten zwölf Monaten der ABM erteilte ich im Jugendzentrum zusätzlich Schlagzeugunterricht.

Nachdem die zweiten 365 Tage ins Land gezogen waren, endeten die insgesamt vier Jahre Arbeit im sozialen Bereich, was gerade in der letzten Hälfte als Angestellter im öffentlichen Dienst unter dem Aspekt der dauerhaften finanziellen Versorgung und der übernommenen Versicherungsleistungen einen Reiz besessen hatte. Alles in allem gestand ich mir allerdings ein, froh über das Aus zu sein, denn es hatte mich hart an die Grenze der physischen und psychischen Belastbarkeit chauffiert, nahezu täglich mit zum Teil sehr renitenten Jugendlichen zu tun zu haben.

Seitdem sitze ich in der circa 80.000 Menschen fassenden Stadt am Jadebusen, habe meinen überschaubaren Freundes- und Bekanntenkreis, sorge unter Einsatz meiner Leber mit dafür, dass das obergärige Hopfengebräu seine Existenzberechtigung behält, die Zigarettenindustrie ein wichtiger Wirtschaftsmotor bleibt und das Personal der Pinte kaum einen Tag über meine Abwesenheit klagen muss.

Mehr oder weniger regelmäßig ergänzte ich ab 2002 das Duo Alec and Mike bei ihren Interpretationen von Hits aus den Sechzigern, Siebziger und Achtzigern in und um Wilhelmshaven herum. Mich als alten Tanzbandhaudegen stellte das Einfinden kaum vor Probleme. In voller Besetzung – ich befand mich also wieder einmal in einem Trio – legten wir uns nach einigen Gigs das prägnante Kürzel AMP (Alec, Mike & Peter) zu, welches die Brücke zum englischen »amplifier« (deutsch: Verstärker) anbot, lautmalerisch aber auch an ELP (Emerson, Lake & Palmer) erinnerte. Damit konnten und wollten wir uns aber natürlich nicht auch nur annähernd in deren klanglichem Nimbus sonnen.

Ganz andere musikalische Wege führten mich zur Kölner Punkband Radiation Kings. Altes, jenseits der Chartkompatibilität liegendes TRIO-Material hatte sie darauf gebracht, mich ausfindig zu machen, um mir den Vorschlag einer Zusammenarbeit zu unterbreiten. Ich folgte der Einladung zu einem Open-Air-Konzert nach Bonn, in dessen Verlauf wir gemeinsam *Los Paul* präsentierten. Aus der erfolgreichen Begegnung erwuchs die Idee einer Fortsetzung, da bei mir ohnehin nichts anlag.

Die nun häufigen Besuche bei der Punkband – ich wohnte zu der Zeit mehr bei Sänger Udo in der Nähe des Kölner Doms als in Wilhelmshaven – verbrachten wir somit nicht nur biertrinkend, sondern auch probend. Das zog Auftritte in Bonn (2002) und Münster (2002) nach sich, in denen, abgesehen von *Los Paul*, TRIO-Stücke wie *Kummer, Sunday You Need Love Monday Be Alone, Ja Ja Ja, Energie* oder *Da Da Da* zum Besten gegeben wurden. Von da aus nahm ich in Form von Soloauftritten beim Rock 'n' Roll Circus in Bonn (2003), Köln (2004) und Düsseldorf (2004) teil, bei denen die Kings neben – und nicht mit – mir auftraten. Schließlich trennten sich die Wege wieder, weil mir zwischenzeitlich anderes angeboten worden war.

Aber ich hatte nichtsdestotrotz Punk-Event-Blut geleckt, weshalb ich auch bei der »Punkexplosion 2« im Wolfsburger Schlachthaus (2006), bei »Punk im Pott« in der Oberhausener Turbinenhalle (2006) und im legendären Berliner Club SO36 (2006) die Bühne erklomm. Der Zuspruch der Zuhörer war enorm, und zum Teil – wie in der Turbinenhalle – skandierten die Leute frenetisch klatschend »Peter, Peter, Peter …!«, was mich zum spontanen Zerlegen meines Schlagzeugs animierte. Die Begeisterung entsprang keinem Verulkungsansinnen, sondern ehrlich gemeintem Respekt. Wie sonst sollte ich das zahlreiche Schulterklopfen der Punks auffassen, die mir ganz konkret zu solchen Stücken wie *Los Paul* oder *Ja Ja wo gehts lank Peter Pank schönen Dank* gratulierten. Sie waren einfach überrascht ob des rabiat Gebotenen. Anscheinend wussten sie nicht, dass es so etwas schon lange vorher gegeben hatte. Wie sollten sie auch, schließlich dürfte ihnen von TRIO, wenn überhaupt, eher die *Turaluraluralu*- und die *Herz ist Trumpf*-Masche bekannt gewesen sein.

Dabei hatten die in der Gesellschaft als Schrecken der Zivilisation geltenden Punks TRIO gerade zu Beginn der Karriere akzeptiert, was bei genauerer Betrachtung auch nicht verwundern dürfte. Wir spielten in den von mir präsentierten Nummern eine »harte Kante« mit schnellem, stupidem Beat, der den Pogoliebhabern alle erdenklichen Variationen der wilden Entfaltung bot. Anfangs hatten Remmler, Kralle und ich das Punkvakuum in Südoldenburg und Umgebung gegenüber den Metropolen Berlin, Düsseldorf, Köln, Hamburg gefüllt, somit den Bedürftigen dieser Stilrichtung in der Region eine Heimstätte und Projektionsfläche gegeben. TRIO standen für eine anarchistische Ader in dem Sinne, dass wir allgemein gängige Vorgaben beim Schreiben von Songs, bei Konzerten, bei Fernsehauftritten unseren Vorstellungen anpassten und dadurch Konventionen aushebelten. Wir galten als cool.

Es herrschte bei den ersten Konzerten im Einzugsgebiet von Großenkneten eine eigentümliche, aber herrliche, ungezwungene, kontaktnahe Atmosphäre zwischen den punklastigen Leuten vor und uns auf der Bühne. Da konnte es schon einmal passieren, dass bei einem langatmigen Jimi-Hendrix-Solo von Kralle Remmler und ich mit einem Tischtennisgeplänkel begannen, dem sich zunehmend lederjackengewandete, bunte Haartracht tragende, irokesenfrisierte Menschen anschlossen. Unter ständigem Austausch der Tischtennisschläger umrundete in permanenter Bewegung der Pulk die Platte und verströmte dabei einen Spaß wie auf christlichen Jugendfreizeiten längst vergangener Tage. Im Volksmund war diese gruppendynamische Belustigung auch als »Rundlauf« bekannt.

Damit nicht genug, schmissen die No-Future-Anhänger Nahrungsmittel oder Essensreste wie Bananenschalen in unsere Richtung, womit sie, entgegen unserer anfänglichen Vermutung, keine Ablehnung ausdrückten, sondern ohne Worte kundtaten: »Kommt her, gebt es uns! Verpasst uns 'ne Dröhnung!« Als geübter Fußballer kickte Kralle die Gaben immer schwungvoll zurück in die Meute. Drei Mann im Doppelbett, eine TRIO-Cover-Band, bot mir ein weiteres Betätigungsfeld, als sie mich 2008 mit dem Vorschlag konfrontierten, mit ihnen zusammenzuarbeiten. Tendenziell wäre mir diese Option keine Überlegung wert gewesen, allerdings schlugen die drei vor, neues Material im TRIO-Stil zu entwickeln, und da stellte ich mein Gehör auf Empfang. Es entstanden tatsächlich die Nummern *Drei, zwei* und *Kleinstadtjunge* sowie *Aliens V2.0*, zu denen ich den Gesang beisteuerte. Die Songs trugen wirklich starke, TRIO-lastige Züge. Schöner Flashback! Zumindest regional erregte die Kooperation bis hin zu Rundfunk und Fernsehen (*Aktuelle Schaubude* im NDR) Aufmerksamkeit.

Schwer angesagt ist Drei Mann im Doppelbett, bestehend aus dem Göttinger Daniel Adler (Schlagzeug), dem Berliner Matthias Klein (Stimme) und dem Ost-Belgier Michael »Michel« Göbbels (Gitarre), vor allem bei den mittlerweile unregelmäßig stattfindenden deutschlandweiten Fantreffen – den so genannten Triologietreffen – in Großenkneten. Dort wurde die Truppe auch 2004 beim ersten Zusammensein gegründet. Zwischenzeitlich planten die drei darüber hinaus, anderweitig Konzerte zu geben. Da kann ich als Originalbesetzungsmitglied nur wünschen: »Na denn, ab dafür!«

Es reizte mich von jeher, verschiedene Spielarten der Musik auszuprobieren, denn nur so konnte ich mit letzter Konsequenz entscheiden, was mir zusagte oder nicht. Deshalb stieg ich bereitwillig auf den Vorschlag des Produzenten und Seven-Seals-Sängers Martin von Auen ein, der NDW-Klassiker unter dem Motto »NDW goes Industrial« neu aufnahm und um mein Mitwirken bat. Die Früchte der Arbeit sind auf der Platte *Deutsche Welle 2.0* aus dem Jahre 2012 verewigt.

Eine besondere Ehre war es für mich, als mich der Großmeister des Schlagzeugs Zabba Lindner in der Neuauflage der »Vollbedienung« 2011/12 wieder einband. Es handelte sich abermals um ein von ihm erstelltes Konzert für sieben Schlagzeuger, allesamt Experten auf dem Gebiet. Dieses Mal gruppierten sich um den Initiator neben mir zum Beispiel noch Frank Tirado-Rosales (Ex-Kettcar) und Manni von Bohr (ehemals Birth Control). Leider traten wir nur für ein paar Gigs in der Hamburger Lola auf, denn die Beteiligten waren auch noch anderweitig eingebunden.

Ich bildete mit dem Sparmodell einer Schießbude – jener aus TRIO-Zeiten – einen herben Kontrast zu den anderen Bombastausführungen, geriet damit aber erwartungsgemäß zur visuellen Attraktion. Für die akustischen Sahnehäubchen sorgten ja mehrheitlich die übrigen Stickschwinger.

Nichtsdestotrotz meine ich gemerkt zu haben, dass die Mitstreiter mir ohne Worte Anerkennung zollten. Sie respektierten mich nicht nur, sondern erwiesen mir Respekt, vielleicht aus dem Wissen heraus, dass meine Fähigkeit der Taktsicherheit nur ganz wenige beherrschen. Die meisten sitzen vor zu vielen Haupötten, die sie verleiten, den Pfad der Präzision beim Einhalten des Rhythmus zu verlassen. Meine hervorstechende Eigenschaft brachte mir dann auch eine Aufgabe innerhalb des Projektes ein, wie sie passender kaum hätte sein können. Zusammen mit dem in der Aufstellung neben mir befindlichen Manni von Bohr, der ebenfalls über ein exzellentes Taktgefühl verfügt, bildete ich das schlagzeugspielende Uhrwerk, zu dem alle anderen Drummer schauten, um eine Ablaufrichtschnur zu haben.

Entgegen der gemeinhin üblichen Stutenbissigkeit unter Kollegen – in diesem Fall eignet sich wohl eher der Begriff »Rappentreten« oder Ähnliches – bildeten wir, allein schon bedingt durch das intensive Proben miteinander und die gemeinsame Hotelunterbringung, einen eingeschworenen Kreis Gleichgesinnter, die dem im positiven Sinne verrückten Leittier Lindner gerne folgten. Was Zabba an Engagement und Einsatz in die Waagschale warf, damit »Vollbedienung« umgesetzt werden konnte – und zwar alles, was ihm möglich war –, nötigte mir allerhöchste Anerkennung ab.

Die Auflistung meiner Tätigkeiten in den 1990er- und Nullerjahren könnte ich noch durch weitere kleinere Projekte ergänzen, sodass man versucht ist zu glauben, der Behrens sei gut beschäftigt gewesen. Von wegen! Kleinvieh macht zwar auch Mist, aber über die ganzen Jahre entzerrt sich das zu Mikrobenunrat und der füllte die insgesamt abzudeckenden Tage lediglich im Promillebereich.

Wie dankbar, angenehm überrascht und gebauchpinselt war ich da, als Franziska Menke – ja genau jenes Frl. Menke, das während der Neuen-Deutschen-Welle-Phase *Hohe Berge* bestieg, um dort ihren *Traumboy* zu finden, mit dem sie dann in einem *Tretboot in Seenot* geriet – mich 2005 zum Musical *Sternenhimmel* im Hamburger Delphi Showpalast vermittelte.

Im Gespräch mit dem Ideengeber und Regisseur Horst Kuska hatte sie auf die Überlegung, wer einer der prägnantesten Köpfe der Neuen Deutschen Welle gewesen war, sich meiner besonnen, als es darum ging, im Stück die Rolle der guten Campingplatzseele namens Herr Lehmann zu belegen. Die Konditionsverhandlungen verliefen rasch und glatt, weshalb man mir kurz darauf eine kostenlose Theaterwohnung zur Verfügung stellte. In der konnte ich mich während der dreiwöchigen Proben zurückziehen, um ungestört den Text für die Rolle zu lernen. Außerdem war ich flexibel greifbar, und die Unterkunft erschwerte Wege, die Dummheiten gestattet und einen konzentrierten Einsatz verwehrt hätten.

Der berufliche und private Austausch mit Franziska war sehr interessant, und ihre menschliche, kollegiale, aber auch kompromisslose Art gefiel mir. Frl. Menke steht bis heute mit beiden Beinen im Leben und hat parallel zu den Auftritten, die sie immer noch kreuz und quer durch Deutschland führen, einen Job beim Paketauslieferungsservice UPS. Den wird sie auch nicht aufgeben, da ihr die Arbeit eine Betriebsrente gewährleistet, sofern sie lange genug dabeibleibt.

Sternenhimmel entwickelte sich zu einem vollen Erfolg, und wir gaben innerhalb der Spieldauer von einem Jahr 250 fast immer ausverkaufte, mit Standing Ovations gewürdigte Vorstellungen. Etwa 15 Besucher bildeten sogar eine Gruppe von Stammgästen, die jede Aufführung besuchten. Musikalisch brachte ich mich mit den Liedern *Herz ist Trumpf*, *Da Da Da*, *Turaluraluralu* und *Anna – lassmichrein lassmichraus* ein. Diese Erfahrung machte wirklich

Spaß und mir tat es von Herzen leid, als sich der letzte Vorhang 2006 senkte und das Ensemble sich wieder in alle Himmelsrichtungen zerstreute. Die regelmäßige Arbeit samt Einkommen und das alles im künstlerischen Metier vor Publikum … besser hätte ich es nicht treffen können.

Nach dem Ende der Musicalsaison führte Franziska einer ihrer Gigs unweit von Wilhelmshaven nach Jever. Der Anlass kam mir gelegen, um sie zu überraschen. Ich umging die Option, das Bühnenpersonal in meine Pläne einzuweihen, womit erfolgreich die Gefahr vermieden wurde, dass Frl. Menke auch nur den Hauch eines Hinweises bekam. Nichtsahnend lieferte die Gute ihr Showprogramm ab, wozu natürlich auch der *Traumboy* zählte. Just bei diesem Stück enterte ich die Bühne – mir war ja klar, dass mich in der Gegend jeder kannte und viele wussten, dass ich mit der Bühnenprotagonistin gemeinsam im Musical gespielt hatte. Von hinten pirschte ich mich an die Interpretin heran und umschlang die komplett Verdatterte überfallartig. Mit vor Schreck weit aufgerissenen Augen drehte sie den Kopf seitlich, erkannte mich, ihre Gesichtszüge entspannten sich daraufhin wieder, und sie trällerte dann mit mir lachend Arm in Arm das Lied zu Ende. Die Zuschauer quittierten die Einlage mit vergnügtem Johlen, was meine Idee wohlig abrundete, woraufhin ich ohne großes Federlesens wieder vom Ort des Geschehens verschwand.

Die positive Musicalerfahrung brachte mir 2011 erneut ein Engagement im Delphi Showpalast in Hamburg ein, und zwar in dem Stück *Sonne, Strand und mehr*. Leider gehörte ich circa einen Monat später bereits nicht mehr zum Darstelleraufgebot, weil Gevatter Schicksal mir einen Fußbruch bescherte, der es mir unmöglich machte, weiterhin das Rampenlicht zu suchen.

Dass ich auch für jüngere Leute abseits der Punks noch interessant war, wurde mir bewusst, als mich 2007 fünf Studenten der Jade Hochschule Wilhelmshaven ansprachen. Sie wollten die innerhalb ihres Studiengangs »Medienwirtschaft und Journalismus« geforderte Dokumentation über mich drehen, da ihrer Ansicht nach meine Vita genügend aufregenden Stoff für solch ein

Werk bot. Geschmeichelt und interessiert gab ich Zeichen, dass mir das Vorhaben recht sei, mehr noch, dass ich auch gewillt war, aktiv meinen Teil zum Gelingen beizutragen.

Das 30-minütige Werk hatte nach neunmonatiger Arbeit im Januar 2008 unter dem Titel *Tri(o)umph – Ein Porträt über Peter Behrens* im Wilhelmshavener Kinoplex Premiere, und die 450 Plätze im Saal waren bis auf 21 besetzt. Das mag daran gelegen haben, dass es keines Eintrittsgeldes bedurfte, um in netter Gesellschaft eine halbe Stunde im Warmen und Trockenen zu verweilen. Ich glaube aber eher an eine wirkliche, gespannte Anteilnahme, die das Publikum in das Kino befördert hatte.

Finanziell lag das Projekt sicherlich jenseits allen Reizes, jedoch genoss ich die Aufmerksamkeit um meine Person wie ein Dürstender, der seit Langem nach Trinkbarem giert und, als es ihm endlich gegeben wird, es umso intensiver genießt. In solchen Momenten spielte Geld keine große Rolle.

Franziska Menke hatte sich ebenfalls an der Dokumentation beteiligt sowie der Regisseur des Hamburger Delphi Showpalasts Horst Kuska. Besonders hervorzuheben war aber der unermüdliche Einsatz von Melanie Otten, die unweit von Wilhelmshaven in Cloppenburg wohnte. Sie war TRIO-Fan der ersten Stunde, sehr treue Begleiterin meines Lebensweges und stand auch in schweren Zeiten an meiner Seite. Ich kann mich noch erinnern, als Melanie mich als junges Mädel in Kreyenbrück im Krankenhaus besucht hatte, weil mir beim erstmaligen Versuch, auf Wangerooge Tennis zu spielen, prompt die Achillessehne gerissen war. Vor lauter Schüchternheit hatte sie zunächst den Bruder ins Krankenzimmer vorgeschickt, bevor sie sicher war, es selbst wagen zu können.

Ihrem Initiativgeist und Organisationstalent sind die Fantreffen im Großenknetener Gasthaus Kempermann – Ort des ersten TRIO-Konzertes 1980 – mitzuverdanken, die seit 2004 in mal größeren, mal kleineren Abständen abgehalten werden. Manchmal trat sie auch helfend in Erscheinung, wenn meine Schusseligkeit mich in die Bredouille brachte. So stellte ich einst kurz vor einem

Auftritt mit Entsetzen fest, dass sich unter dem Instrumentarium keine Becken befanden. Guter Rat war nun teuer, Melanie in erreichbarer Nähe, und die Teufelsfrau schaffte es über ihren Sohn tatsächlich, rasend schnell Ersatz zu besorgen.

Die Fantreffen sind ein schönes Sammelbecken für all diejenigen, die vergangenen Zeiten huldigen und ein wenig davon in die Gegenwart hinüberretten wollen. Die Anhängerschaft streut bundesweit, einschließlich Bayern, Baden-Württemberg, Berlin und Oschersleben in Sachsen-Anhalt und überschreitet mit Belgien und England selbst die nationalen Grenzen. In Österreich existiert zusätzlich eine Kleingruppe hartgesottener TRIO-Verfechter, die mich nahezu jedes Jahr zu Silvester einladen und alle für mich anfallenden Kosten übernehmen.

Am ehesten ist es mir vorbehalten, die Fahne hochzuhalten, wenn es um den Kontakt mit dem Fanclub geht, indem ich zum Beispiel persönlich bei Treffen vorbeischaue. Dann wirbele ich auch auf drängendes Bitten die Trommelsticks, denn nur wenn man mir die Stöcke anbietet, kommt das Original hinter das Schlagzeug. Alternativ zum leibhaftigen Erscheinen bringe ich mich zumindest telefonisch ein. Kralle glänzte in der Vergangenheit zwar nie mit Anwesenheit, meldete sich aber regelmäßig über Handy, während Remmler sich lediglich einmal dazu bereit erklärte, per Fernsprecher ein paar Worte an die Leute zu richten.

Auf keinen Fall unerwähnt bleiben darf Matthias Klein, ja, genau der, welcher bei der Cover-Band Drei Mann im Doppelbett die Stimmbänder vibrieren lässt. Auch auf seinen Schultern ruhen entscheidende Anteile der nostalgiepflegenden Zusammenkünfte. Nicht genug des Eifers, setzt er zusätzlich als Webmaster des Internetauftritts *www.remmler.de* Zeichen. Diese Plattform erstaunt mich immer mit den unzähligen Informationen über TRIO, die Bandmitglieder und alles, was damit in Verbindung steht.

Um sich ein Bild davon zu machen, wie Hardcorefans ticken: In Vorbereitung auf meine Autobiografie traf ich mich zu Recherchezwecken wiederholt mit Melanie Otten. Wie es in der heutigen Zeit zur Normalität gehört, unterbrach uns mehrmals ein Plärrkasten, ohne den für die meisten Menschen gerade jüngeren Datums die Bewältigung des Alltags schier undenkbar erscheint, das Handy. Beim ersten Lebenszeichen vernahm ich das Lied *Anna – lassmichrein lassmichraus.* Melanie nahm ab, führte das Gespräch, und danach machten wir weiter. Das nächste Mal ertönte *Bum Bum*, die Adressatin sprach und legte danach wieder auf. Als dann beim dritten Anruf abermals ein TRIO-Titel zu hören war *(Da Da Da)*, fragte ich: »Sag mal, wieso hast du so viele TRIO-Klamotten auf deinem Sprechbalken?«

Grinsend sah mich meine Freundin an und antwortete: »Na ja, jeder mir wichtigen Person habe ich einen TRIO-Song als Rufton zugeordnet, damit ich bereits beim Klingelton weiß, wer sich meldet. Mein Sohn ist am anderen Ende, wenn *Anna* läuft, mein Bruder ist bei *Bum Bum* dran und mein Papa bei *Da Da Da.* Versuchst du, mich zu erreichen, spielt mein Handy dein Lied *Stunden der Einsamkeit* ab – übrigens hast du mir den Song damals auf Kassette überspielt, weshalb ich ihn während meiner Entbindung rauf und runter hören konnte – und bei Kralle weiß ich, dass er mich sprechen will, wenn *'n Zentimeter Liebe* von seinem Soloalbum kommt.« Völlig baff brachte ich nur ein ungläubiges, perplexes »Wahnsinn!« zustande.

Freundschaft ist ein großes Wort, und für mich war es während des größten Teil meines Lebens eine Kapitelüberschrift, der der Inhalt fehlte. Das wandelte sich erst in den letzten zehn Jahren …

32

ES GIBT SIE DOCH, DIE FREUNDSCHAFT

Die ausgelassene Chance des Comebacks von TRIO hatte mich unglaublich wütend gemacht, weil ich in meiner klammen Situation das in Aussicht gestellte Geld sehr gut hätte gebrauchen können, um wieder auf die Beine zu kommen. Noch mehr als dieser eigentlich bereits ausreichende Grund, aus der Haut zu fahren, brachte mich die Gleichgültigkeit auf die Palme, mit der Remmler diesen Umstand billigend in Kauf nahm.

Anders verhielt es sich mit Kralle. Ihm schien es unangenehm zu sein, mich derart hängen gelassen zu haben, wobei er zwar an der Torpedierung der Reunion Mitschuld trug, diese aber letztlich nicht zum Scheitern gebracht hatte. Ich vermute, dass anschließend die Plage des schlechten Gewissens ihn dazu verleitete, sich ein wenig meiner anzunehmen.

Auf diese Weise entstand eine Gepflogenheit, die ich bis heute sehr genieße und wofür ich Kralle sehr dankbar bin. Zu jeder Fußballweltmeisterschaft und -europameisterschaft – also alle zwei Jahre – lädt er mich auf seine spanische Finca in der Nähe von Sevilla – wo er unter anderem mit vielen Pferden und einem Hund lebt – vier bis sechs Wochen lang ein, und wir verbringen dort gemeinsam fernsehschauend das jeweilige Großereignis. Sowohl Kost und Logis als auch die Flugkosten werden von ihm übernommen. Alkohol und Tabak aber nicht! Darauf legt der Gastgeber zu Recht viel Wert.

Zwischen den Übertragungen setze ich mich tagsüber wärmenden Sonnenstrahlen aus, schwimme im Pool, jamme abends mit dem Gastgeber – Kralle gitarrenbestückt, ich auf Teekisten schlagend –, unterhalte, flachse, treibe Unsinn , unternehme Ausflüge mit ihm, und wenn Monika Kölling uns mit ihrer Anwesenheit beehrt, ist das umso schöner.

Kurz und gut, es herrschen alle Annehmlichkeiten, die es ermöglichen, die Seele gehörig baumeln zu lassen, wozu die komplett entspannte Atmosphäre durch die unaufgeregte Art seitens Kralle erheblich beiträgt. Einfach herrlich!

Und damit nicht genug: Aus der zwischenmenschlichen Kollegialität zu TRIO-Zeiten – ein Thema, das wir bei meinen Aufenthalten übrigens bewusst aussparen – entstand über den Umweg einer längeren Phase gegenseitiger Animositäten eine echte Freundschaft, so sehe ich es jedenfalls. Also eine Art der Beziehung, die ich, bis auf jene zu Wolle Willig, nie kennenlernen durfte. Gegenbesuche stattet Kralle kaum ab, und wenn er im nördlichen Raum unterwegs ist, dann eher in Cuxhaven bei seiner Mutter oder gar in Norwegen bei seinem Sohn.

Das ganze bisherige Gesabbel mochte ja schön und gut gewesen sein, aber vielleicht will der ein oder andere geneigte Leser ja auch noch wissen, wie es gegenwärtig bei mir aussieht …

33

DIE WAHRSAGERIN

»Was soll ich davon halten?«, dachte ich, den handschriftlichen Brief noch in Händen. Dunkel entsann ich mich, dass etwa zwei Wochen vorher ein Typ aus Soest bei mir angerufen und gefragt hatte, ob ich mir vorstellen könnte, gemeinsame Lesungen mit dem Autor Hermann Wenning zu machen. Der hatte seine intensiven negativen Drogenerfahrungen und den Weg aus dem Sumpf in dem Buch *Lauf zurück ins Leben* niedergeschrieben. Da auch ich diesbezüglich einschlägig vorbelastet war, versprach sich der Anrufer aufgrund meines Bekanntheitsgrades eine bessere Breitenwirkung unter dem Gesichtspunkt der Prävention. Dummerweise hatte mich der Mann, der sich mit Klaus Marschall vorstellte, im angetrunkenen Zustand erreicht. Deshalb war ich ihm ziemlich schnell ins Wort gefallen und hatte ihn gebeten, das Anliegen per Stift einem netten Brief anzuvertrauen, den er mir zuschicken sollte, nicht ohne aber vorher klar zu verdeutlichen, dass ein Interesse nur vorhanden sei, sofern »die Kohle stimmt«.

»Die Kohle muss stimmen« gehört zu meinem Standardrepertoire, wenn Medienvertreter auch heute noch turnusmäßig ihre Fühler nach mir ausstrecken, um sich wieder einmal von mir berichten zu lassen, wie das denn damals war mit *Da Da Da*, wie es mir nach dem Erfolg erging und was ich momentan so treibe. Für ein Interview möchte ich unverändert etwas Geld haben und sehe es auch nicht ein, davon abzurücken. Schließlich habe ich an einem Teil der Musikkulturgeschichte mitgewirkt, und das soll nicht unter Wert verkauft werden, außerdem ist es eine Bekundung von Anerkennung.

Ein Teil des Schreibens aus Soest nahm mich besonders gefangen, in dem angedeutet wurde, dass aus den gemeinsamen Auftritten mit Hermann Wenning die Möglichkeit erwachsen könnte, selbst ein Buch zu schreiben, für welches wegen der geleisteten werbewirksamen Vorarbeit vielleicht ein Verlag gefunden werden könnte.

Moment mal, schoss es mir durch den Kopf, da war doch mal was … Und tatsächlich, einige Momente des Umräumens von Gedankenschrankwänden und anderen Wissensmöbeln später entdeckte ich eine Erinnerung an eine Begebenheit, die ich zusammen mit meiner damaligen Freundin Uschi Borsche in München erlebt hatte.

Neugier war damals dafür verantwortlich gewesen, dass wir eine Bekannte meiner Freundin besuchten, die sich als Wahrsagerin versuchte. Wir hatten die Gelegenheit beim Schopfe gepackt und sie gebeten, ihr Können bei uns anzuwenden. Irgendwann in einer der Sitzungen waren die Augen der Zukunftblickenden auf mich fixiert gewesen, und zögernd, aber wissend konzentriert hatte sie gesagt: »Von deinen Anlagen her bist du kein Schauspieler.« Pause. Nun gut, mir war es vergönnt gewesen, in einer Anzahl von Produktionen mitzuwirken, aber vom Fach war ich wirklich nicht. Mein Mienenspiel reichte lediglich für ein dummes Gesicht, wofür sich die Rollenangebote in äußerst überschaubarem Rahmen hielten. Aussage der Frau also akzeptiert.

Dann fuhr sie fort: »Die Konstellationen weisen auch darauf hin, dass du kein Musiker bist.« Pause. Kein Musiker? Dabei hatte ich bis dato nahezu meinen gesamten Lebensunterhalt damit verdient! Ich war skeptisch geworden, hatte aber nichts erwidert, sondern still abgewartet, bis die selbst ernannte Seherin abschloss: »Aber du wirst irgendwann einmal ein Buch schreiben.« Buch schreiben? Ausgerechnet ich, der sich noch nicht einmal bei TRIO-Texten hatte aufraffen können, einen Beitrag zu leisten.

Reichlich verdutzt war ich dazu übergegangen, das Orakel als lächerlich abzutun, aber nichtsdestotrotz war die Weissagung spurentief in mein Bewusstsein eingedrungen, und es bedurfte lediglich eines Knopfdrucks in Form der Postsendung, um die Erinnerung wieder aufflammen zu lassen.

Warum eigentlich nicht ein Buch? Mir ging es ohnehin inzwischen auf die Nerven, sporadisch nur in kurzen Zeitungs- oder Magazinartikeln beziehungsweise TV-Interviews von wenigen Minuten – in Fernsehreportagen von maximal 15 Minuten – stets das Gleiche absondern zu müssen. Vielleicht war die Zeit reif dafür, den Menschen endlich ein zusammenhängendes Bild zu präsentieren, anstelle andere darüber befinden zu lassen, welche ausgesuchten Spots meiner Vita gesendet wurden. Die Berichte durchliefen – genau genommen – eine inhaltliche Dauerschleife, auch wenn die Bilder etwas variierten, damit der Anschein der Exklusivität gewahrt blieb.

Mein mangelndes Vertrauen in meine Fähigkeit, buchkompatibel schreiben zu können, trieb mich in die beratenden Hände von Monika Kölling, der Lebensabschnittsgefährtin von Kralle seit dem Dreh von *Drei gegen Drei*. Die hat 'ne erfolgreiche Medienagentur in Berlin und kann mir sagen, was ich von der Angelegenheit halten soll, so meine Überlegung. »Probier's doch und hör es dir mal an. Zu verlieren hast du doch nichts«, antwortete diese. Damit traf die Gute den Nagel auf den Kopf.

Wo war ich vor dem Gedanken an ein Buch stehen geblieben? Ach ja, beim lieben Geld. Es hatte Zeiten gegeben, in denen ich allein durch das Ausgeben von Moneten beschäftigt genug war. Kaufen oder bleiben lassen?, war die vorherrschende Abwägung gewesen und nicht: Kann ich mir das leisten? Schlussendlich blieb das Gefühl der Zufriedenheit jedoch aus, denn unweigerlich sieht man sich mit der Sinnfrage »Was soll das alles noch?« konfrontiert. Die vor dem Erfolg gehegten materiellen Träume waren unter dem Gesichtspunkt der konkreten praktischen Umsetzbarkeit geplatzt. Ich hatte am eigenen Leibe erfahren, welche Bedeutung dem Spruch »Geld allein macht nicht glücklich« innewohnt. Allen geschäftlich erwerbbaren Schätzen der Welt bleibt es verwehrt, den Wert innerer Motivation, das Gut einer Passion aufzuwiegen.

Einem Außenstehenden mag es vor Verständnislosigkeit in den Ohren klingeln, jedoch fühle ich mich in der momentanen

Situation, hinter jedem Euro herlaufen zu müssen, wohler, als die Taschen voller Geld zu haben. Ich bin wacher und flexibler im Kopf, wenn ich gezwungen bin, mit wenig Geld auszukommen. Ansonsten kann ich den Dingen des täglichen Lebens keine Würdigung entgegenbringen. Finanziell reichhaltige Möglichkeiten bauen eine Wahrnehmungsdistanz zum Kauf auf, was den empfundenen Wert mindert. Das Leben ist wesentlich interessanter allein durch den Stolz, etwas durch den Gegenwert der eigenen Mühen zu bekommen, und sei es nur dadurch, auf etwas anderes verzichten zu müssen.

Vor 2005 habe ich noch das Kombipaket Arbeitslosenhilfe mit danach folgender Sozialhilfe bekommen, dann kam Hartz IV, und seit November 2012 beziehe ich eine kleine monatliche Rente in Höhe von 407 Euro, also etwas mehr als den Hartz-IV-Regelsatz mit 382 Euro. Somit liegt der Pegel in der Nähe der Grundsicherung, den ich durch kleinere Nebenverdienste manchmal aufstocke. Allerdings reduziert sich das spärliche Monetenreservoir momentan ein Jahr lang durch eine monatliche Stromnachzahlung von 50 Euro.

Neben regional begrenzten Aktionen wie dem Schlagzeugprojekt »Vollbedienung« von Zabba Lindner kommen auch nationale Angebote. Leider wird dabei manches euphorisch zu einem Ballon aufgeblasen, dem sehr schnell die Luft ausgeht, da man vergisst, durch einen Knoten das Vorhaben zu fixieren und anschließend umzusetzen.

Zum Beispiel erhielt ich 2012 eine Anfrage, bei der Neuauflage des TRIO-Films *Drei gegen Drei* zum 30-jährigen Jubiläum von *Da Da Da* unter Verwendung von Bluescreen-Technik Kommentare zu verschiedenen Szenen beizusteuern. Kralle und Remmler sollten ebenfalls angesprochen werden. Das Letzte, was mir zu Ohren kam, waren Schwierigkeiten bei der Beschaffung von Originalbändern der Produktionsfirma Constantin. Es existierte angeblich nur noch unbearbeitetes Negativmaterial, welches aufwendig aufbereitet werden müsste. Schlussendlich wanderte der Film in einer billig wirkenden Neuabmischung ohne jegliches

Begleitmaterial erneut auf den Markt, wovon mir fünf DVDs zugeschickt wurden. Damit dürfte ich wahrscheinlich die Gesamtabnahmezahl vervielfacht haben. Im Vergleich zum anfänglichen Anspruch irgendwie erbärmlich. Das hätte man sich auch sparen können.

Es dürfte nach den obigen Schilderungen kaum verwundern, dass ich zumindest in einer Hinsicht Dagobert Duck ähnlich im Überfluss schwimme, und zwar was die Zahl der Mußestunden betrifft. Mein unspektakulärer Tagesablauf beginnt morgens zwischen sechs und sieben Uhr, denn da stehe ich auf. Dann öffne ich das Fenster und begrüße den Tag mit den, allerdings nur gedachten, Worten: Guten Morgen Wilhelmshaven! Aus dem Kreischen der dusseligen Möwen folgere ich: Aha, da hat das Hochwasser wohl unser Wattenmeer überschwemmt. Wie ich darauf komme? Na ja, das Getöse der Möwen rührt daher, dass sie die umstehenden Mülltonnen nach Nahrung absuchen, die sie normalerweise draußen im Schlick aus dem Boden ziehen.

Der nächste Programmpunkt besteht darin, bis circa zehn Uhr Fernsehen zu schauen – irgendwelche Morgenmagazine –, um dann meine Stammkneipe Kling Klang mit meiner Anwesenheit zu beglücken. Dort trinke ich einen Pott Kaffee und lese Zeitung. Eine weitere Stunde später gehe ich dazu über, mir ein paar dunkle Einbecker Bierchen zu genehmigen, sofern mir die nötigen Euros dafür zur Verfügung stehen. Die Menge an malz- und hopfenlastigem Gebräu bewegt sich zwischen einem halben Liter und einem Liter. In den Augen vieler bin ich damit alkoholabhängig. Nun gut, sie mögen recht haben, aber ich gehe ehrlich damit um, mache mir und anderen nichts vor, halte Rahmenbedingungen ein und wahre damit den Blick auf die Realität.

Am späten Nachmittag bekommt meine Leber vielleicht noch eine Flasche, dann ist aber auch Ruhe im Karton. Abends trinke ich grundsätzlich nichts, denn ansonsten nimmt mich die Altersinkontinenz in ihren Würgegriff, auf gut Deutsch: Die Nachtpinkelei bereitet mir einen unruhigen Schlaf. Sofern ein Trommeljob ansteht, setzt mich dieser zusätzlich unter den Zugzwang der Abstinenz, weil ich nüchtern um ein Vielfaches besser bin als besoffen.

Mein Umgang mit Alkohol ist für mich so okay, weswegen ich in irgendeinem Zeitungsinterview auf die Frage, ob mich meine Vergangenheit Abstand von sämtlichen Drogen nehmen ließe, sinngemäß geantwortet hatte: »Ey, ich wohne über 'ner Kneipe. Was soll ich da denn trinken? Kamillentee, oder watt?«

Mir sind die Leute ein Graus, und ich kann mit denen nichts anfangen, die sagen, sie kommen mit den Drogen klar oder sie hätten die vermaledeiten Spaßmacher im Griff. Das ist Mumpitz! Die gaukeln sich etwas vor. Es ist bereits eine große Leistung, sich mit den Versuchungen arrangieren zu können, ohne abzustürzen, und das kann ich.

Zugegeben, im Jahr 2005 wurde es wirklich haarig, und hätte ganz übel ausgehen können. Ernsthafte gesundheitliche Probleme hatten bis dahin einen Bogen um mich gemacht, weshalb mich alles andere als Sorge umtrieb, als sich mein rechtes Auge von einem Tag auf den anderen schmierig und sandig anfühlte und das Sehvermögen gehörig eingeschränkt war. Ich konsultierte einen Arzt, der eine Verhärtung unterhalb des betreffenden Auges entdeckte, dieses abtastete und anschließend in aller Gemütsruhe die Beobachtungen mit Aussagen aus der mehrbändigen Fachliteratur abglich. Irgendwann stieß er auf die gewünschte Erklärung, was ihn merklich stutzig werden ließ. Die Gesichtszüge spannten und die Körperhaltung versteifte für Sekundenbruchteile, ehe die bequem-abgeklärte Aura abrupt einer unruhigen Betriebsamkeit Platz machte.

Erst nachdem man mich ohne viele Worte, geschweige denn einer näheren Erläuterung im Eiltempo in ein Krankenhaus gebracht und mir Infusionen gelegt hatte, erfuhr ich die Ursache der Hektik. Die Diagnose lautete Augeninfarkt und der Knubbel war ein Venenverschluss, der sich jederzeit hätte lösen – und weiterwandern können. Ein Schlaganfall oder ein Hirnschlag wären die Folge gewesen. Das ging wirklich haarscharf am Ableben vorbei, und die Lebensuhr hatte fünf vor zwölf angezeigt.

Weder ausschließlich Alkohol- noch ausschließlich Nikotinmissbrauch war für die dramatische Entwicklung verantwortlich gewesen, sondern – so die medizinisch glatte, beliebig anmutende Formulierung – ein »allgemein ungesunder Lebenswandel«. Der Alltagstrott setzte sich bei mir aus falschen, risikofördernden Bausteinen zusammen.

Genau genommen muss ich meiner hartnäckigen Mittellosigkeit dankbar sein, denn wäre ich in der Vergangenheit finanziell flüssiger gewesen, hätte sich das Rad meines Drogenlebens unverändert rasant gedreht. So aber bremste die erdrutschartig abnehmende Kohle die Geschwindigkeit hinunter zum gemächlichen, sehr bedächtigen Trudeln, und mein chronisch klammer Kassenstand verriet mir: Peter, da sitzt nichts mehr drin. Das zieht sich bis heute durch.

Wahrscheinlich dank der Gene meines Vaters – in dritter Generation Mexiko-Indianer, wie ich damals vom amerikanischen Headquarter in Wiesbaden erfahren hatte, wo ich nach meiner Geburt angemeldet worden war – bleiben mir Entzugserscheinungen erspart. Ich kenne das gar nicht. Mir ist es möglich, den Verlockungen der Drogen unangetastet freundlich Guten Tag und Auf Wiedersehen zu sagen. Verödet für zwei, drei Tage die Bierpipeline, breitet sich bei mir keineswegs ein Zittern oder Unwohlsein aus. Ganz ehrlich: Das wundert mich auch, gerade weil ich von vielen anderen weiß, wie selbstverständlich die Begleitumstände auftreten und wie schrecklich derartige Beschwerden sein können.

Zurück zu meinem momentanen Tagesablauf: Wo war ich stehen geblieben? ... Ach ja, Vormittag, Bierkonsum.

Sind die Flaschen geleert, überlege ich, wie der Rest des Tages aussehen soll. Manchmal ergibt sich die Gelegenheit, im Kling Klang mit interessanten Leuten ins Gespräch zu kommen, was dann bis zwei oder drei Uhr dauert und woraus ein Plan entsteht, gemeinsam irgendwo hinzufahren. In der Regel bleibt diese Möglichkeit jedoch aus, und der weitere Gang befördert mich in meine Wohnung, in der ich esse, sofern etwas da ist.

Der Nachmittag, lediglich zwischen 15 und 16 Uhr durch ein Schläfchen zur Erquickung meiner Lebensgeister belebt, entfaltet einen ähnlichen Reiz an Eintönigkeit und Ereignislosigkeit: Kein Plan, was soll's. Meist melde ich mich nach der Entspannungsphase im Kling Klang zurück, damit sie wissen, dass alles okay ist. Sie werden das als Leser vielleicht belächeln, aber es gehört mittlerweile zu meinen Gewohnheiten, meine Stammkneipe über persönliche Aktivitäten und Vorhaben zu unterrichten.

Mich stimmt die zunehmende Anzahl an Meldungen sehr nachdenklich, dass verstorbene, einsame, vergessene Existenzen nur deshalb gefunden werden – die Betonung liegt auf »gefunden«, nicht »vermisst« (!) –, weil ein penetranter Verwesungsgeruch andere störte. Dann ist es mir doch lieber, dem Personal, welches mich am besten kennt, Bescheid zu geben, was ich gerade so treibe.

Auch Frauengeschichten verleihen meiner Vita seit circa zehn Jahren keinen Schwung mehr. Die letzte fast drei Jahre währende Beziehung führte ich mit einer Münchnerin, und im Gesamtpaket verbarg sich neben dem anfänglichen beglückenden Gefühl der Zusammengehörigkeit das zunehmende Stöhnen über die erforderliche Mühe des Pendelns. Zum Schluss stand abermals die, dieses Mal endgültige, Erkenntnis meiner ins Buch der individuellen Sozialisation eingetragenen Unfähigkeit, mich menschlich beständig binden zu können.

Prangern Leute meine Ziellosigkeit an, entgegne ich, dass ich niemanden brauche, der mir sagt, wo es langgeht. Manche nennen diese Auffassung Beratungsresistenz. Bitte schön. Mir ist es zuwider, dass man mich nötigt oder zwingt, angeblich zu meinem eigenen Wohlergehen, einen bestimmten Weg einzuschlagen. Entweder Kollege Zufall holt für mich etwas aus dem Sack oder nicht.

Allerdings räume ich gerne ein, ab und zu zwar keinen Arschtritt – aber schon einen kleinen Anschub zu benötigen, um die Trägheitszone zu verlassen. Zugegeben, meine Schicksalsergebenheit wirft auf dem Gebiet der Kontaktpflege ein schlechtes

Licht auf mich. Durch das Befolgen des passiven Prinzips »Was passiert, passiert« verzichte ich darauf, mich bei alten Bekannten und Freunden zu melden, obwohl ich einige Telefonnummern besitze.

Einer dieser Wegbegleiter ist zum Beispiel Klaus Voormann, der mittlerweile in Ismaning wohnt. Der hatte sporadisch noch angerufen – genau wie Kai Havaii – und mir sogar ein Exemplar seines letzten Buches geschickt, worüber ich sehr erfreut war. Schließlich war es ein Zeichen, dass Klaus an mich denkt. Geantwortet habe ich bis dato nicht. Blöde Lethargie!

»Weißt du was? Ich ruf den Klaus Marschall mal an und erkundige mich für dich. Der kommt aus Soest, und dahin habe ich Kontakte.« Wie bitte? Worum geht es? Ach ja, ich war ja immer noch im verbalen Austausch mit Monika, und während sie überlegte, wie sie mir behilflich sein konnte, war ich in Gedanken abgedriftet. In dieser Gesprächspause hatten bereits derart viele Gedanken eine Karussellfahrt in meinem Oberstübchen gemacht, dass ich zunehmend zur Überzeugung kam, genügend Berichtenswertes für ein autobiografisches Buch zusammenzubekommen.

Ich lehne es jedoch ab, zur Vorbereitung in vergleichbaren Werken wie *Hart wie Marmelade* von Kai Havaii oder *Wer einmal tief im Keller saß* von Gunter Gabriel zu schmökern. Mein Projekt und alles, was eventuell damit zusammenhängt, soll unverfälscht Peter Behrens samt seiner Ansichten, seiner Stärken und Schwächen zeigen. Dazu gehört meine Überzeugung, dass – den Blick über die Vergangenheit schweifen lassend – ich alles noch einmal so machen würde.

Der hat doch 'nen Schuss!, werden einige – wenn nicht gar ein Großteil – der Leser nun denken. Aber aus meinem Glauben an unabwendbare Vorhersehung heraus, ganz ohne Religionsattitüde gemeint, ist das nur folgerichtig. Ich könnte einfach keine anderen Entscheidungen treffen.

Klar, der Prozess, sich mit dem insgesamt ungünstigen Verlauf der letzten circa 25 Jahre abzufinden, dauert immer noch an. Gleichzeitig halte ich aber diejenigen für Idioten, die stets betrauern, dass sie Zurückliegendes auf eine alternative Weise hätten gestalten müssen. Ihnen fehlt das Verständnis dafür, einzusehen, dass sie sich damit selbst im Wege stehen.

Aus den beiden sich gegenüberstehenden Standpunkten, die sich in mir vereinigen – einerseits unzufrieden mit meiner Situation zu sein, andererseits das nicht beeinflussbare Schicksal anzunehmen –, habe ich die für mich akzeptable Einstellung entwickelt, mich mit der Unzufriedenheit abzufinden, oder anders ausgedrückt: Ich bin zufrieden mit meiner Unzufriedenheit.

UND ZUM SCHLUSS

MEINE PERSÖNLICHEN TRIO-TOP-TEN

Einigen TRIO-Songs fühle ich mich sehr verbunden und bin stolz auf sie, während andere mir nichts oder zumindest nur wenig bedeuten. Hätte man mich einmal nach meinen persönlichen Top Ten des Schaffens von Stephan, Kralle und mir gefragt, hätte ich schon gewusst, an welcher Position welcher Titel zu erscheinen hätte. Da man mich aber bisher noch nicht dazu aufgefordert hat, nutze ich jetzt die Chance, ein solches Ranking ungefragt vorzunehmen (wenn man nicht alles selbst in die Hand nimmt …). Hier sind nun also meine persönlichen TRIO-Top-Ten:

PLATZ 1: »LOS PAUL«

Diese Nummer könnte typischer für die frühen Jahre von TRIO nicht sein. Angetrieben durch trommelwirbelartige Strophenuntermalung, die jeweils zum Refrain hin anzieht, mit dem Megafongesang von Remmler, inklusive des charakteristischen Alarmgeräusches des Stimmverstärkers, der dem Stück Dramatik verleiht, und mit der derben Wortwahl beim Text – vielfach Zitate aus einer Fußballübertragung – versprüht der Song trotz der reduzierten Instrumentierung eine enorme Power bei hohem, anarchischem Unterhaltungswert. Ein Meisterwerk!

So etwas Originelles, Spontanes war nur in den Anfangsjahren möglich, als unsere WG davon lebte, dass sich drei grundverschiedene Charaktere aufeinander einließen und sich gegenseitig beobachteten, damit man sich nicht ungemütlich in die Quere kam. Im Fall der Entwicklung von *Los Paul* beobachtete der eher sensible, empfindsame Remmler den vor dem Fernseher herumprollenden Kralle beim Schauen eines Fußballmatches, bei dem eine Sportreporterplattitüde die andere jagte. Ich leistete meinen Beitrag nachher bei der Umsetzung der hitzigen Atmosphäre des Spiels in musikalische Bahnen.

PLATZ 2: »LADY-O-LADY«

Allein schon der Tatsache wegen, dass *Lady-O-Lady* zu den ersten TRIO-Geburten zählte und den Einstieg in die Erstlings-10"-EP darstellte, macht das Lied für mich zu etwas ganz Besonderem. Aufgenommen im Großenknetener Kellerstudio, gab es die zukünftige Richtung des progressiven, innovativen, aufs Wesentliche konzentrierten Musters vor. Stephan, Kralle und ich erstellten verschiedene Versionen von dem Song, wobei zu Beginn der Karriere die dreiteilige Fassung als Start eines Gigs genommen wurde, bei dem wir zunächst in vertauschten Rollen (Kralle am Schlagzeug, Remmler an der Gitarre und ich als Sänger) das Publikum aufs Glatteis führten, dann rollengetreu fortsetzten und erst nach einer weiteren Einlage das Stück beendeten.

Musikalisch überzeugt mich der durch das Schlagzeug und die einfach gehaltene Gitarre beförderte hart pulsierende Rhythmus, wodurch ein bemerkenswerter Drive entstand.

PLATZ 3: »NUR EIN TRAUM«

Den Titel zeichnet ein abrupter Tempowechsel zwischen rasant gehaltener Strophenführung mit schöner Schraddelgitarre und betont zurückhaltend intoniertem Refrain aus. Dieser markante Wechsel findet sich ebenso beim Übergang vom ersten zum zweiten Teil des Songs wieder. Gerade der langsame, verträumte Part erinnert mich, inhaltlich getragen durch die Schilderung einer Autofahrt durch die Dunkelheit, an die Anfangszeiten des

Tourlebens von TRIO, in der wir häufig nachts von einem Auftritt kommend wortlos nebeneinander sitzend unseren Gedanken nachhingen. Besonders die Textzeile »Weißt du noch, Schatz, damals? Auf der Autobahn? Die Fahrt von Holzminden nach Oldenburg?« beschwört in mir noch heute Erinnerungsfetzen an eine glorreiche Aufbruchstimmung herauf. Ich kann dann gar nicht anders, als sentimental, melancholisch zu grinsen.

PLATZ 4: »DU ICH WÄR SO GERN BEI DIR«

Dieses schöne, eingängige Liebeslied läutete bei Konzerten eine langsame Phase ein, nachdem dem Publikum mit *Sunday You Need Love, Monday Be Alone* und *Ja Ja wo gehts lank Peter Pank schönen Dank* ordentlich eingeheizt worden war. Solch eine Unterbrechung war zwingend notwendig, um, neben der Gelegenheit durchzuatmen, zu vermeiden, das Pulver an härteren Stücken zu verschießen respektive sie in einem einheitlich klingenden Sumpf verkommen zu lassen.

Begleitend zu Stephans gesungener Aufzählung von Frauennamen in alphabetischer Reihenfolge blätterte ich passend und für die Leute sichtbar die entsprechenden Anfangsbuchstaben auf, die sich, jeweils geschützt durch eine profane Klarsichthülle, in einem Aktenordner befanden, den ich mir umgehängt hatte. Schließlich hatte ich sowieso keine Beschäftigung und konnte mich so nützlich machen.

Leider wurde das Lied nie veröffentlicht, insbesondere nicht auf dem ersten Album. Es passte konzeptionell einfach nirgendwohin, obwohl es für meinen Geschmack eine hohe Qualität besitzt.

PLATZ 5: »ICH LIEB DEN ROCK 'N' ROLL«

Das einzige Werk, bei dem sich Kralle nicht nur mit einem langsam an Lautstärke zunehmenden röhrenden Gitarrenintro, ungeschliffen angepackten Mittelteil und abschließender heulender Stratocaster ungebändigt entfalten durfte, sondern auch mittels seiner eher handwerklich überzeugenden Stimme den Gesangspart übernahm. Mir gefiel diese Spielwiese organisierten Krachs, weil auch ich mich hierbei ordentlich austoben konnte.

Die Kraft und Energie der Musik untermalen hervorragend den Text, der vom freiheitsliebenden, spaßorientierten, obrigkeitsablehnenden Rock 'n' Roll handelt, den Kralle deswegen ausgiebig genießen kann, weil er einen Hit hat (»N Hit hab ich auch, der ist *Da Da Da*«).

Witzig ist vor allem der Beginn, wenn Krawinkel ohne jegliche Instrumentbegleitung in kindlich gehaltener Stimme einsetzt: »Mama und Papa ham mir 'ne Gitarre gekauft, jetzt fahr ich ab und ich hör niemals auf.« Herrlich.

PLATZ 6: »NASTY«

Wieder einmal etwas Temporeiches, Punkiges in meiner Hitliste. Dieser Stil liegt mir einfach. Darüber hinaus ist mir *Nasty* in bleibender Erinnerung, weil ich beim Abspielen immer wieder daran denken muss, welches gespannte, bange Gefühl mich beschlich, als wir bei der TRIO-Premiere im Großenknetener Gasthof Kempermann das Stück als Einstieg dem Publikum um die Ohren bliesen. Glücklicherweise veränderten sich die überraschten, überrumpelten Blicke zunehmend in Richtung Wohlwollen, Begeisterung.

Im Husumer Schweinestall-Studio überlegten Stephan, Kralle und ich bei den Aufnahmen für das Debütalbum *TRIO*, wie wir dem Lied noch einen zusätzlichen, aggressiven Touch geben konnten. Schließlich ging es im englischen Text um einen verlassenen Liebhaber, der den Frust über den Verlust seiner Partnerin lautstark herauslässt. Uns reichte die ursprüngliche Version aus Gesang, Gitarre, Schlagzeug nicht, weil der enttäuschte, hilflose, emotionale Zustand häufig eine Kurzschlussreaktion nach sich zieht, die der Fassung noch fehlte. Erst das klirrende Geräusch, hervorgerufen durch leere Bierflaschen, die, in einem Karton befindlich, an eine Wand geworfen wurden und dort durchdringend barsten, füllte die Lücke und spiegelte zu unserer Zufriedenheit die Verzweiflung angemessen wider. Dieses Geräusch nahmen wir und kündigten damit das Gitarrensolo an.

PLATZ 7: »ENERGIE«

Das durch den Calypso-Sound entstehende wunderbare, entspannte Südseegefühl lässt bei mir im Kopfkino einen Film ablaufen, der verschiedene schöne Handlungsstreifen vereinigt. Zum einen befördert mich *Energie* gedanklich zurück zu meinem mehrwöchigen luxuriösen Seychellenurlaub 1984 mit all seinen Annehmlichkeiten. Dann sehe ich mich bei Konzerten am vorderen Rand der Bühnenrampe stehen, eine zugeklebte Hansabierdose im Wert von 49 Pfennig (heute circa 25 Cent) in der Hand haltend, die ich zuvor teilweise mit Reiskörnern gefüllt hatte, um mit dieser improvisierten Rassel das Lied zu begleiten. In den Ohren hallen mir die originellen, sonor intonierten Eingangsworte von Remmler nach, die wirklich lyrische Qualität besitzen:

Braune Burschen spülen am Strand
auf selbstgemachten folkloristischen Instrumenten
geschmeidige Körper wiegen sich im Mondlicht
Vom Grand Hotel
weht der Nachtwind hin und wieder
einige Takte Tanzmusik herüber
Gläser klingen Lachen weiße Jackets und schöne Frauen
Heino de Witt oder watt sitzt in der Bar
die Pfeife in der Hand
schaut er dem TRIO de Janeiro zu
wohlwollend

Inmitten des Ablaufs brach Stephan den Vortrag mehrfach beabsichtigt und wirkungsvoll witzig. So wird das »Grand« in der Zeile »Vom Grand Hotel« bewusst gedehnt, gequält, leiernd, jaulend gesprochen, so als ob er urplötzlich in den Stimmbruch gefallen wäre. Im weiteren Verlauf findet unser Soundmaster Heino de Witt Erwähnung, bei dessen Nennung »Heino de Witt oder watt« Stephan unerwartet und nur kurzfristig beschleunigt. Neben dem ganzen Material rabiaterer Machart in dieser Auflistung ist diese Nummer eine nette Abwechslung.

PLATZ 8: »DREI MANN IM DOPPELBETT«

Na, wer sagts denn. Ein TRIO-Lied stammt dann doch aus der Behrens-Feder, weshalb es natürlich auch in meinem Ranking auftaucht. Es ist zwar kein Megaseller geworden, an dem ich reichlich verdiene – eigentlich so gut wie gar nicht –, aber es ist meins. Symptomatisch für die von mir verkörperte Sprachlosigkeit kommt der Titel fast komplett ohne Text aus, lediglich der Refrain wiederholt jeweils dreimal »Drei Mann im Doppelbett«. Entfernt von den ursprünglichen, rohen TRIO-Ansätzen erkennt man nichtsdestotrotz unsere typischen Grundlagen, allerdings angereichert durch Verspieltheit, was an dem kinderliedartig einfach gehaltenen Keyboardeinsatz liegt.

PLATZ 9: »MY SWEET ANGEL«

Trotz meines Missfallens gegenüber dem Vorgehen beim TRIO-Film *Drei gegen Drei* samt eingespieltem Soundtrack, in den ich mich ohnehin nicht eingebunden fühlte, war ich mächtig stolz darauf, einen Teil der Kinogeschichte mitgeschrieben zu haben, wenn auch nur einen ganz kleinen, unbedeutenden. Immer wenn ich daran denke, sehe ich auch den stimmungsvollen Abspann vor meinem geistigen Auge, der zu *My Sweet Angel* abläuft. Eigentlich stehe ich nicht sonderlich auf derartige Schubbernummern, aber diese überzeugt mich gerade auf der Basis des Kontextes, ist aber auch ohne den Zusammenhang eine wirklich schöne, eingehende Ballade.

PLATZ 10: »DANGER IS«

Diesen Platz zu vergeben fiel mir wirklich schwer, rangelten sich doch abgesehen vom letztendlichen Sieger noch *Halt mich fest ich werd verrückt* und *Sunday You Need Love, Monday Be Alone* um die Aufnahme in die glorreichen Top Ten.

Ausschlaggebend für die getroffene Wahl war die Experimentierfreudigkeit, die *Danger Is* auszeichnet, wobei die Gesamtkonzeption völlig stimmig verläuft. Im Gegensatz zu den üblichen glatt geschrubbten Exemplaren zieht zu Beginn und in der Mitte eine misstönende Gitarre störend ihre Kreise, die zum Ende die fehlende Harmonie, ergänzt durch Sirenengeheul, sogar noch steigert. Die Übergänge der nervenden Saitentöne zum Gesang erfolgen sprunghaft, um ja nicht den Hauch eines Wohlgefühls aufkommen zu lassen. Alle Ideen dienten dem Zweck, die im Text beschriebene unklare, über allem schwelende Gefahr auszudrücken. Damit nicht genug, liefen Stephan, Kralle und ich während der Aufnahmepassage zum Schluss des Liedes im Studio umher und warfen uns gegenseitig ohne Ankündigung abwechselnd Bälle zu. Derjenige, welcher einen Ball fing, schrie in der Bewegung: »Da Gefahr!«, wodurch wir eine dynamische Panik in den Song brachten, der dem Finale entgegen genau den richtigen Höhepunkt setzt.

Bekannte eines Freundes von mir verwendeten den Ausruf der Aufregung auf ganz andere Weise. Als Liebhaber von Pferdewetten weilten sie häufig am Wochenende auf dem Gelände Köln-Weidenpesch, um dort ihrer Leidenschaft zu frönen. Drohte ihr Favorit von einem Konkurrenten überholt zu werden, skandierten sie lauthals: »Da Gefahr! Da Gefahr! Da Gefahr!«, woraufhin irritierte Blicke sie befremdet musterten, während die beiden einen Heidenspaß hatten.

*

Da Da Da? *Anna*? *Bum Bum*? *Herz ist Trumpf*? Mancher mag sich wundern, warum diese Klassiker und Hits hier unberücksichtigt bleiben. Dazu kann ich nur sagen, dass ich zwar keineswegs eine prinzipielle Abneigung gegenüber Kommerz habe, aber es erfordert eine Stromlinienförmigkeit, will man den Gesetzen folgen, und das bringt mitunter eine gewisse Langeweile mit sich. So auch hier. Die vier Nummern besitzen sicherlich ihre Qualitäten (die bei *Herz ist Trumpf* deutlich geringer ausfallen), und sie haben uns viel Erfolg, Aufmerksamkeit und ein sorgenloses Leben garantiert. Aber es fehlten für meinen Geschmack die interessanten Ecken und Kanten, die sie zu etwas Besonderem gemacht hätten – und deswegen haben sie es auch nicht in meine persönlichen TRIO-Top-Ten geschafft.

NACHWORT

UND AB DAFÜR!

Das war's. Meine Geschichte ist vorerst erzählt. Alle im Vorwort aufgeworfenen Fragen sind beantwortet und ich glaube, dass das Buch den Verlauf meines bewegten Lebens angemessen widerspiegelt. Sicherlich gibt es noch weitere Geschichten, aber das Erinnerungsvermögen gleicht – und das werden viele nachvollziehen können, die sich bemühen, ihr Leben Revue passieren zu lassen – keinem kontinuierlichen Fluss, sondern eher einem spratzenden Wasserhahn, der nur portionsweise liefert. Mal viel, mal wenig, und man kann noch nicht einmal den Zeitpunkt vorhersagen. Irgendwann wollten Klaus und ich jedoch das Projekt zum Abschluss bringen, damit Interessierte – und ich habe während der Arbeit daran wirklich häufig gehört: »Mensch, Peter, wann ist es denn so weit? Ich will deine Autobiografie auch mal lesen!« –, das Ergebnis zwischen attraktive Buchdeckel gepresst und mit tollen Fotos versehen in den Händen halten können. Vielleicht gibt es eine Fortsetzung, wenn der Prozess der Besinnung auf Vergangenes noch ausreichend Erzählenswertes zu Tage fördert …

Bei der Darstellung mancher persönlicher Ansichten oder Meinungen über andere, die vielleicht für Sie als Leser spannend gewesen wären, habe ich mich bewusst zurückgehalten. Schließlich geht es in meiner Autobiografie darum, zu unterhalten, wohlig schmunzelnd in den Schubladen vergangener Zeiten zu wühlen respektive zum Reflektieren anzuregen. Dazu gehört meines Erachtens keine polemische Kollegenschelte oder lediglich nach Aufmerksamkeit gierende Propaganda, wie es bei anderen Büchern dieser Art leider nicht selten anzutreffen ist.

Denke ich jetzt an die vielen Gespräche, dabei den Blick auf die vor mir liegende, fast 300 Seiten umfassende Druckfahne geheftet, scheint es mir beinahe unfassbar. So viel habe ich erlebt? In dieser Vita finden, wenn ich mich umschaue, die Leben mehrerer Personen Platz!

Ich bin schon stolz auf das Geleistete in schriftlicher Form und in der Gesamtbilanz auch auf mein bisheriges Leben. Wer kann schon behaupten, derart viele spannende Abenteuer, ob nun positiv oder negativ, erlebt und bewältigt zu haben? Und es gibt mich immer noch, vitaler denn je, und ich habe auch nicht im Geringsten die Absicht, daran etwas zu ändern. Ich freue mich auf das, was noch kommen wird, und sehe dem erwartungsfroh, aber gelassen entgegen.

Na, dann warte ich doch mal und halte Ausschau nach der Zukunft … uuuuuuuuuund ab dafür!

Peter Behrens

DANKE

Viele haben zur Entstehung dieses Buches beigetragen, und sie sollen sich alle durch diese Nennung gewürdigt fühlen. Monika Kölling war diejenige, die durch ihre Kontaktaufnahme mit meinem Koautor Klaus Marschall letztlich den Stein ins Rollen gebracht hat, wofür ich mich an dieser Stelle herzlich bedanke.

Weiterhin möchte ich die stetige begeisterte und motivierende Unterstützung meines Verlegers Oliver Schwarzkopf hervorheben, der als TRIO-Fan der ersten Stunde durch Fingerspitzengefühl, Enthusiasmus, kritisches Hinterfragen und Lob an den richtigen Stellen Klaus und mich durch das Schreiben des Buches getragen hat.

Auch Kralle Krawinkel hat mit dem kritischen Gegenlesen des Manuskripts erheblich zum Gelingen des Buches beigetragen. Keinesfalls vergessen werden darf der tolle Einsatz meiner Freundin Melanie Otten, Vorsitzende des TRIO-Fanclubs, die uns mit vielen Informationen zu TRIO und im Besonderen zu meiner Person versorgte, uns zu Recherchezwecken zu sich nach Hause einlud, mit Materialien, Getränken und Gegrilltem opulent versorgte und selbstlos aktenordnerbeschwert zum Treffen in Großenkneten mit Oliver Schwarzkopf erschien. DANKE!

Nicht zuletzt ist es dem sehr professionellen und reflektierten Vermögen unserer – darüber hinaus auch sehr sympathischen – Lektorin Nadine Landeck zu verdanken, dass unsere Niederschrift den letzten Schliff bekommen hat. Ein großes Lob möchte ich auch Moritz Thau aussprechen, der für die Fotos des, aus meiner Sicht phänomenalen, zweiten Bildteils verantwortlich ist. Viele weitere Personen im Schwarzkopf & Schwarzkopf Verlag haben nimmermüde dazu beigetragen, dass ich schlussendlich meine Autobiografie in Händen halten darf, auch ihnen sei ganz großer Dank ausgesprochen.

Last but not least darf ich die Person nicht vergessen, die den Anstoß zu diesem Buch gegeben und meine Geschichte auch zu Papier gebracht hat: Klaus Marschall. In vielen langen Gesprächen hat er sich angehört, was ich zu erzählen habe, immer wieder interessiert nachgefragt, Details aus mir herausgekitzelt, die ich längst vergessen geglaubt hatte, unglaubliche Geduld mit mir bewiesen und letztendlich das Ganze in Form gebracht hat, sodass aus meiner Lebensgeschichte ein Buch geworden ist. DANKE, Klaus! Auch seiner Frau Selda fühle ich mich verbunden, die ihm wie selbstverständlich den Rücken freigehalten hat, damit er sich so gut wie möglich auf das Projekt konzentrieren konnte – was mit zwei kleinen Kindern gar nicht so einfach ist.

PETER BEHRENS wurde 1947 im niedersächsischen Sande geboren und wuchs bei Adoptiveltern in Varel auf. Neben einer Fotografenlehre, einer kurzen Karriere als Volksschullehrer und einer Clownausbildung verdingte er sich bis zum 33. Lebensjahr als Schlagzeuger in diversen Tanzbands Ostfrieslands.

1980 tat er sich mit Sänger Stephan Remmler und Gitarrist Gert »Kralle« Krawinkel zur Musikgruppe TRIO zusammen und bildete mit den beiden die legendäre WG in der Regenter Straße 10 a in Großenkneten. Mit ihrem ganz besonderen Sound schrieben TRIO während der Neuen Deutschen Welle Musikgeschichte.

Seit dem Ende der Band bestritt Peter Behrens seinen Lebensunterhalt zum Teil mit gelegentlichen Bandengagements oder TV- und Filmauftritten.

Peter Behrens starb am 11. Mai 2016 in Wilhelmshaven.

KLAUS MARSCHALL, geboren 1971 im westfälischen Ibbenbüren und aufgewachsen im beschaulichen Dorf Schale, studierte in Münster Mathematik und Chemie. Hauptberuflich arbeitet er heute als Lehrer in einem Berufskolleg im sauerländischen Arnsberg. Er wohnt mit seiner Familie in Soest.

BILDNACHWEIS
COVERBILD: Wikipedia / Havelbaude | BILDTEIL 1: Seite 1: © Didi Zill (alle Bilder von Didi Zill wurden dem Bildband »NDW – Die Neue Deutsche Welle. Fotografien aus den Achtziger Jahren von Didi Zill« entnommen) | Seite 2 (beide): © 1982 Fryderyk Gabowicz / www.united-archives.com | Seite 3: © 1983 Fryderyk Gabowicz / www.united-archives.com | Seite 4 (oben): © 1982 Fryderyk Gabowicz / www.united-archives.com | Seite 4 (unten): © Didi Zill | Seite 5: © Didi Zill | Seite 6 (oben): © 1982 Fryderyk Gabowicz / www.united-archives.com | S. 6, 7: © Didi Zill | Seite 7 (oben): © 1982 Fryderyk Gabowicz / www.united-archives.com | S. 8: © Didi Zill | BILDTEIL 2: Alle Bilder: © Moritz Thau

Peter Behrens
DER CLOWN MIT DER TROMMEL
Meine Jahre mit TRIO – aber nicht nur
Mit Klaus Marschall

ISBN 978-3-86265-841-1

Unveränderte Paperbackausgabe der
Hardcover-Originalausgabe von 2013

VERLAG
Schwarzkopf & Schwarzkopf Verlag GmbH
Kastanienallee 32 | 10435 Berlin

INTERNET | E-MAIL
www.schwarzkopf-schwarzkopf.de
info@schwarzkopf-schwarzkopf.de